国情教育研究书系

袁振国◎主编

中国高等教育发展报告 2012

张男星 等 著

教育科学出版社

·北京·

丛书编委会

（按姓氏笔画为序）

丛书总序

为打造具有国家水准、国际视野的教育科研成果，更好地服务于办好人民满意的教育，服务于全面建成小康社会，在中央级公益性科研院所基本科研业务费专项基金的支持下，我院系统开展了对国内国际重大教育理论与实践问题的研究，形成了"国情、国视、国菁、国际"四大书系。

"国情"书系以年度发展报告的形式，全面反映我国各级各类教育的成就、经验和挑战，对全国各省、自治区、直辖市教育发展和政策进行区域比较，对我国各级各类教育的发展水平进行国际比较，力求对我国教育的数量、规模、结构、效益和质量做出科学判断。

"国视"书系着眼于社会关注的教育热点问题，着眼于基础性、前瞻性问题，以了解事实、回应关切、提供政策建议为主要目的，探索教育发展规律。

"国菁"书系专门研究大中小学生的生活状态，涉及学校生活、家庭生活、社会生活、网络生活等，通过调查研究，了解当代学生的行为特点和思想情感，为研究如何促进学生的全面发展提供科学依据。

"国际"书系分为著作和译作两类，主要反映国际教育改革发展动态，回顾国际教育的历史进程，跟踪国际教育的改革动态，把握国际教育的发展趋势。

四大书系既各自独立又相互联系，在保持各书系特点的同时，力求做到：

一、"用数据说话"。数据是研究和决策的基础。四大书系力图建立在数据和事实的基础之上，通过对数据的搜集、提炼、整合、分析，发现问题，探索规律。·

二、"通过比较说话"。没有比较就没有鉴别。书系力求通过国别比较、区域比较、类型比较、结构比较，发现真知，提供卓见。

三、"协同创新"。协同创新是提高创新效率和创新水平的战略要求。书系研究调动院内外、系统内外、国内外资源，注重人员交叉、学科交叉、方法交叉，力求有所创新、有所突破。

四大书系的编辑出版是我院全面提高教育科研水平的一项整体努力，也是建设国家一流教育智库的客观要求。在研究和写作过程中，书系得到了相关机构和同仁的大力支持，特别是得到了教育部相关司局及有关部委的大力支持，在此一并致谢！我们将以此为起点，不懈努力，为推动中国教育事业在新的历史起点上向前发展发挥不可替代的作用。

编者

2012 年 12 月

目 录
CONTENTS

［前　言］

本报告依据大量数据和文献资料，分析我国高等教育事业的总体发展和年度改革重点，比较和评价 31 省份（不含港澳台）高等教育发展的基本概况和综合发展水平，考察我国高等教育发展与世界高等教育发展之间的关系，进而从中把握我国高等教育的总体状况与特征，明晰我国高等教育的世界位置和水平，了解我国 31 省份高等教育的发展现状与差异，为全面认识中国高等教育提供历史比较、世界比较及区域比较的多方位观察视野。

一、世界位置：中国与世界高等教育比较

自 20 世纪末以来，中国高等教育发展迅速。从数量和规模上看，中国已成为高等教育大国，目前正努力迈向高等教育强国行列。与其他国家或地区相比，当前我国高等教育的发展呈现以下特点。

第一，高等教育毛入学率接近发展中国家或地区平均水平，但每十万人口中高等教育在校生数明显低于发达国家或地区和世界平均水平。

经过十几年的快速发展，我国已进入高等教育大众化阶段。2009 年，中国高等教育毛入学率继续提高并达到 24.35%；而同年，世界发达国家或地区的高等教育毛入学率平均值已达 65.26%，发展中国家或地区为

28.56%，世界平均水平则为36.06%。可见，我国高等教育毛入学率已接近发展中国家或地区的平均水平，但仍低于世界平均水平，更远远低于发达国家或地区的平均水平。

从每十万人口中高等教育在校生数量来看，我国还明显低于发达国家或地区的平均水平和发展中国家或地区的平均水平。2009年，发达国家或地区每十万人口中的高等教育在校生数平均值为4315人，发展中国家或地区的平均值为2600人，世界平均值为2951人，中国仅为2222人，差距比较明显。当然，这与中国人口基数相对较大有一定关系。

第二，中国高等教育在校生规模居世界第一，但专科层次学生所占比例偏高。

2009年，中国高等教育在校生规模已经超过2929万人，位居世界第一，成为名副其实的高等教育大国，并且远远超过在校生人数为1910万、位居第二的美国。

但与发达国家或地区以及发展中国家或地区相比，我国高等教育在校生中，专科生比例明显偏高，研究生所占比例略高，本科生所占比例却明显偏低。2009年我国本科生、专科生和研究生人数所占比例分别为49.63%、44.51%、5.86%；而同年，发达国家或地区的本科生所占比例平均值为79.24%，专科生所占比例平均值为20.72%，研究生所占比例平均值为3.47%；发展中国家或地区对应的平均值分别是77.73%、25.20%、1.81%。说明我国高等教育人才培养重心较低，层次结构有待改善。

第三，中国对高等教育投入的重视程度居世界前列，但财政性高等教育支出占GDP的比例却低于发达、发展中国家或地区以及世界平均水平。

2008年，我国高等教育支出占教育总支出的比例为29.03%；这一比例略高于同年发达国家或地区平均水平（23.91%），远远高于同年发展中国家或地区平均水平（17.95%）和世界平均水平（19.45%）。这说明，我国高度重视高等教育的发展。但2008年，我国财政性高等教育经费占GDP的比例仅为0.64%，远远低于发达国家或地区平均水平（1.27%），明显低于世界平均水平（0.97%），略低于发展中国家或地区平均水平（0.87%）。依此，我国对高等教育的财政投入力度还有待提高。

第四，中国高校教师数量居世界第一，且女性教师所占比例相对较高，但师资力量与发达国家或地区的差距仍较大。

2009 年，中国高校教师数逾 149 万人，数量居世界第一；美国高校教师数约为 141 万人，数量居世界第二。同年，中国高校女性教师所占比例为 44.4%，明显高于发达国家或地区平均值（40.2%）和发展中国家或地区平均值（36.3%）。这表明女性已成为中国高等教育领域里的重要力量，并从一个侧面反映出中国的社会公平特别是性别平等，在国际社会中有比较好的表现。

由于各国生师比数据暂缺，但仍可通过高校在校生人数观察到，我国师资力量还相对薄弱，仅以美国为比较对象便可见一斑。2009 年中国高校在校生数比美国大约多 1000 万人，而高校教师数仅比美国约多 8 万人，由此可见中国与发达国家或地区在高等教育师资力量上的差距。面对大众化阶段的学生规模，中国高校教师绝对数量的优势并不明显。

第五，中国是世界上高等教育阶段出国留学生数量最多的国家，约占该阶段世界留学生总数的 15%，但来华留学生仅占全球留学生总数的 1.8%。

世界范围内，我国是高等教育阶段出国留学生数量最多的国家。2009 年，我国高等教育阶段出国留学生超过 50 万人，约占全球高等教育阶段留学生总数的 15%；但同年，来华留学生仅为 6 万多人，约占全球留学生总数的 1.8%。比较而言，我国仍然是以留学生输出为主的国家。

而许多发达国家或地区则是以留学生输入为主。例如美国，2009 年接收的高等教育阶段留学生高达 66 万人，约占全球高等教育阶段留学生总数的 20%；出国留学生则为 5 万多人，约占全球留学生总数的 1.6%。最近几年，我国逐渐成为了发展中国家或地区的最大留学目的地，尤其是亚洲和非洲国家或地区。中国高等教育还需继续提高自身的竞争力与吸引力。

第六，中国在 EI、SCI 索引期刊上发表的论文数量分别居世界第一和第二，但在 SSCI 索引期刊的论文发表数量相对较少。

我国在国际上发表的论文数量不断增多。2011 年，我国在工程领域 EI 索引期刊中的发表量位居世界之首；在自然科学领域 SCI 索引期刊中发表论文总量仅次于美国，位居世界第二；但在社会科学领域 SSCI 期刊的论文发表量较低,仅排在第八位。这一方面可能是因为受非英语母语以及其它一些客观因素的影响,另一方面也表明我国社会科学领域的研究水平还可进一步提高。

第七,中国高校的国际声誉在发展中国家或地区处于领先地位,但与发达国家或地区相比还有较大差距。

随着"985 工程"等高校建设项目的不断推进,我国已有一定数量的大学在国际上具有良好的认可度,在高校综合排名中表现渐佳。2011 年,在 QS 世界大学排行、《泰晤士报》世界大学排行、上海交大世界大学学术排名等全球性大学排行榜中,中国进入前 200 名的高校数量分别是 7、3、1 所。这一表现在发展中国家或地区处于领先地位,甚至超过个别经济发达国家或地区,如同年韩国在这三大排行榜中进入前 200 名的高校数量分别是 5、3、1 所;而且与少数发达国家或地区的差距也在缩小,如同年日本是 11、5、9 所,法国是 4、5、8 所。

但我国高校的总体评价与美国、英国、德国、加拿大、澳大利亚等发达国家相比仍有较大差距。例如,2011 年,美国在这三大排行榜中进入前 200 名的高校数量分别是 54、75、89 所,英国分别是 30、32、19 所,德国是 12、12、14 所。相比之下,我国的 7、3、1 所数量远远低于这些经济发达国家。这表明我国高校还需进一步提高质量,提升竞争力,力争在国际舞台上有更好的表现。

二、总体特征:中国高等教育的纵向发展

(一)事业发展概貌

第一,高校各层次招生规模都有所增长,本科和硕士层次增长相较更快,但专科生仍然占有 43.5% 的比例;文科各层次人才培养的规模相对有所减缓。

2006—2010 年,我国普通高校招生人数从近 600 万增加到 700 多万,

增长了 22.2%，其中本科招生规模增长最快且比例上升；研究生招生比例基本保持稳定，且主要以硕士生带动规模增长；专科招生增长缓慢且比例有所下降，但仍然占有 43.5% 的份额，接近招生总规模的一半。

同时，各层次毕业生的学科结构也出现了不同变化。总体而言，2006—2010 年，人文社科各层次的人才培养比例除文学略有上升外，历史学、哲学、法学、经济学的人才培养比例都保持稳定或有所下降。另外，一些学科的人才培养比例在本专科层次与研究生层次呈现相反发展态势。如教育学、理学、农学学科的毕业生比例，在本专科层次呈下降趋势，而在研究生层次却上升；工学、管理学、医学学科的毕业生比例，在本专科层次呈上升趋势，在研究生层次却有所下降。

第二，高校科技创新能力越来越强，但科技成果的转化率仍然偏低。

2011 年，我国高校获得国家自然科学奖、国家技术发明奖和国家科技进步奖的数量分别占相应奖项全国总量的 61.1%、65.9% 和 44.7%，已接近其至超过总量的一半，表明我国高校的科技创新能力越来越强。但是，我国高校科技成果的转化率仍然偏低。2010 年，我国高校共签订技术转让合同 9159 项，仅占全国签订技术转让合同总数的 4%；技术转让合同金额 33.34 亿元，仅占全国技术转让合同金额总量的 0.9%。

第三，高校办学经费逐年增长，国家财政性教育经费仍是主要来源并占 GDP 的 0.7%；社会力量参与办学依旧薄弱。

2007—2010 年，高校的教育经费从 3600 多亿元持续增加到近 5500 亿元，年均增长率为 15%。其中，国家财政性教育经费始终是高校办学经费的主要来源，其占高校经费总量的比重一直稳定增长，2010 年达到 53%，比 2007 年增长了近 9%，年均增长率为 22%。并且，2007—2010 年，普通高校国家财政性教育经费占 GDP 的比重从 0.6% 上升到 0.72%，虽不及 2007 年 OECD 国家公立高校 1.0% 的平均水平，仍说明我国政府对高等教育的投入速度增长较快。

但同时，社会力量参与办学依旧薄弱，其中，民办学校举办者投入和社会捐赠经费占高等教育经费总收入的比例一直维持在 1% 左右。民办普通高校的经费在绝对量上有很大提升，但增速持续下降，从 2007 年的

47%下降到 2010 年的 12%。

第四，高校办学资源总量不断增加，但生均资源变化始终不明显。

2006—2010 年，高校校舍建筑面积增长了 15%，但生均面积一直维持在 28～29.5 平方米之间；全国高校教学行政用房面积增长了 22%，但生均面积一直维持在 14 平方米左右；高校拥有图书册数增长了 41%，但生均图书一直维持在 67～72 册的范围；高校拥有教学科学仪器设备值增长了 59%，但生均设备值一直维持在 7000～9000 元。可见，进入大众化阶段带来的办学规模扩大与办学资源相对紧张的矛盾，仍是我国高等教育质量提升迫切需要解决的问题。

第五，高校专任教师学历层次不断提升，博士学位教师占比 15%；生师比基本维持在 17：1；中青年教师仍是主体但比例略有下降。

从学历层次看，2006—2010 年，高校博士学位专任教师由 10.7 万人增加到 20 万人，占比从 10%提升到 15%；高校的生师比基本稳定在 17：1 左右。

从年龄结构来看，我国高校的教师队伍年轻化比较明显，青年教师仍是高校专任教师的主体，但近年比例略有下降。2010 年，全国高校有 134 万专任教师，45 岁以下的有 104 万，成为教师队伍的主体。但 2006—2010 年，45 岁以下的专任教师比例从 82%下降到了 77%，其中 35 岁以下的专任教师比例从 48%下降到了 46%。

第六，高校来华留学生规模增长较快，且学历层次不断提升，但生源地主要集中于亚洲。

2006—2010 年，高校来华留学生在校生规模稳定增长，年均增长约 12%，其中，学历留学生规模增长更快，年均增长 17%。且学历留学生的层次也逐步提高，其中博士和硕士留学生的比例分别增长了 1.3%和 8.4%，而本科和专科留学生的比例分别下降了约 8%和 2%。

亚洲一直是来华留学生的主要生源地，2010 年亚洲留学生的比例几近 70%。不过，其他地区的留学生也有比例不等的渐缓增长，其中非洲留学生增长最快，由 2006 年的 3.1%增长到 2010 年的 8.7%。表明中国留学生的来源地正在趋向多样化。

同时，我国高校还积极开展中外合作办学与交流，尤其是积极参与举办孔子学院，截至 2012 年共参与举办 316 所。

（二）年度改革重点

第一，以"2011 计划"促进协同创新资源整合，推动高等教育质量的整体提高。

2012 年 3 月教育部颁布了提高高等教育质量的指导文件《全面提高高等教育质量的若干意见》（又称《高教 30 条》），为提升高等教育质量指明了方向。各地院校认真落实 30 条，呈现出积极探索改革的景象。同月，教育部、财政部联合颁发了《关于实施高等学校创新能力提升计划的意见》（简称"2011 计划"），旨在通过高校的体制机制改革，推动高校内部以及与外部创新力量之间多种资源的融合发展，探索各种协同创新模式，以整合之力共同推动高等教育质量的整体提高。"2011 计划"启动实施后，全国相继成立了一批协同创新中心。其中"天津化学化工协同创新中心"于 2012 年 5 月正式揭牌进行培育组建，成为全国范围内第一个揭牌组建的协同创新中心。

第二，以"大学章程"规范高等院校办学行为，带动现代大学制度建设的具体探索。

2012 年教育部颁布了《高等学校章程制定暂行办法》，26 所高校先行试点，且试点范围各有侧重，如清华大学试点岗位分类管理制，黑龙江大学探索建立高校总会计师制以及湖南大学试点改革学科建设绩效评估方式等。吉林大学、中国政法大学、苏州大学、北京大学、复旦大学等诸多高校开始了章程建设和完善工作。同时，一些高校还以此为契机探索学术委员会的建设，充分发挥学术委员会的作用，试图通过"教授治学"让更多的教师参与到学校管理及制度建设中去，进而弱化或消解高等教育的行政化倾向。

第三，以"公选校长"创新大学校长选任办法，推进大学内部管理体制的深层次变革。

为更好地完善党委领导下的大学校长负责制，2011 年东北师范大学和西南财经大学面向海内外公开选拔校长，并于 2012 年完成公选工作。湖南大学、北京师范大学、北京外国语大学等新任校长公开承诺"几不"，推动了中国大学校长的职业化进程。与此同时，各高校积极探索校院两级管理体制改革，将办学重心下移，建立以学院为中心的管理体制，明确校院职责和权限，以提高学校的办学效益和办学水平。如天津大学、复旦大学、北京师范大学等高校进行了类似探索，成效显著。

第四，以"异地高考"丰富考试招生制度，彰显高等教育的公平公正。

2012 年 8 月，国务院办公厅转发教育部等部门《关于做好进城务工人员随迁子女接受义务教育后在当地参加升学考试工作的意见》，开始积极稳步推进异地高考改革，同时要求各地有关随迁子女升学考试的方案原则上应于 2012 年年底前出台。目前，山东、福建等多个省份已出台相应的异地高考方案。异地高考体现了高等教育对特殊群体、弱势群体的关注。不仅如此，高考招生录取政策也向农村地区、边远贫困地区和民族地区倾斜。2012 年 4 月，教育部、国家发展改革委、财政部等五部门联合发文，组织实施面向贫困地区定向招生专项计划（简称"国家扶贫定向招生专项计划"）。并且，在"十二五"期间，国家将每年安排 1 万名一本招生计划，面向集中连片特殊困难地区（国务院确定的 21 个省份 680 个贫困县）实施定向招生。

第五，以"民办高校招收硕士"推动人才培养多样化，深化教育教学改革。

2012 年，北京城市学院等 5 所民办高校经教育部审批正式获得专业硕士研究生招生资格，这不仅意味着民办高校培养层次的进一步提升，更意味着我国人才培养层次、类型的多样化，也必然会促进不同层次、不同类型高校深化教育教学改革，以适应多样化人才培养的需求。同时，高等职业院校注重校企联合培养人才模式探索；地方本科院校立足地方经济需要，以错位发展的方式着力培养应用型人才；部属高校采用多种方式培养拔尖创新型人才等，也取得了新进展。

三、区域异同：31 省份高等教育发展样态

我国高等教育的发展区域差异较大，东部省份的高等教育综合发展水平要高于西部，但在一些具体方面的发展上仍然存在多种样态。

第一，各省份高等教育毛入学率稳中有升，北京、天津和上海已率先进入普及化阶段。

2010 年，全国高等教育毛入学率为 26.5%，比 2009 年提升 2.3%，且全国所有省份均已实现高等教育大众化。但东部省份的高等教育毛入学率普遍高于西部，特别是北京、上海和天津的高等教育毛入学率已经超过 50%，浙江、辽宁和江苏也在 40% 以上；而低于全国平均水平的省份则主要集中于中西部，尤以西部省份居多。

第二，东部省份高等教育综合发展水平远远高于中西部，北京、上海、江苏、广东以明显优势领跑全国高等教育；中部湖北，西部四川、陕西的综合水平也相对较高。

运用高等教育规模、师资力量、国际化、信息化、社会服务、经费投入和多元参与 7 个维度的指标，对全国 31 个省份高等教育综合发展水平进行分析，结果表明，东部省份在高等教育综合发展的各维度上都具有较强的实力。除河北、福建和海南之外，其余 8 个东部省份均跻身全国高等教育综合发展水平前 10 名，特别是北京、上海、江苏、广东以明显的整体优势领跑全国高等教育。

中部省份中，湖北、吉林和黑龙江的高等教育综合发展水平相对较高，尤其是湖北，高等教育各维度上的发展都处于全国较为领先的位置。西部省份中以四川、陕西和重庆表现突出，其高等教育综合发展水平跻身于全国前 15 名，特别是四川和陕西在多项发展维度上的指标排名都比较靠前。

第三，中部省份高等教育发展整体规模较大、多元参与程度好，师资力量相对薄弱、经费投入力度较低；西部省份国家财政经费投入力度大，但师资力量有待加强。

虽然总体看来，中、西部省份在高等教育发展的许多方面都逊色于东部，但其自身也具有一定的发展优势及特点。中部和西部地区共有20个省份，只有湖北和四川进入了全国高等教育综合发展水平前10名。特别是西部省份相对更加薄弱，大多居全国21～31位次。比较而言，中部地区高等教育发展的优势是高等教育整体规模大、社会力量参与办学活跃，其劣势在于师资力量相对薄弱，财政经费投入力度较低。而国家财政性经费投入的倾斜是西部省份高等教育发展的优势条件，但师资力量薄弱是其最为突出的劣势。

第四，北京、上海、黑龙江的高等教育国际化整体水平较高，许多省份的高等教育国际化整体水平还有较大提升空间。

东部各省份及中、西部内陆口岸国际往来频繁的省份，其高等教育合作办学及国际交流的程度更高，其中，北京、上海和天津是吸引来华留学生最多的省份。总体看，北京、上海和黑龙江三省份的高等教育国际化水平远高于其他省份，位居全国前三位。浙江、吉林、辽宁、山东、河南、云南、新疆和湖北的高等教育国际化水平与全国整体水平基本相当，而其余23省份则都低于全国整体水平，其中四川、安徽、贵州、西藏和陕西等省份的高等教育国际化水平相对更低，排在全国后五位。

第五，国家财政性高等教育投入呈现"中部凹陷"现象，大部分省份地方财政对高等教育的投入力度有待加强。

中部省份获得的国家财政性经费投入既不及东部也不及西部，呈现中部凹陷。就国家财政性经费占高校经费的比重以及生均预算内高等教育支出两个指标所反映的综合投入水平来看，处于全国平均值以上的省份有12个，东部和西部省份分拥6个和5个。处于全国平均水平之下的19个省份里，中部省份仅吉林不在其列，其余7个省份全部凹陷其中，包括高等教育综合水平发展较好的湖北，且其中有5个省份的比例排在全国末位；西部虽有7个省份进入此列，但比例数值普遍高于中部，且还有5个省份的比例高于全国平均值，如西藏、新疆位列全国第一方阵，宁夏、青海、内蒙古位列全国第二方阵。可见，相较东部和西部，中部省份高等教育获得的国家财政性经费更加不足。

　　单就地方财政性经费而言，大部分省份地方财政对高等教育的投入力度都有待加强。从反映地方政府对高等教育投入力度的指标——地方预算内高等教育经费占地方教育财政支出的比例来看，全国 31 个省份中有 22 个省份的比例在全国平均水平以下，其中西部 12 个省份除内蒙古外，其余全部在此范围，而中部、东部则各有 6 个省份。

第一章

高等教育的总体发展

2006—2010 年这五年间，中国的高等教育取得了显著的成就，如高等教育规模平稳发展，学科建设取得新的进展，师资队伍学历层次提升，科学研究创新能力增强，社会服务水平逐步提高，国际合作与交流展开新的篇章，等等。与此同时，我国的高等教育也还存在一些问题，如高等教育结构变化不显著，科研成果转化率比较低，社会力量办学仍然很弱，生均教育经费和办学资源没有显著提升，等等。

本章旨在通过 2006—2010 年这五年数据的纵向比较，描述和分析中国高等教育在这五年间的发展概况，为中国明确自身高等教育的发展状况提供参考。

一、高等教育发展进程稳步推进

2006—2010 年，我国高等教育在人才培养、学科建设、科学研究、社会服务以及国际合作与交流方面都取得了很大的进展，但高等教育的结构还有待进一步优化。

（一）普通高校数量平稳增长，成人高校数量和比例均有回落

高等教育机构是培养人才的载体。高等教育机构的数量关系着高等教

育的总体规模，而高等教育机构的结构关系到人才培养的定位与结构。因此，高等教育机构数量适当，高等教育机构结构合理是高等教育良性发展的前提条件。2006—2010 年，中国高等教育机构的数量和结构既延续了原有的趋势，又出现了新的变化。

1. 普通高校数量平稳增长，成人高校数量稳步回落

2010 年，全国共有 2723 所高校，比 2006 增加 412 所，增长了 17.8%。其中，除 2008 年，其他年份高校数量增幅平稳，均在 2% 以内（图 1 - 1）。2008 年，全国高校数量比上一年增加了 342 所，增长 14.7%。然而，2008 年的大增长，主要源于 2008 年 322 所独立学院转设为民办本科院校，统计数据合并入本科院校。不计这个因素，总体而言，2006—2010 年，高校数量发展平稳。

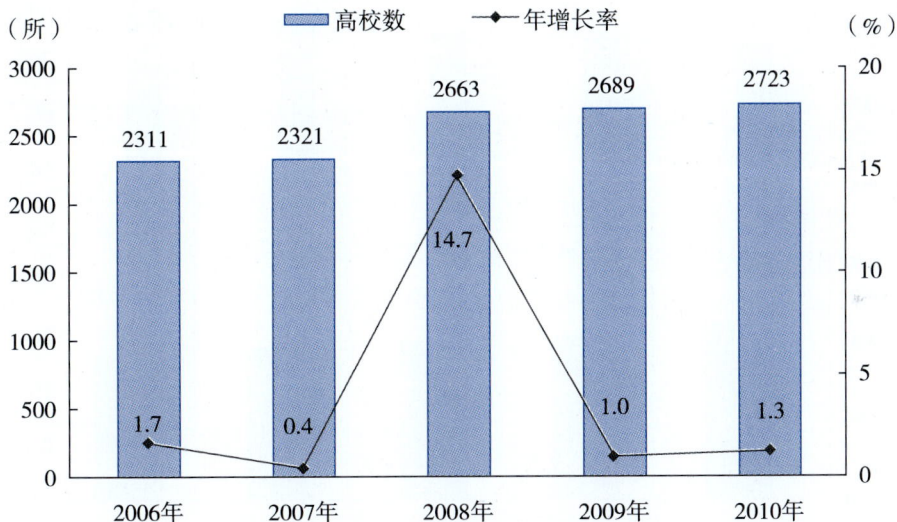

图 1 - 1　2006—2010 年全国高校数量变化

【数据来源】中华人民共和国教育部 . 中国教育统计年鉴 2006，2007，2008，2009，2010 [M]. 人民教育出版社，2007，2008，2009，2010，2011.

普通高校数量平稳增长，成人高校数量稳步回落。2006—2010 年，普通高校从 1867 所增加到 2358 所，增长 26.3%。在普通高校中，普通本科院校从 720 所增加到 1112 所，增长 54.4%，其中 2008 年增长显著，当年

增加 339 所，比 2007 年增长 45.8%，其他年份增长相对稳定，增幅均在 3.0% 以内；普通专科（高职）院校从 1147 所增加到 1246 所，增长 8.6%，每年增幅均在 3.0% 以内，增长比较稳定。从数据看，普通高校尤其是普通本科院校数量有较大增长，但实际上，如前文所述，普通本科院校于 2008 年的显著增长，源于独立学院的转设，因此，如果不计这个因素，普通高校数量增长非常平稳。2006—2010 年，成人高校数量下降了 79 所，减少了 17.8%，成人高校数量稳步回落（图1-2）。

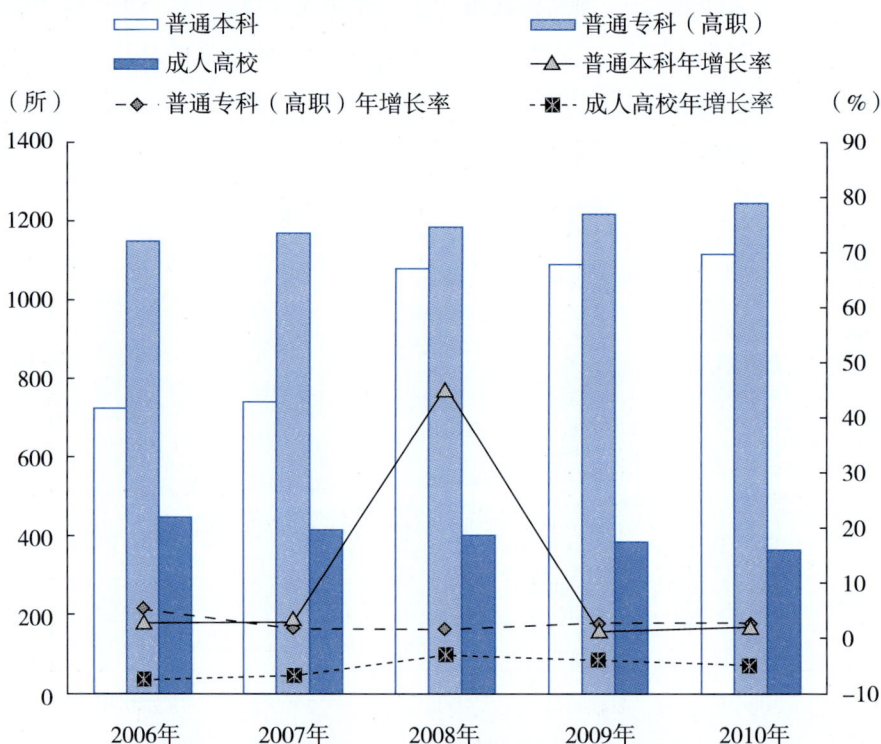

图1-2　2006—2010 年全国按性质分高校数量变化

【数据来源】中华人民共和国教育部．中国教育统计年鉴 2006，2007，2008，2009，2010 [M]．人民教育出版社，2007，2008，2009，2010，2011.

中央部委所属院校、地方部门所属院校和民办高校数量都基本保持稳定。2006—2010 年，中央高校从 126 所下降到 125 所（其中普通高校 111

所）；地方高校从 1907 所增加到 1922 所（其中普通高校 1573 所）；民办高校从 278 所增加到 676 所（其中普通高校 674 所）（图 1 – 3）。从数据上看，民办高校增长较快，从 2006—2010 年共增长了 143.2%，尤其 2008 年增幅很大，达 115.5%，但民办高校的增长实际上源于 2008 年教育部下发了《独立学院设置与管理办法》，提出于 2013 年完成独立学院的改革，使合格的独立学院成为民办本科高校，因此在 2008 年民办高校的统计数据中，原来的 322 所独立学院的数据也并入到了民办高校数据之中，因而显示出民办高校数量增长极快的现象。

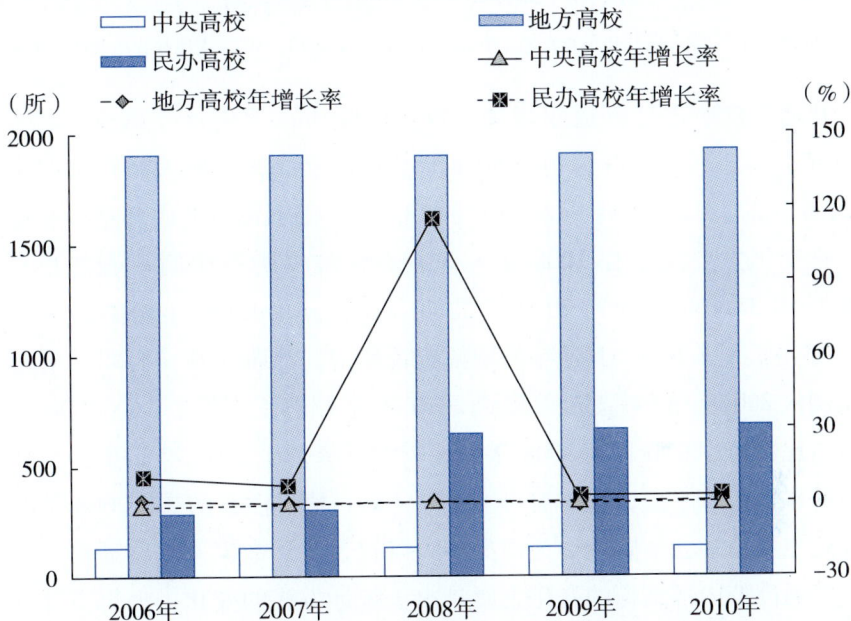

图 1 – 3　2006—2010 年全国按所属关系分高校数量变化

【数据来源】中华人民共和国教育部．中国教育统计年鉴 2006，2007，2008，2009，2010［M］．人民教育出版社，2007，2008，2009，2010，2011.

2. 成人高校所占比例下降，高校所属关系结构保持稳定

2010 年，全国共有普通本科院校 1112 所，占高校总数的 40.8%；普通专科（高职）院校 1246 所，占高校总数的 45.8%；成人高校 365 所，占高校总数的 13.4%（图 1 – 4）。

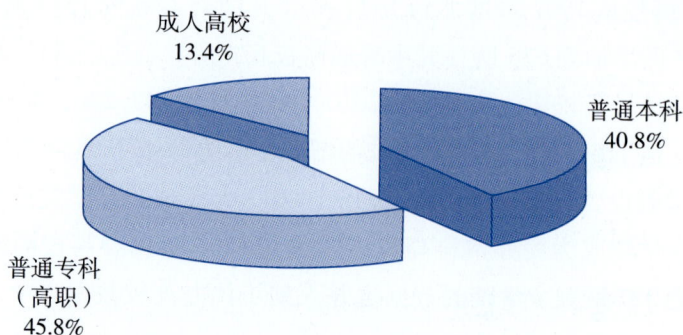

图 1-4　2010 年全国按性质分高校结构

【数据来源】中华人民共和国教育部. 中国教育统计年鉴 2010［M］. 人民教育出版社，2011.

普通高校所占比例逐年增加，成人高校所占比例逐年减少。2006—2010 年，普通高校所占比例由 80.8% 上升到 86.6%；成人高校所占比例由 2006 年的 19.2% 下降到 2010 年的 13.4%。普通高校的内部结构有所变化，且变化主要发生在 2008 年。普通本科院校所占比例一直增长，从 2006 年的 31.2% 上升到 2010 年的 40.8%，其中 2008 年增幅最大，比 2007 年增长了 8.6%，其他年份增幅比较稳定；普通专科（高职）院校所占比例从 2006 年的 49.6% 下降到 2010 年的 45.8%，其中，在 2008 年以前所占比例稳中有升，到 2008 年出现较大下降，比 2007 年下降了 5.8%，之后基本保持 S 平稳，稳中有升（图 1-5）。值得注意的是，2008 年的较大变化主要是独立学院转设为民办本科院校，统计数据并入普通本科。因此，普通高校内部结构的变化主要是出于统计方式的变化，如果不计这一因素，普通高校的内部结构保持了相对稳定。

2010 年，全国共有中央部委所属高校 125 所，占高校总数的 4.6%；地方部门所属高校 1922 所，占高校总数的 70.6%；民办高校 676 所，占高校总数的 24.8%（图 1-6）。

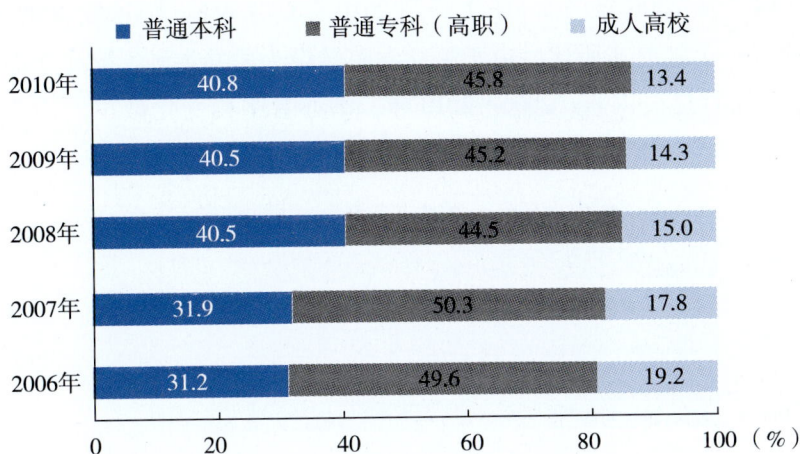

图 1-5 **2006—2010 年全国按性质分高校结构变化状况**

【数据来源】中华人民共和国教育部 . 中国教育统计年鉴 2006，2007，2008，2009，2010 [M]．人民教育出版社，2007，2008，2009，2010，2011.

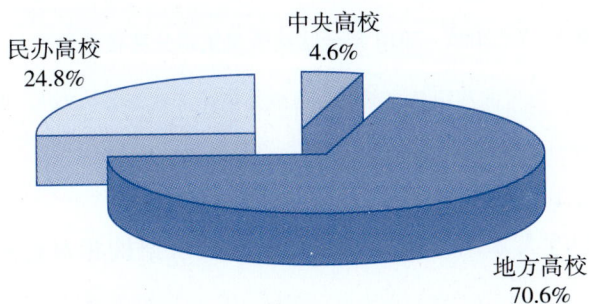

图 1-6 **2010 年全国按所属关系分高校结构**

【数据来源】中华人民共和国教育部 . 中国教育统计年鉴 2006，2007，2008，2009，2010 [M]．人民教育出版社，2007，2008，2009，2010，2011.

高校所属关系结构基本保持稳定。如图 1-7 所示，2006—2010 年，一个显著变化是民办高校所占比例增幅较大，从 2006 年的 12.0% 增长到 2010 年的 24.8%，最明显的是 2008 年，较上年增幅达 11.2%；地方高校所占比例降幅较大，从 2006 年的 82.5% 下降到 2010 年的 70.6%，最明显的是 2008 年，较上年降幅达 10.5%。中央高校所占比重基本保持稳定，略有下降，从 2006 年的 5.5% 下降到 2010 年的 4.6%。但追究 2008 年的变化原因，正如前文所述，由于独立学院转设为民办本科，统计方式发生变化，若不计这一因素，2006—2010 年，举办者结构变化微小，基本保持稳定。

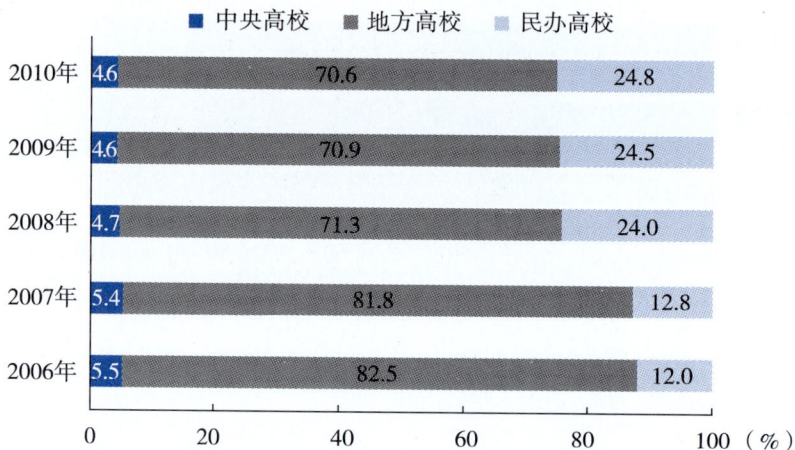

图 1-7　2006—2010 年全国按所属关系分高校结构变化

【数据来源】中华人民共和国教育部．中国教育统计年鉴 2006，2007，2008，2009，2010〔M〕．人民教育出版社，2007，2008，2009，2010，2011．

（二）各层次人才培养规模稳步增长，层次结构相对稳定，学科结构有所变化

人才培养是高校最为重要的职能。《国家中长期人才发展规划纲要（2010—2020）》提出，到 2020 年，我国要进入世界人才强国行列，明确要求高校"提高人才培养质量"。作为培养高层次人才的重要基地，高校既需要控制好人才培养的规模，也要处理好人才培养的层次结构和学科结构。2006—2010 年，高校人才培养的规模稳步增长，层次结构基本稳定，学科结构有些许变化。

1. 高校各层次人才规模均稳步增长，结构保持相对稳定

2010 年，我国高等教育机构共招收博硕本专各类学生 924.00 万人，

其中普通高校招生 713.68 万人，占招生总数的 77.2%；各类毕业生 811.07 万人，其中普通高校毕业生 612.41 万人，占 75.5%；各类在校生 2921.67 万人，其中普通高校在校生 2380.06 万人，占 81.5%。

（1）本科生和硕士生招生规模增长最快，专科生招生比例下降

2010 年，普通高校招收博士生 5.74 万人，占普通高校招生总数的 0.8%；招收硕士生 46.18 万人，占普通高校招生总数的 6.5%；招收本科生 351.26 万人，占普通高校招生总数的 49.2%；招收专科生 310.50 万人，占普通高校招生总数的 43.5%（图 1-8）。

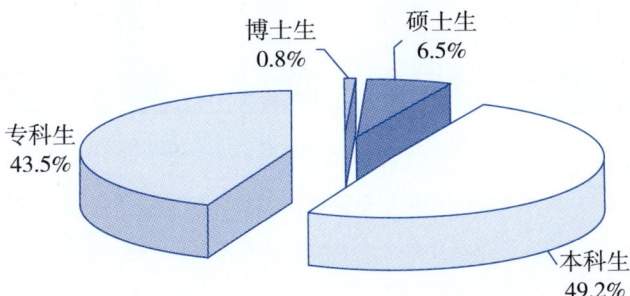

图 1-8 2010 年全国普通高校招生层次结构

【数据来源】中华人民共和国教育部. 中国教育统计年鉴 2010 ［M］. 人民教育出版社，2011.

从规模看，普通高校的硕士生和本科生招生规模增长较快，博士生次之，专科生最慢。2006—2010 年，普通高校招生从 584.21 万人增长到 713.68 万人，增长了 22.2%。其中，博士生招生从 5.01 万人增长到 5.74 万人，增长了 14.6%；硕士生招生从 33.15 万人增长到 46.18 万人，增长了 39.3%；本科生招生从 253.09 万人增长到 351.26 万人，增长了 38.8%；专科生招生从 292.97 万增长到 310.50 万，增长了 6.0%（图 1-9）。

从结构看，普通高校招生层次结构有所变化：专科招生比例下降，本科招生比例上升，研究生招生比例基本保持稳定。2006—2010 年，本科招生比例由 43.3% 上升到 49.2%，专科招生比例由 50.1% 下降到 43.5%，硕士招生比例保持在 5.7%～6.5% 之间，博士招生比例一直在 1% 以下（图 1-10）。

（万人）

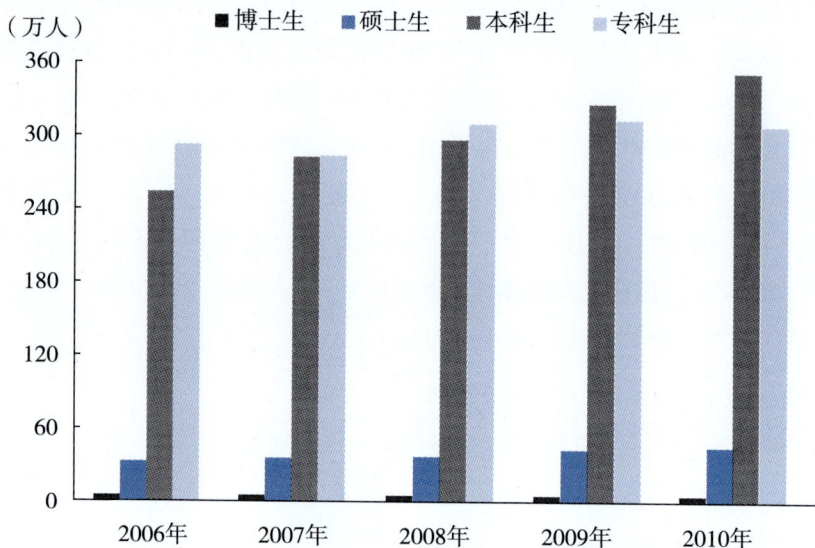

图 1 - 9　2006—2010 年全国普通高校各层次招生规模变化

【数据来源】中华人民共和国教育部．中国教育统计年鉴 2006，2007，2008，2009，2010 ［M］．人民教育出版社，2007，2008，2009，2010，2011.

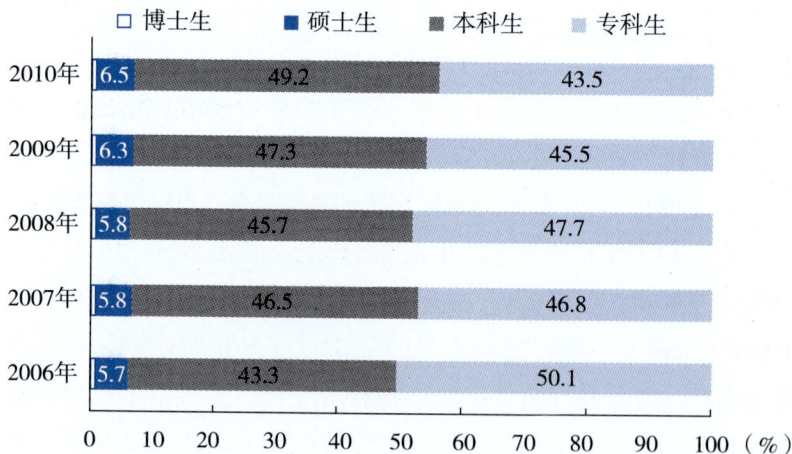

图 1 - 10　2006—2010 年全国普通高校招生层次结构变化

【数据来源】中华人民共和国教育部．中国教育统计年鉴 2006，2007，2008，2009，2010 ［M］．人民教育出版社，2007，2008，2009，2010，2011.

（2）硕士生在校生规模增长最快，各层次在校生比例基本保持稳定

2010 年，普通高校在校生规模为 2380.06 万人，比上年增长 4.4%，其中博士生在校生为 23.63 万人，占 1.0%；硕士生在校生为 124.64 万人，占 5.2%；本科生在校生为 1265.61 万人，占 53.2%；专科生在校生为 966.18 万人，占 40.6%（图 1-11）。

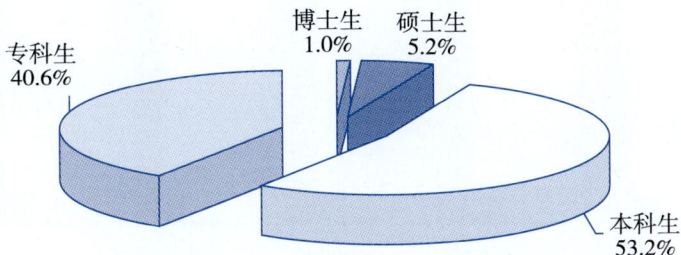

图 1-11　2010 年全国普通高校在校生层次结构

【数据来源】中华人民共和国教育部. 中国教育统计年鉴 2010 ［M］. 人民教育出版社，2011.

普通高校在校生数量稳步增长，其中硕士生在校生规模增长最快，本科生次之，博士生再次之，专科生增长最慢。2006—2010 年，普通高校在校生从 1844.47 万人增长到 2380.06 万人，增长了 29.0%。其中，博士生在校生从 18.81 万人增长到 23.63 万人，增长了 25.7%；硕士生在校生从 86.82 万人增长到 124.64 万人，增长了 43.6%；本科生在校生从 943.34 万人增长到 1265.61 万人，增长了 34.2%；专科生在校生从 795.50 万人增长到 966.18 万人，增长了 21.5%（图 1-12）。

各层次学生在校生所占比例比较稳定。2006—2010 年，博士生在校生所占比例一直保持在 1.0%；硕士生在校生所占比例比较稳定，从 4.7% 上升到 5.2%；本科生在校生略有上升，从 51.1% 上升到 53.2%；专科生在校生所占比例略有下降，从 43.1% 下降到 40.6%（图 1-13）。

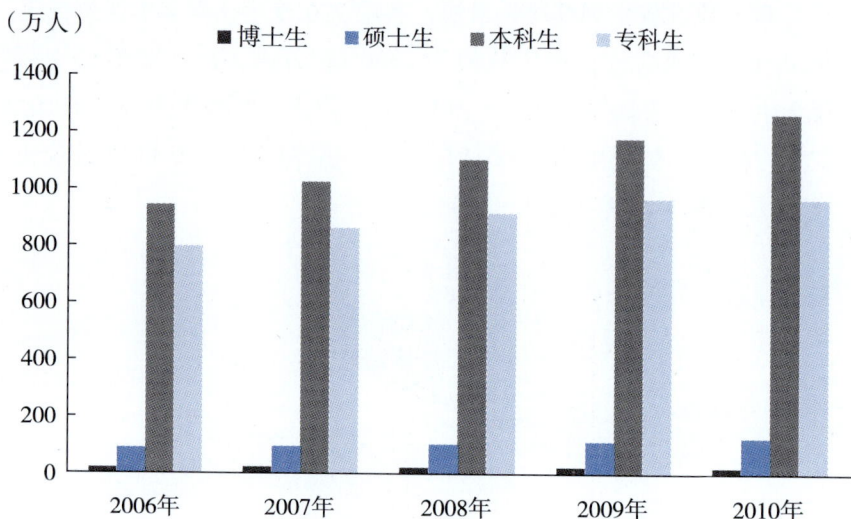

（万人）

■博士生　■硕士生　■本科生　□专科生

图 1-12　2006—2010 年全国普通高校各层次在校生规模变化

【数据来源】中华人民共和国教育部．中国教育统计年鉴 2006，2007，2008，2009，2010
［M］．人民教育出版社，2007，2008，2009，2010，2011．

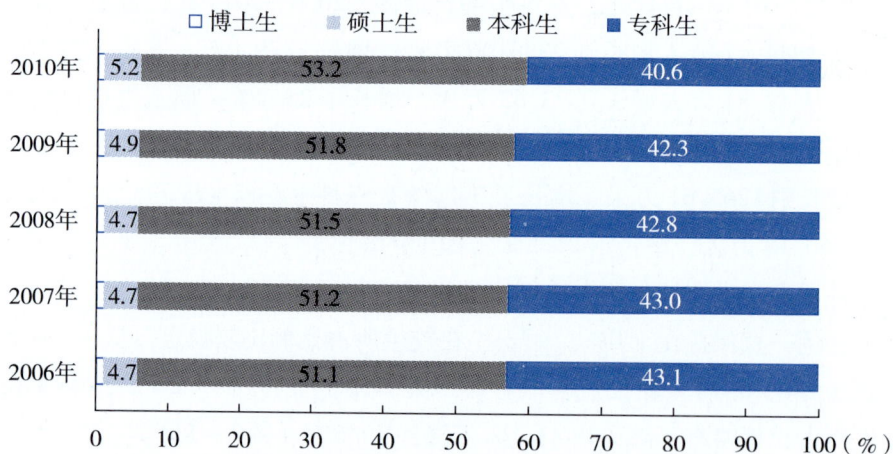

□博士生　▨硕士生　■本科生　■专科生

年份	博士生	本科生	专科生
2010年	5.2	53.2	40.6
2009年	4.9	51.8	42.3
2008年	4.7	51.5	42.8
2007年	4.7	51.2	43.0
2006年	4.7	51.1	43.1

图 1-13　2006—2010 年全国普通高校在校生层次结构变化

【数据来源】中华人民共和国教育部．中国教育统计年鉴 2006，2007，2008，2009，2010

［M］．人民教育出版社，2007，2008，2009，2010，2011．

（3）各层次毕业生规模均稳步增长，各层次毕业生比例基本保持稳定

2010 年，普通高校共有毕业生 612.41 万人，比上一年增加 45.57 万人，增长 8.0%。其中博士毕业生 4.32 万人，占 0.7%；硕士毕业生 32.66万人，占 5.3%；本科毕业生 259.05 万人，占 42.3%；专科毕业生 316.37万人，占 51.7%（图 1-14）。

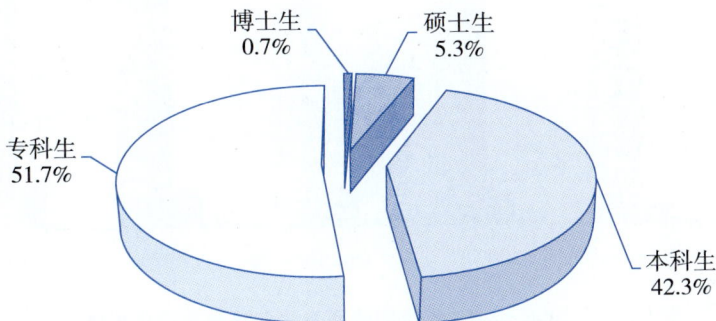

图 1-14　2010 年全国普通高校毕业生层次结构

【数据来源】中华人民共和国教育部. 中国教育统计年鉴 2010 [M]. 人民教育出版社, 2011.

普通高校各层次毕业生规模增长都比较快，除了博士毕业生增长36.5% 外，其他层次毕业生增长都在 50% 以上。2006—2010 年，普通高校毕业生从 402.02 万人增长到 612.41 万人，增长了 52.3%。其中，博士毕业生从 3.17 万人增长到 4.32 万人，增长了 36.5%；硕士毕业生从 21.38万人增长到 32.66 万人，增长了 52.7%；本科毕业生从 172.67 万人增长到259.05 万人，增长了 50.0%；专科毕业生从 204.80 万人增长到 316.37 万人，增长了 54.5%（图 1-15）。

普通高校毕业生层次结构没有发生太大的变化。2006—2010 年，专科毕业生仍占 50% 左右，本科毕业生所占比例在 41% ~44% 之间波动，硕士毕业生所占比例比较稳定，维持在 5.5% 左右，博士毕业生所占比例也比较稳定，在 0.7% ~0.8% 之间波动（图 1-16）。

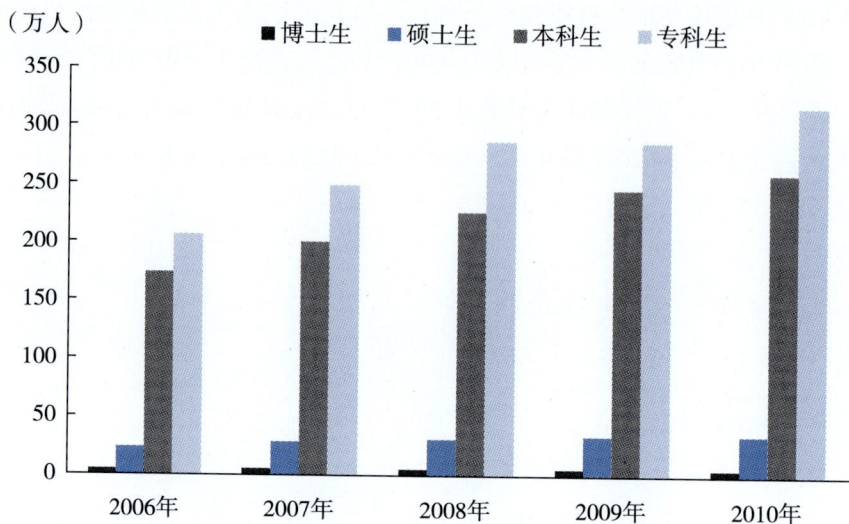

图 1-15　2006—2010 年全国普通高校各层次毕业生规模变化

【数据来源】中华人民共和国教育部．中国教育统计年鉴 2006，2007，2008，2009，2010［M］．人民教育出版社，2007，2008，2009，2010，2011．

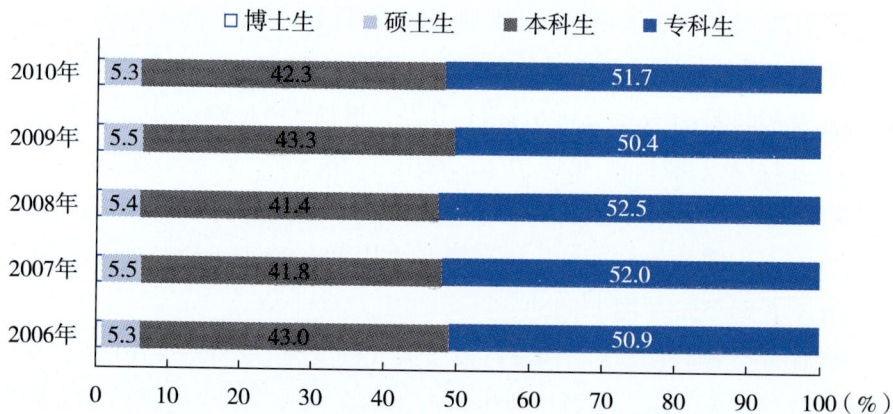

图 1-16　2006—2010 年全国普通高校毕业生层次结构变化

【数据来源】中华人民共和国教育部．中国教育统计年鉴 2006，2007，2008，2009，2010［M］．人民教育出版社，2007，2008，2009，2010，2011．

2. 不同层次毕业生的学科结构出现不同变化

（1）各学科本专科人才规模均有所增长，结构有所调整

从数量上来看，普通高校各学科本专科毕业生都有所增长，但增长速度差异较大。2010年，本专科毕业生从最多到最少的学科依次是工学、管理学、文学、医学、教育学、经济学、理学、法学、农学、历史学和哲学。2006—2010年，本专科毕业生增幅从最大到最小的学科依次是管理学、医学、文学、工学、哲学、理学、经济学、农学、历史学、法学和教育学。其中，管理学、医学、文学、工学本专科毕业生增长较快，增幅均超过50%；法学、教育学本专科毕业生数量保持了相对稳定，增幅在5%及以内（表1−1）。

表1−1　2006—2010年全国普通高校分学科本专科毕业生数量及增长情况（单位：人；%）

年度	工学	管理学	文学	教育学	医学	经济学	理学	法学	农学	历史	哲学
2010	2120361	1157934	834983	333270	444586	278995	270456	195518	102477	13713	1952
2009	1918428	1047109	788745	328396	390535	258264	266037	200921	97392	13544	1652
2008	1841946	988065	740631	348848	367491	258968	253467	208000	97740	12732	1610
2007	1594130	822078	635004	352729	300389	235925	230883	204798	88330	12316	1325
2006	1341724	656058	524806	322317	253252	203957	197231	186164	77177	10605	1417
2010年较2006年的增幅	58.0	76.5	59.1	3.4	75.6	36.8	37.1	5.0	32.8	29.3	37.8

【数据来源】中华人民共和国教育部. 中国教育统计年鉴2006，2007，2008，2009，2010 [M]. 人民教育出版社，2007，2008，2009，2010，2011.

从结构上来看，普通高校分学科本专科毕业生结构有所调整。2006—2010年，一些学科本专科毕业生所占比例呈现上升趋势，如，管理学从17.38%上升到20.12%，工学从35.55%上升到36.85%，医学从6.71%上升到7.73%；一些学科本专科毕业生所占比例呈现下降趋势，如，教育学毕业生从8.54%下降到5.79%，法学从4.93%下降到3.40%，经济学从5.4%下降到4.85%，理学从5.23%下降到4.70%，农学从2.04%下降到1.78%，历史学从0.28%下降到0.24%；个别学科本专科毕业生所占比例基本保持稳定，例如，哲学一直保持在0.03%左右（图1−17）。

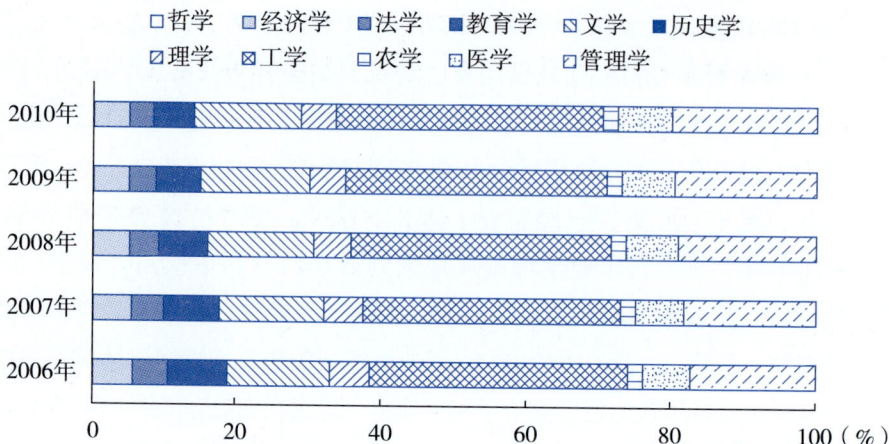

图例：□哲学　▣经济学　▦法学　■教育学　▨文学　■历史学　▨理学　⊠工学　▥农学　▤医学　▨管理学

图 1-17　**2006—2010 年全国普通高校本专科毕业生的学科结构变化**

【数据来源】中华人民共和国教育部. 中国教育统计年鉴 2006，2007，2008，2009，2010 [M]. 人民教育出版社，2007，2008，2009，2010，2011.

（2）各学科研究生规模均有所增长，结构有所调整

普通高校各学科研究生毕业生的数量均有所增长，但增长速度差异较大。2010 年，普通高校研究生毕业生从最多到最少的学科依次是工学、理学、医学、文学、管理学、法学、经济学、教育学、农学、历史学、哲学和军事学，与本专科毕业生学科分布有所不同。2006—2010 年，工学、理学、医学是研究生毕业生最多的 3 门学科，从 2009 年起，文学研究生毕业生超过管理学，成为第四大学科。2006—2010 年，普通高校研究生毕业生增幅从最大到最小的学科依次是军事学、教育学、文学、农学、理学、哲学、历史学、工学、医学、法学、经济学和管理学。其中，军事学、教育学、文学、农学和理学研究生毕业生增长较快，增幅均超过 50%；管理学研究生毕业生增长相对缓慢（表 1-2）。

表 1-2　**2006—2010 年全国普通高校分学科研究生**

毕业生数量及增长情况（单位：人；%）

年度	工学	理学	医学	文学	管理	法学	经济	教育	农学	历史	哲学	军事
2010	123337	38650	34914	33386	32225	25625	18629	13497	13420	4781	4447	211
2009	124847	36813	33995	31400	31110	21269	17812	13356	12859	5008	4340	188

续表

年度	工学	理学	医学	文学	管理	法学	经济	教育	农学	历史	哲学	军事
2008	117894	34380	36696	28038	39114	23849	17614	12127	12333	4908	4175	195
2007	109698	30918	31694	24880	34778	22140	16748	9820	10806	4348	3622	162
2006	90547	25185	25761	19944	27846	19056	14307	7738	8554	3438	2993	115
2010 年较 2006 年的增幅	36.2	53.5	35.5	67.4	15.7	34.5	30.2	74.4	56.9	39.1	48.6	83.5

【数据来源】中华人民共和国教育部．中国教育统计年鉴 2006，2007，2008，2009，2010 [M]．人民教育出版社，2007，2008，2009，2010，2011.

普通高校研究生毕业生的学科结构出现了一些变化。2006—2010 年，一些学科研究生毕业生所占比例呈现上升趋势，例如，文学从 8.12% 上升到 9.03%，教育学从 3.15% 上升到 3.65%，理学从 10.26% 上升到 10.45%，农学从 3.48% 上升到 3.63%；一些学科研究生毕业生所占比例呈现下降趋势，如，工学从 36.89% 下降到 33.35%，管理学从 11.34% 下降到 8.71%，教育学从 8.54% 下降到 5.79%，医学从 10.49% 下降到 9.44%，法学从 7.76% 下降到 6.93%，经济学从 5.83% 下降到 5.04%，农学从 2.04% 下降到 1.78%，历史学从 1.40% 下降到 1.29%；一些学科研究生毕业生所占比例基本保持稳定：哲学一直保持在 1.20% 左右，军事学保持在 0.05% 左右（图 1 - 18）。

综合而言，2006—2010 年，普通高校本专科毕业生结构与研究生毕业生结构既有一些相同的变化，但也有一些相反的变化。本专科与研究生毕业生相同的变化趋势有：法学、经济学、历史学毕业生均出现下降趋势，而文学毕业生均出现上升趋势，哲学毕业生均保持稳定。本专科和研究生毕业生相反的变化趋势有：教育学、理学、农学的本专科毕业生比例呈现下降趋势，而研究生毕业生比例呈现上升趋势；工学、管理学、医学的本专科毕业生比例呈现上升趋势，而研究生毕业生比例呈现下降趋势（表 1 - 3）。毕业生学科结构的变化反映了社会对学科需求的变化，如何更有效地促进学科结构与社会需求结构的匹配，使学科结构调整符合甚至超前于社会需求的变化，仍需要深入研究。

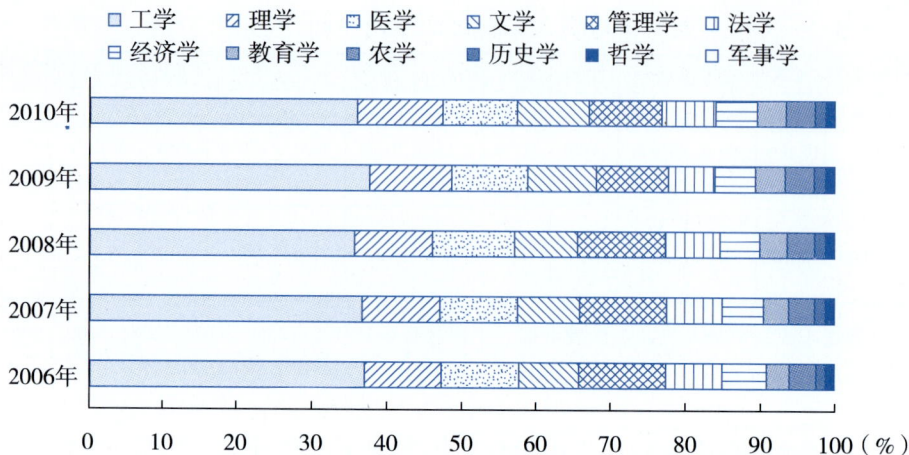

图例：工学　理学　医学　文学　管理学　法学　经济学　教育学　农学　历史学　哲学　军事学

图 1-18　2006—2010 年全国普通高校研究生毕业生的学科结构变化

【数据来源】中华人民共和国教育部. 中国教育统计年鉴 2006，2007，2008，2009，2010 [M]. 人民教育出版社，2007，2008，2009，2010，2011.

表 1-3　2006—2010 年全国普通高校本专科和

研究生毕业生学科比例增减对比（单位:%）

学科门类	本专科	研究生
法学	-1.53	-0.83
经济学	-0.55	-0.79
教育学	-2.75	0.5
理学	-0.53	0.19
农学	-0.26	0.14
工学	1.3	-3.54
管理学	2.74	-2.63
医学	1.02	-1.05
文学	0.61	0.9
历史学	-0.04	-0.11
哲学	-0.01	-0.02

【数据来源】中华人民共和国教育部. 中国教育统计年鉴 2006，2007，2008，2009，2010 [M]. 人民教育出版社，2007，2008，2009，2010，2011.

3. 女性毕业生逐年增多，男女比例趋向平衡

2010 年，普通高校女性本专科毕业生数为 291.32 万人，占普通高校本专科毕业生的 50.6%；普通高校女性研究生毕业生数为 17.76 万人，占普通高校研究生毕业生的 48.0%。

普通高校女性毕业生比例平稳增长，与男性毕业生比例越来越趋向平衡，其中女性专科毕业生已超过 50%，而女性博士毕业生比例相对偏低。2006—2010 年，除了 2009 年女性硕士研究生比例略有下降之外，各层次女性毕业生的比例基本上都呈现增长的趋势。2010 年，女性硕士毕业生、本科毕业生和专科毕业生占比均达到 50% 左右，尤其是女性专科毕业生比例在 2008 年已超过 50%，2010 年达到 52.4%。尽管女性博士毕业生比例相对偏低，但也呈逐年增长趋势，2010 年达到 37.4%（图 1-19）。

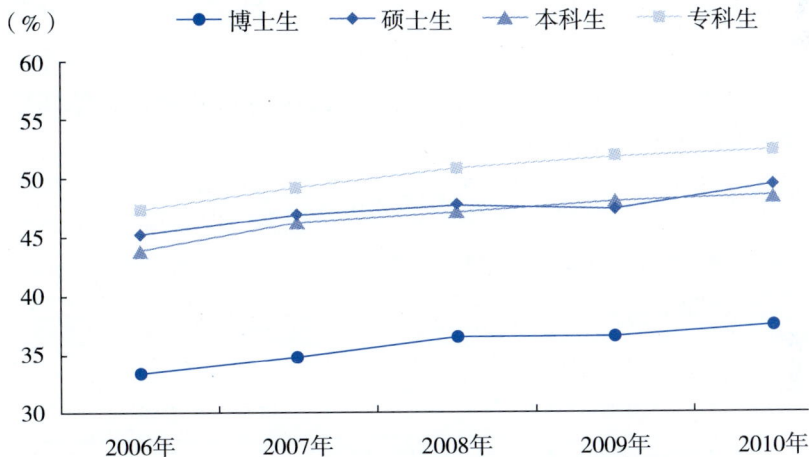

图 1-19 2006—2010 年全国普通高校各层次女性毕业生比例变化

【数据来源】中华人民共和国教育部. 中国教育统计年鉴 2006，2007，2008，2009，2010 [M]. 人民教育出版社，2007，2008，2009，2010，2011.

（三）高校的学科、专业和课程建设已初显成效

学科、专业及课程是高校教学活动的重要内容，也是高校办学水平和综合实力的重要体现。2006—2010 年，我国高校加强发展优势学科、特色

专业和精品课程；学科能力增强，国际影响扩大。

1. 91 所高校的 279 个学科进入 ESI 排名，约占总数的 6%

基本科学指标（Essential Science Indicators，简称 ESI）是汤姆森科技信息集团在汇集和分析 ISI Web of Science（SCI）所收录的学术文献及其所引用的参考文献的基础上建立起来的分析型数据库，是衡量科学研究绩效、跟踪科学发展趋势的权威分析评价工具。ESI 学科排名共对 22 个学科进行统计。据中国科学评价研究中心最新发布的《2011—2012 年世界一流大学与科研机构竞争力排行榜》资料统计[①]，我国大陆地区有 17 个学科进入 ESI 排名，涉及 91 所高校共 279 个学科数量，该学科数量约占总数的 6%，比 2009 年提升了 1%。从 ESI 排名可见（表 1-4），我国高校的化学、工程学、材料科学相对较强，分别有 54、51、40 所高校进入排名。但我国还有 5 个学科没有进入 ESI 排名，分别是经济学与商学、免疫学、综合交叉学科、精神病学与心理学、空间科学，意味着我国大学的这 5 个学科还比较薄弱，需要加强。目前，拥有进入 ESI 排名学科最多的高校是北京大学、浙江大学、上海交通大学和复旦大学，分别为 15 个，13 个，11 个和 11 个。

表 1-4　2011—2012 年我国进入各学科 ESI 排名的高校数（单位：所）

ESI 排名学科	我国进入 ESI 排名的高校数
化学	54
工程学	51
材料科学	40
临床医学	28
物理学	24
植物学与动物学	16
数学	13

① 数据来源：我国各大学进入 ESI 排名学科详细列表与分析［EB/OL］. http://www. nseac. com/html/247/227734. html.

ESI 排名学科	我国进入 ESI 排名的高校数
生物学与生物化学	10
地球科学	8
环境科学与生态学	8
计算机科学	8
农业科学	8
药理学和毒物学	5
分子生物学与行为科学	2
神经科学与行为科学	2
社会科学总论	1
微生物学	1
经济学与商学	0
精神病学与心理学	0
空间科学	0
免疫学	0
综合交叉学科	0

【数据来源】我国各大学进入 ESI 排名学科详细列表与分析［EB/OL］. http://www.nseac.com/html/247/227734.html.

2. 加强特色专业建设，提高人才培养质量

为了优化专业结构，提高人才培养质量，办出专业水平和特色，教育部、财政部于 2007 年通过质量工程领导小组办公室启动了"第二类特色专业建设点"评选工作。2007—2011 年，共评选出七批高校特色专业建设点，共有 3454 个特色专业建设点分布在 708 所高校中（表 1－5）。其中，拥有 10 个以上特色专业建设点的高校有 81 所。拥有特色专业建设点最多的前 10 所高校是北京大学（39 个）、浙江大学（37 个）、清华大学（34 个）、上海交通大学（31 个）、武汉大学（29 个）、吉林大学（28 个）、四川大学（28 个）、天津大学（26 个）、华中科技大学（26 个）、山东大学（26 个）。

表1-5　**2007—2011 年不同批次全国高校特色专业建设点数量（单位：年；个）**

批次	年度	特色专业建设点
第一批	2007	420
第二批	2007	707
第三批	2008	691
第四批	2009	671
第五批	2009	83
第六批	2010	804
第七批	2011	78

【数据来源】教育部、财政部关于批准高等学校特色专业建设点名单（第一批~第七批）〔EB/OL〕. http://www. moe. gov. cn/publicfiles/business/htmlfiles/moe/cmsmedia/image//UserFiles/File/2008/05/08/2008050810/2008050810_510233. doc；http://www. moe. gov. cn/publicfiles/business/htmlfiles/moe/cmsmedia/image/UserFiles/File/2008/05/08/2008050810/200805080_510233. doc；http://www. moe. gov. cn/publicfiles/business/htmlfiles/moe/cmsmedia/image//UserFiles/File/2009/10/14/2009101407/2009101407_028355. doc；http://www. moe. gov. cn/publicfiles/errorpage/404. htm；http://www. moe. gov. cn/publicfiles/business/htmlfiles/moe/cmsmedia/document/2010/6/doc97995. xls；http://www. moe. gov. cn/ewebeditor/uploadfile/20110311154948335. doc.

3. 打造并开放精品课程，形成资源共享平台

为推进教育创新，深化教学改革，促进现代信息技术在教学中的应用，共享优质教学资源，进一步促进教授上讲台，全面提高教育教学质量，教育部在全国高校（包括高职高专院校）中开展了高校教学质量与教学改革工程精品课程建设工作。为了加强资源共享，还建立了资源共享平台，向全国免费开放精品课程。2010 年，教育部共评选出 763 门国家级精品课程。其中，普通高校本科课程 438 门，专科（高职）课程 229 门，网络教育课程 60 门，军队院校（含武警）课程 36 门。2006—2010 年，教育部累计评选出 3145 门国家级精品课程，其中本科课程 1901 门，专科（高职）课程 907 门，网络教育课程 209 门，军队院校（含武警）课程 128 门（表1-6）。

表 1－6　**2006—2010 年不同类型高校获得国家级精品课程的情况（单位：门）**

年度	总计	本科	专科（高职）	网络教育	军队院校（含武警）
2006	374	252	106		16
2007	660	411	172	49	28
2008	669	400	200	50	19
2009	679	400	200	50	29
2010	763	438	229	60	36
合计	3145	1901	907	209	128

【数据来源】教育部关于公布国家精品课程中单的通知2006—2010［EB/OL］. http://www. moe. gov. cn/publicfiles/business/htmlfiles/moe/moe _1035/201010/109649. html；http://www. moe. gov. cn/publicfiles/business/htmlfiles/moe/s3843/201008/xxgk _93875. html；http://www. moe. gov. cn/publicfiles/business/htmlfiles/moe/moe_ 307/200810/40451. html；http://www. moe. gov. cn/publicfiles/business/htmlfiles/moe/s3843/201008/xxgk_93859. html；http://www. moe. gov. cn/publicfiles/business/htmlfiles/moe/s4851/201008/xxgk_93849. html.

（四）高校的科研能力增强，创新成果占据总量的一半

现代大学已经成为知识创新的重要场所。2006—2010 年，我国高校的科研能力逐步增强，科学研究成果日益丰富，并在高科技创新领域中占据越来越重要的地位。

1. 高校发表论文和出版专著数量稳定增长

2010 年，全国普通高校共发表学术论文 1062512 篇，比上一年增加 46167 篇，增长 4.5%。其中发表科技论文 744474 篇，占总数的 70.0%；发表社科论文 318038 篇，占总数的 30.0%。

普通高校发表论文数量稳定增长，其中科技论文增长更快，并且科技论文在国外刊物发表的能力更强。2010 年全国普通高校发表学术论文比 2006 年增加 231564 篇，增长 27.9%。其中，科技论文增加 195565 篇，增长 35.6%；社科论文增加 35999 篇，增长 12.8%。在国外学术刊物发表科技论文增加 88439 篇，增长 102.0%；发表社科论文增加 3086 篇，增长

77.2%。这表明科技论文在国外刊物发表的绝对数量和增长率都远远超过社科论文,但社科论文在国外刊物发表也正变得越来越多。

2010 年,全国普通高校共出版专著 22995 万部,比上一年减少 1995 部,下降 8.0%。其中,出版科技专著 11871 部,占总数的 51.6%,出版社科专著 11124 部,占总数的 48.4%。

普通高校出版专著数量呈增长趋势,并且科技专著增长速度比社科快。2010 年全国普通高校出版专著数比 2006 年共增加 2623 部,增长 12.9%。其中,科技专著增加 1969 部,增长 19.9%;社科专著增加 654 部,增长 6.2%(表 1 - 7)。

表 1 - 7　2006—2010 年全国普通高校发表论文和出版专著情况(单位:篇;部)

年度	发表学术论文				出版专著	
	科技论文		社科论文		科技专著	社科专著
	合计	其中:国外学术刊物	合计	其中:国外学术刊物		
2006	548909	86726	282039	3996	9902	10470
2007	610662	104444	295323	4283	10477	10948
2008	660713	129281	304164	4777	11568	10759
2009	703538	151542	312807	5208	13898	11092
2010	744474	175165	318038	7082	11871	11124

【数据来源】中华人民共和国教育部. 中国教育统计年鉴 2006,2007,2008,2009,2010 [M]. 人民教育出版社,2007,2008,2009,2010,2011.

2. 高校通过国家级项目验收的数量显著增长

高校通过国家级项目验收的数量正在增长,高校参与高科技发展的力度越来越强。2010 年,全国高校通过国家级项目验收的有:自然基金项目 596 项,973 计划项目 418 项,科技攻关计划项目 957 项,863 计划项目 1745 项,相较于 2006 年的 376 项、156 项、374 项和 671 项,都有显著的提升,尤其是 863 计划,比 2006 年增长 1.6 倍(表 1 - 8)。

表1-8 2006—2010年全国高校通过国家级项目验收的数量（单位：项）

年度	自然基金项目	973 计划	科技攻关计划	863 计划
2006	376	156	374	671
2007	521	111	170	339
2008	668	226	190	534
2009	765	214	302	1131
2010	596	418	957	1745

【数据来源】教育部科技司. 高等学校科技统计资料汇编2007，2008，2009，2010，2011 ［M］. 高等教育出版社，2008，2009，2010，2011，2012.

3. 建设重点实验室和创新平台，完善国家知识创新体系

为了培养高素质人才，促进社会进步，增强国家综合竞争力，"十五"计划《纲要》首次提出，要建设国家创新体系，建立国家知识创新体系，促进知识创新工程，实施"跨越式发展"的宏伟战略。国家重点实验室是国家创新体系的重要组成部分，重点实验室主要针对学科发展前沿和国民经济、社会发展及国家安全的重要科技领域和方向，开展创新性研究。据中国学位与研究生教育信息网上的信息统计，截至2010年，我国共依托高校举办国家重点实验室103个。其中，北京大学拥有12个国家重点实验室（包括与其他单位合作），清华大学拥有12个国家重点实验室（包括与其他单位合作），浙江大学拥有6个国家重点实验室（包括与其他单位合作）[1]。

为适应建设创新型国家，加快推进社会主义现代化建设，充分发挥高校学科的综合优势，教育部和财政部自2006年开始试点建设"优势学科创新平台项目"。根据教育部网站公布数据统计，截至2012年6月，全国共有36个985优势学科创新平台，分为30个常规创新平台和6个师范教育创新平台[2]。

---

① 数据来源：国家重点实验室名单［EB/OL］. http：//www. chinadegrees. cn/xwyyjsjyxx/sy/glmd/266813. shtml. 2012-10-17.

② 数据来源："985工程优势学科创新平台"简介及名单［EB/OL］. http://wenku. baidu. com/view/59fc3f2758fb770bf78a55b3. html. 2012-09-12.

4. 高校获国家级科研三大奖的比例分别接近或超过总数的50%

2011年，国家技术发明奖共评出一等奖2项，二等奖39项，以东南大学为主要完成人的"宽带移动通信容量逼近传输技术及产业化应用"项目，和以清华大学为主要完成人的"有机发光显示材料、器件与工艺集成技术和应用"项目囊括2项一等奖。

2011年，高校作为第一完成单位获得国家自然科学奖22项、国家技术发明奖27项、国家科技进步奖97项，分别占全国相应奖项的61.1%、65.9%和44.7%（表1-9），表明高校在高科技创新方面的能力越来越强。

表1-9　2007—2011年全国高校获得国家三大奖数量及
占全国总数的比例（单位：项；%）

奖项名称	年度	高校			全国			高校占比		
		合计	一等	二等	合计	一等	二等	合计	一等	二等
国家自然科学奖	2007				39		39			
	2008	16		16	34		34	47.1		47.1
	2009	15		15	28	1	27	53.6		55.6
	2010	20	1	20	30		30	66.7		66.7
	2011	22		22	36		36	61.1		61.1
国家技术发明奖	2007				39		39			
	2008	29	2	27	37	2	35	78.4	100.0	77.1
	2009	31	2	29	39	2	37	79.5	100.0	78.4
	2010	26		26	33		33	78.8		78.8
	2011	27	2	25	41	2	39	65.9	100.0	64.1
国家科技进步奖	2007	68	1	67	202	10	192	33.7	10.0	34.9
	2008	58	1	57	181	12	169	32.0	8.3	33.7
	2009	84	3	81	222	8	214	37.8	37.5	37.9
	2010	94	2	92	213	16	197	44.1	12.5	46.7
	2011	97	2	95	217	9	208	44.7	22.2	45.7

【数据来源】教育部科技司. 国家自然科学奖、技术发明奖和科技进步奖获奖项目目录2007，2008，2009，2010，2011［EB/OL］. http：//www. most. gov. cn/cxfw/，高校数据根据主要完成人单位统计得出。

（五）高校与社会关系日渐密切，科技服务能力不断增强

现代大学已经由社会的边缘走到了社会的中心。我国高校充分运用科技成果转让、完成科技服务项目、培训非学历学生以及建立科技园和孵化企业等方式行使社会服务的职能。2006—2010 年，高校在行使社会服务职能方面取得了较大的成效，但服务能力还需要进一步提高。

1. 高校获得专利和技术转让能力稳步提升，但成果转化率仍然偏低

2010 年，我国高校获得专利授权 35098 项，占高校专利申请数的 51.1%，占全国专利授权总数的 4.8%。

高校获得专利授权数量稳步增长，但占全国专利授权总数的比例仍然较低。2006—2010 年，2010 年高校所获专利授权数比 2006 年增加 23055 项，增长 191.4%；但占申请数的比例在 2008 年出现下降后重新回升。高校专利授权数占全国专利授权数的比例一直维持在 5% 左右，5 年来没有显著提升（图 1-20）。

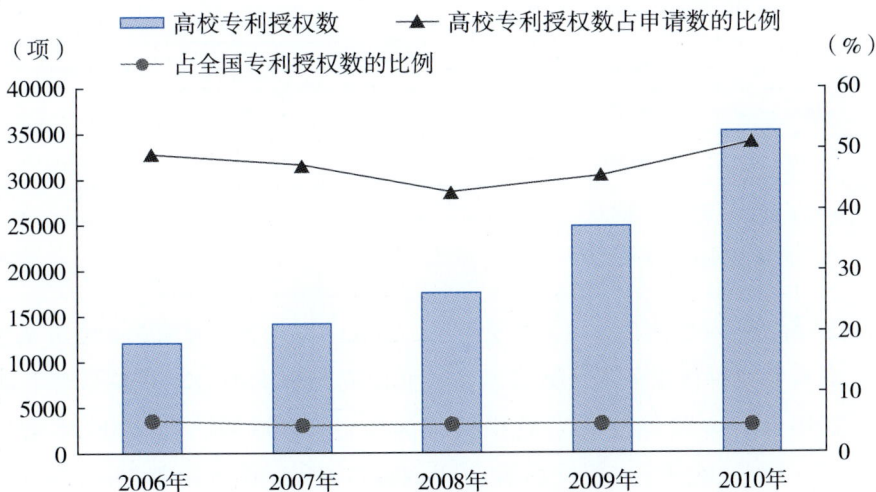

图 1-20　2006—2010 年全国高校获得专利授权

【数据来源】高校数据来源于教育部科技司．高等学校科技统计资料汇编 2007，2008，2009，2010，2011［M］．高等教育出版社，2008，2009，2010，2011，2012；全国数据来源于 2011 专利统计年报［EB/OL］．http：//www.sipo.gov.cn/ghfzs/zltjjb/jianbao/year2011/b/b1.html.

2010 年，我国高校共签订技术转让合同 9159 项，占全国签订技术转让合同总数的 4.0%；技术转让合同金额达 33.34 亿元，占全国技术转让合同金额的 0.9%。

高校技术转让合同数和金额均稳步上升，但技术转让合同数及金额占全国总量的比例仍然较低。2010 年高校技术转让合同数比 2006 年增加 2281 项，增长 33.2%；技术转让合同金额增长 13.7 亿，增长 69.9%。然而，高校技术转让合同数和金额占全国总量的比例还比较低，转让合同数占全国比例一直在 5% 以下，而转让合同金额占全国比例一直维持在 1% 左右（表 1 - 10），表明高校科技成果的转化能力有待进一步加强。

表 1 - 10   2006—2010 年全国高校签订技术转让合同
数量及金额情况（单位：项；%；亿元）

年度	转让合同数量		转让合同金额	
	数量	占全国比例	金额	占全国比例
2006	6878	3.3	19.64	1.1
2007	6920	3.1	21.04	0.9
2008	8408	3.7	30.52	1.1
2009	8770	4.1	31.20	1.0
2010	9159	4.0	33.34	0.9

【数据来源】教育部科技司. 高等学校科技统计资料汇编 2007，2008，2009，2010，2011 [M]. 高等教育出版社，2008，2009，2010，2011，2012.

2. 高校完成科技服务项目数量增多，研究与咨询报告被采纳数略有减少

高校完成科技服务项目数量增多，而研究与咨询报告被采纳数略有减少。2010 年，全国高校共完成科技服务项目 28406 项，比 2006 年增加 7633 项，增长 36.7%；提交研究与咨询报告 6464 项（其中 3545 项被采纳），比 2006 年减少 16195 项，降低 71.5%，咨询报告被采纳数减少 400 项，降低 10.0%（表 1 - 11）。

表1-11　**2006—2010年全国高校完成科技服务项目**
与提交研究与咨询报告情况（单位：项）

年度	科技服务 项目数	研究与咨询 报告提交数	研究与咨询 报告被采纳数
2006	20773	22659	3945
2007	21329	15286	2632
2008	23359	7570	3905
2009	26731	5679	3347
2010	28406	6464	3545

【数据来源】教育部科技司．高等学校科技统计资料汇编2007，2008，2009，2010，2011
［M］．高等教育出版社，2008，2009，2010，2011，2012；教育部社会科学司编．全国高校社科统
计资料汇编2006，2007，2008，2009，2010［M］．高等教育出版社，2007，2008，2009，
2010，2011．

3. 高校大力开展非学历教育，进修及培训是主要增长点

2010年，高校共有非学历毕（结）业生7125550人，其中研究生课程
进修班48290人，占总数的0.7%；自考助学班194889人，占总数的
2.7%；进修及培训6882371人，占总数的96.6%。

高校培训非学历学生数快速增长，其中进修及培训学生是主要增长
点。2006—2010年，高校非学历毕（结）业生增加3465623人，增长
94.7%。其中，研究生课程进修班减少20064人，降低29.4%；自考助学
班增加26407人，增长15.7%；进修及培训增加3459280人，增长
101.1%（表1-12）。

表1-12　**2006—2011年全国高校培训非学历人才情况（单位：人）**

年度	毕（结）业生数				
	研究生课程 进修班	自考助学班	进修及培训	其中：资格 证书培训	其中：岗位 证书培训
2006	68354	168482	3423091	980961	847665
2007	60209	199007	3866893	1103023	830503

年度	毕（结）业生数				
	研究生课程进修班	自考助学班	进修及培训	其中：资格证书培训	其中：岗位证书培训
2008	45457	214769	4119157	1348997	825586
2009	46803	196768	5073449	1094037	1184880
2010	48290	194889	6882371	1315510	1069856

【数据来源】中华人民共和国教育部. 中国教育统计年鉴 2006，2007，2008，2009，2010 [M]. 人民教育出版社，2007，2008，2009，2010，2011.

4. 高校积极建立科技园并孵化企业，直接服务经济发展

大学建立科技园，孵化企业，与社会的关系越来越紧密。一流的国家大学科技园是一流大学的重要标志之一。国家大学科技园以具有较强科研实力的大学为依托，将大学的综合智力资源优势与其他社会优势资源相结合，为高校科技成果转化、高新技术企业孵化、创新创业人才培养、产学研结合提供支撑。2010 年，我国高校共拥有 86 个国家级大学科技园，比 2006 年增加了 24 个；拥有在孵企业 6617 个，比 2006 年减少 103 个；拥有新孵企业 1858 个，比 2006 年增加 474 个；拥有毕业企业 4364 个，比 2006 年增加 2570 个（表 1－13）。

表 1－13　2006—2010 年国家级大学科技园数量及孵化企业数量（单位：个）

年度	国家级大学科技园数	在孵企业数	新孵企业数	毕业企业数
2006	62	6720	1384	1794
2007	62	6574	（缺失）	1958
2008	69	6330	1294	2979
2009	76	6583	1400	3698
2010	86	6617	1858	4364

【数据来源】中国科学技术发展报告 2006，2007，2008，2009，2010 [EB/OL]. http://www.most.gov.cn/kjfz/kjxz/.

（六）来华留学生规模扩大，层次提升，国际交流与合作办学覆盖面更宽

随着我国高等教育国际化进程的加快，高校国际交流与合作逐渐成为高校吸收国外先进教学经验、引进新的教学管理理念、提高教学和科研水平的重要途径之一。2006—2010 年，我国高校来华留学生的数量与结构出现了新的变化，在举办中外合作办学机构和项目、走出国门办学方面也有新的突破。

1. 来华留学生规模稳定增长，学历层次不断提升，亚洲仍是主要生源地

2010 年，共有来华留学生（在校生）130637 人，比上一年增加 13089 人，增长 11.1%。其中，学历留学生 79638 人，占来华留学生总数的 61.0%；非学历留学生 50999 人，占 39.0%。在学历留学生中，博士留学生（在校生）有 4998 人，硕士留学生 14691 人，本科留学生 59372 人，专科留学生 577 人。

从数量来看，来华留学生规模稳步增长，尤其是学历留学生增长更快，尤以硕士和博士留学生增长为甚。2006—2010 年，来华留学生（在校生）增加 48530 人，增长 59.1%。其中，学历留学生增加 37500 人，增长 89.0%，非学历留学生增加 11030 人，增长 27.6%。在学历留学生中，博士留学生增加 2893 人，增长 137.4%；硕士留学生增加 10448 人，增长 246.2%；本科留学生增加 24850 人，增长 72.0%；专科留学生减少 691 人，降低 54.5%（图 1–21）。

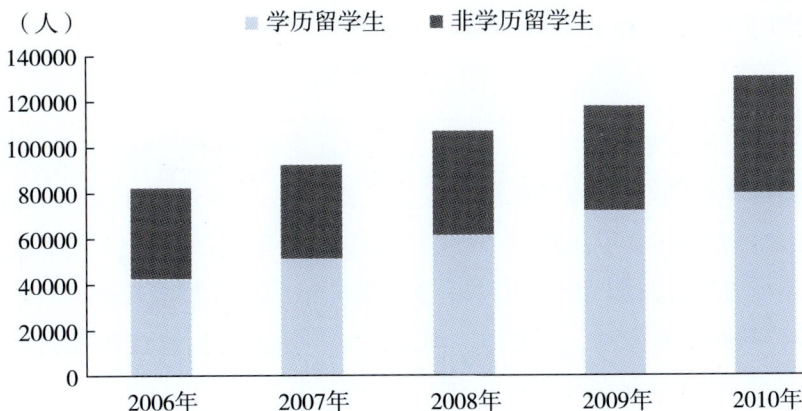

图 1–21　2006—2010 年全国高校来华留学生规模变化

【数据来源】中华人民共和国教育部. 中国教育统计年鉴 2006，2007，2008，2009，2010 [M]. 人民教育出版社，2007，2008，2009，2010，2011.

从在校学历留学生的结构来看，本科留学生仍然占学历留学生的大多数，然而博士和硕士留学生增长速度较快，博士和硕士留学生的比例在逐年提高，留学生的学历层次正逐步提高。2010 年，博士留学生占学历留学生的比例为 6.3%，比 2006 年增长 1.3%；硕士留学生所占比例为 18.4%，比 2006 年增长 8.4%；本科留学生比例为 74.6%，比 2006 年下降 7.4%；专科留学生比例为 0.7%，比 2006 年下降 2.3%（图 1-22）。

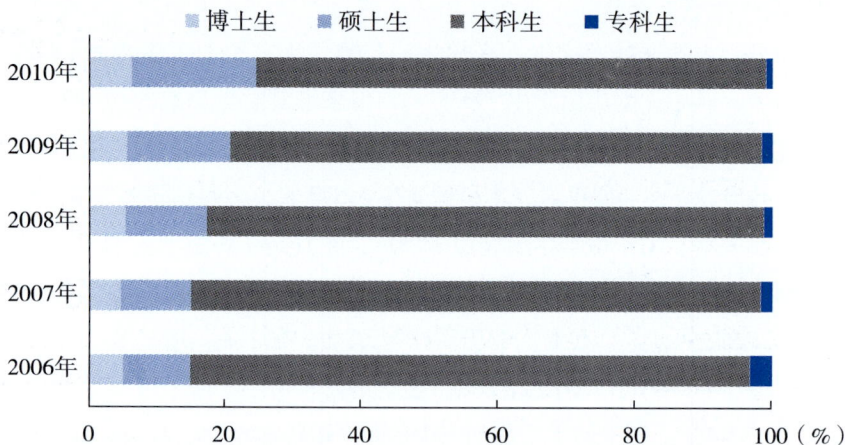

图 1-22　2006—2010 年全国高校来华留学生学历层次结构变化

【数据来源】中华人民共和国教育部．中国教育统计年鉴 2006，2007，2008，2009，2010 [M]．人民教育出版社，2007，2008，2009，2010，2011．

从在校留学生的生源地来看，亚洲一直是来华留学生的主要生源地，但亚洲留学生所占比例正在逐渐缩小，留学生生源地逐步呈现多元化。2010 年，亚洲留学生比例为 69.4%，比 2006 年（78.0%）下降 8.6%。非洲留学生所占比例增长最快，由 2006 年的 3.1% 增长到 2010 年的 8.7%，欧洲、南美洲、北美洲、澳洲留学生所占比例也在小幅提高，从 2006 年到 2010 年分别增长了 1.8%、0.6%、0.5% 和 0.1%（图 1-23）。

从在校留学生的经费来源看，除国际组织资助的留学生，各类留学生的规模都有较大增长。2006—2010 年间，自费留学生从 68826 人增长到 96594 人，增长 40.3%；中国政府资助的留学生数量增长较快，由 6500 人增长到 23670 人，增长 264.2%；本国政府资助的留学生从 802 人增长到 1991 人，增长 148.3%；学校间交换的留学生从 5727 人增长到 8130 人，增长 42.0%（图 1 - 24）。

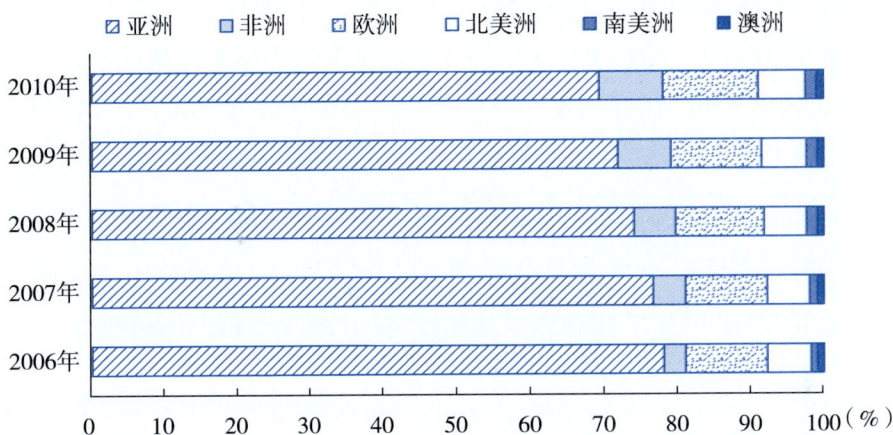

图 1 - 23　2006—2010 年全国高校来华留学生生源地结构变化

【数据来源】中华人民共和国教育部．中国教育统计年鉴 2006，2007，2008，2009，2010 [M]．人民教育出版社，2007，2008，2009，2010，2011．

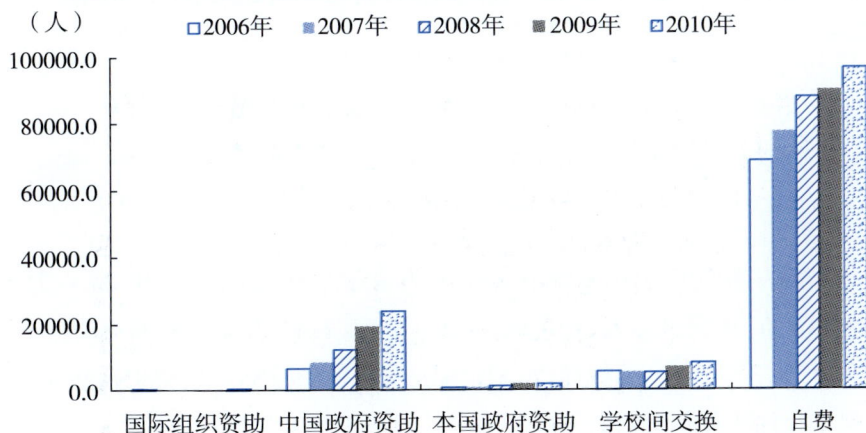

图 1 - 24　2006—2010 年按经费来源划分各类来华留学生规模变化

【数据来源】中华人民共和国教育部．中国教育统计年鉴 2006，2007，2008，2009，2010 [M]．人民教育出版社，2007，2008，2009，2010，2011．

可见，自费留学仍是留学生的主要形式，但不同经费来源留学生的比例正在发生变化。自费留学生虽然仍是主要形式，但占留学生总数的比例正在下降，由 2006 年的 83.8% 下降到 2010 年的 73.9%，下降 9.9%；中国政府资助的留学生所占比例有较大幅度增长，由 2006 年的 7.9% 上升到 2010 年的 18.1%，增长 10.2%；本国政府资助的留学生数量从 2006 年的 1.0% 上升到 2010 年的 1.5%，增长 0.5%；学校间交换的留学生比例有所降低，从 2006 年的 7.0% 下降到 6.2%，下降 0.8%；国际组织资助的留学生所占比例非常小，变化不大（图 1-25）。

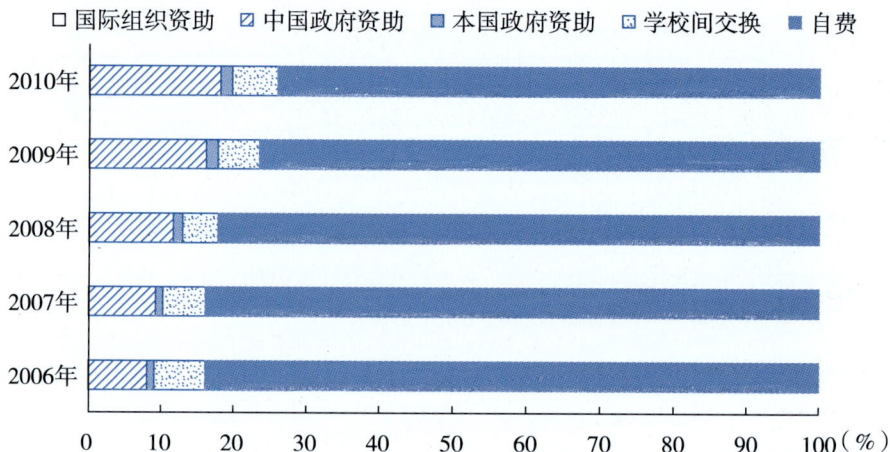

图 1-25 **2006—2010 年全国高校来华留学生经费来源结构变化**

【数据来源】中华人民共和国教育部. 中国教育统计年鉴 2006，2007，2008，2009，2010 [M]. 人民教育出版社，2007，2008，2009，2010，2011.

2006—2010 年，我国高校共有来华留学生毕（结）业生 26.1 万人，其中博士 0.25 万人，硕士 0.90 万人，本科 3.43 万人，专科 0.19 万人，培训生 21.32 万人。总体而言，我国培养的来华留学生数量仍比较少，学历留学生的比例也较低。

2. 国际交流与合作日益频繁，走出国门办学传播中国文化

国际交流日益频繁。2010 年全国高校有 161492 人次出席国际学术会议，其中出席自然科学国际会议 125203 人次，出席人文社会科学国际学术

会议 36289 人次；提交交流论文 108451 篇，其中自然科学提交 88131 篇，人文社会科学提交 20320 篇。全国高校出席国际学术会议人次及交流论文数量稳步增长。2006—2010 年，全国高校出席国际学术会议人次增加 32091 人次，增长 24.8%。其中，出席自然科学会议增加 26315 人次，增长 26.6%；出席人文社会科学会议增加 5776 人次，增长 18.9%。全国高校提交交流论文增加 35053 篇，增长 47.8%。其中，提交自然科学论文增加 29618 篇，增长 50.6%；提交人文社会科学论文增加 5435 篇，增长 36.5%（表 1-14）。

表 1-14　2006—2010 年全国高校国际交流状况（单位：人次；篇）

年度	自然科学		人文社会科学	
	出席人员	交流论文	出席人员	交流论文
2006	98888	58513	30513	14885
2007	97506	65394	28792	15964
2008	117392	75388	34622	18393
2009	121174	76189	33770	20250
2010	125203	88131	36289	20320

【数据来源】教育部科技司. 高等学校科技统计资料汇编 2007，2008，2009，2010，2011 [M]. 高等教育出版社，2008，2009，2010，2011，2012；教育部社会科学司编. 全国高校社科统计资料汇编 2006，2007，2008，2009，2010 [M]. 高等教育出版社，2007，2008，2009，2010，2011.

国际合作持续发展。我国在高等教育、职业教育领域开展中外合作办学，以扩大开放，引进国外优质教育资源。根据办学主体，分为中外合作办学机构和中外合作办学项目。截至 2011 年 5 月，我国高校共举办中外合作办学机构 36 所，开展中外合作项目 695 项①。

———————————

① 高校举办参与中外合作办学机构与项目数根据中国学位与研究生教育信息网 2011 年 5 月 31 日更新的经教育部审批和复核的中外合作办学机构及项目名单统计 [EB/OL]. http://www.chinadegrees.cn/xwyyjsjyxx/sy/glmd/266821.shtml.

积极走出国门办学。我国在世界各地设立了孔子学院，推广汉语，传播中国文化与汉学，增进世界人民对中国语言和文化的了解。我国高校积极参与孔子学院的举办。截至 2012 年年底，我国高校共参与举办孔子学院316 所①。

二、高等教育发展条件日益改善

高等教育的发展离不开办学条件的保障与优化。其中，人力资源、教育经费和基础设施是高等教育发展的重要条件支撑。

（一）高校教师队伍壮大且学历层次提升，生师比维持在 17~18 之间

高校的教师队伍水平与高等教育质量密切相关。教师队伍的建设既要考虑到教师的数量，又要涉及教师的结构。2006—2010 年，我国普通高校的教师和科研队伍不断壮大，学历结构和年龄结构有所变化，生师比基本稳定。

1. 专任教师数量平稳上升，学历层次逐渐提升，中青年教师比例有所下降

（1）专任教师总量平稳上升

2010 年，普通高校共有专任教师 134.31 万人，占教职工总数的66.5%。

普通高校专任教师的数量和比例均呈平稳上升的趋势。2006—2010年，专任教师数量增加 26.71 万人，增长 24.8%；专任教师占教职工的比例由 62.9%上升到 66.5%，增长 3.6%（图 1-26）。

---

① 高校参与举办孔子学院数依据国家汉办网站上的孔子学院名单统计［EB/OL］. http://www.chinese.cn/college/ciworldwide/.

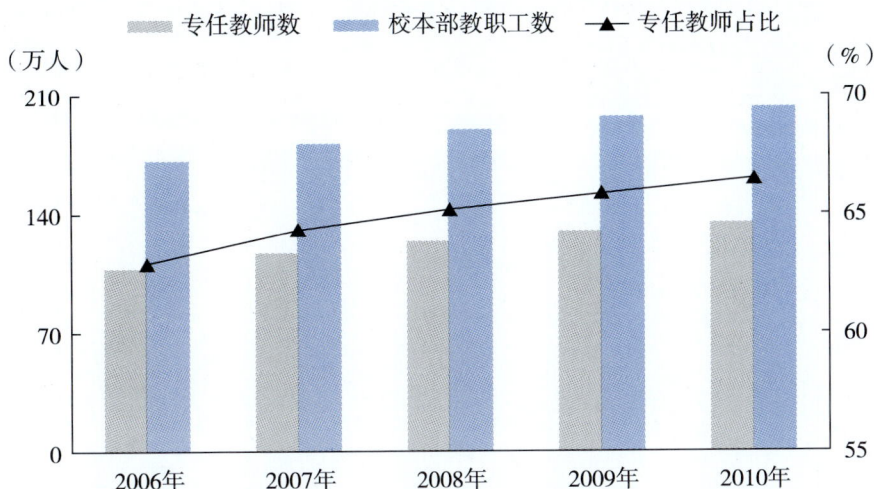

图 1-26　2006—2010 年全国普通高校专任教师数量及其占教职工的比例变化

【数据来源】中华人民共和国教育部. 中国教育统计年鉴 2006, 2007, 2008, 2009, 2010 [M]. 人民教育出版社, 2007, 2008, 2009, 2010, 2011.

（2）拥有博士学位的专任教师比例稳步提高，拥有高级职称的专任教师比例基本保持稳定，45 岁以下专任教师仍占主体但比例有所下降

2010 年，全国普通高校拥有博士学位的专任教师有 20.03 万人，占专任教师总数的 14.9%。

2006—2010 年，全国普通高校专任教师的学历层次稳步提高。拥有博士学位的专任教师增加 9.17 万人，增长 84.5%，拥有博士学位专任教师占专任教师总数的比例提升了 3.8%（图 1-27）。

2010 年，全国普通高校拥有高级职称的专任教师 52.58 万人，占专任教师总数的 39.1%。

2006—2010 年间拥有高级职称的专任教师比例基本保持稳定。拥有高级职称的专任教师比例维持在 38.5% 左右，2010 年略有上升，达到 39.1%（图 1-28）。

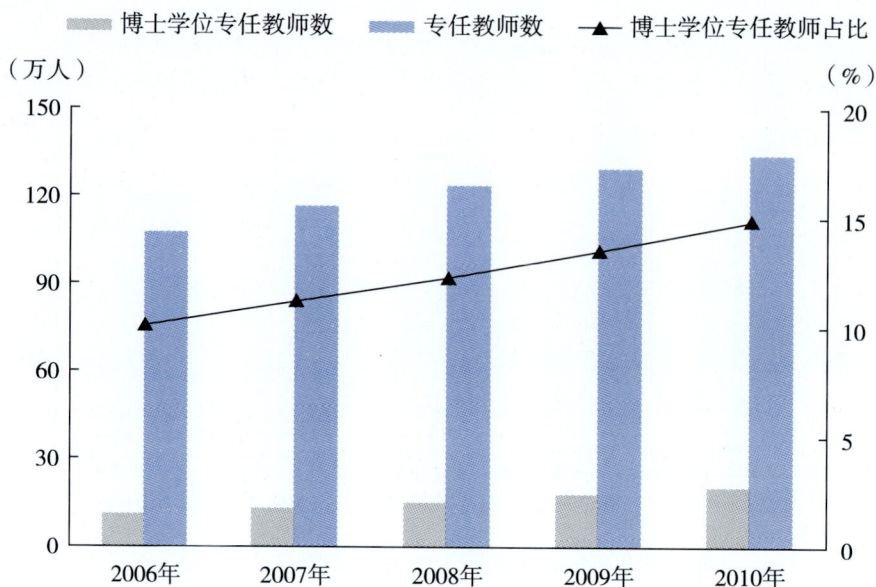

图 1 - 27　2006—2010 年全国普通高校拥有博士学位专任教师的数量及比例变化

【数据来源】中华人民共和国教育部．中国教育统计年鉴 2006，2007，2008，2009，2010 ［M］．人民教育出版社，2007，2008，2009，2010，2011.

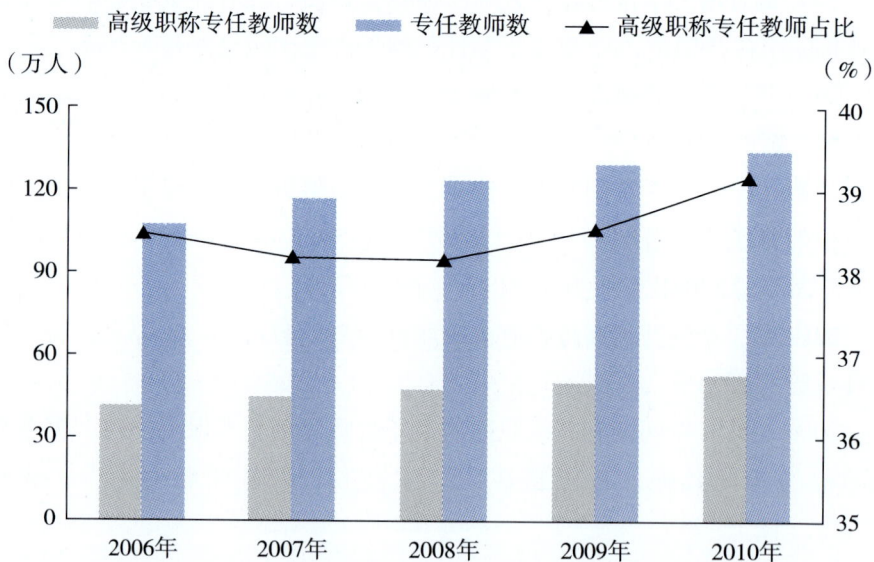

图 1 - 28　2006—2010 年全国普通高校拥有高级职称专任教师的数量及比例变化

【数据来源】中华人民共和国教育部．中国教育统计年鉴 2006，2007，2008，2009，2010 ［M］．人民教育出版社，2007，2008，2009，2010，2011.

普通高校 45 岁以下专任教师数量增长，但比例呈现下降趋势。2010 年，全国普通高校 134.31 万专任教师中，有 103.62 万人在 45 岁以下，比例为 77.1%。就数量而言，2006—2010 年普通高校 45 岁以下专任教师增加了 16.42 万人。但就比例而言，2007 年以来，普通高校 45 岁以下专任教师比例呈现下降趋势，从 81.1% 下降到 77.2%（图 1-29）。

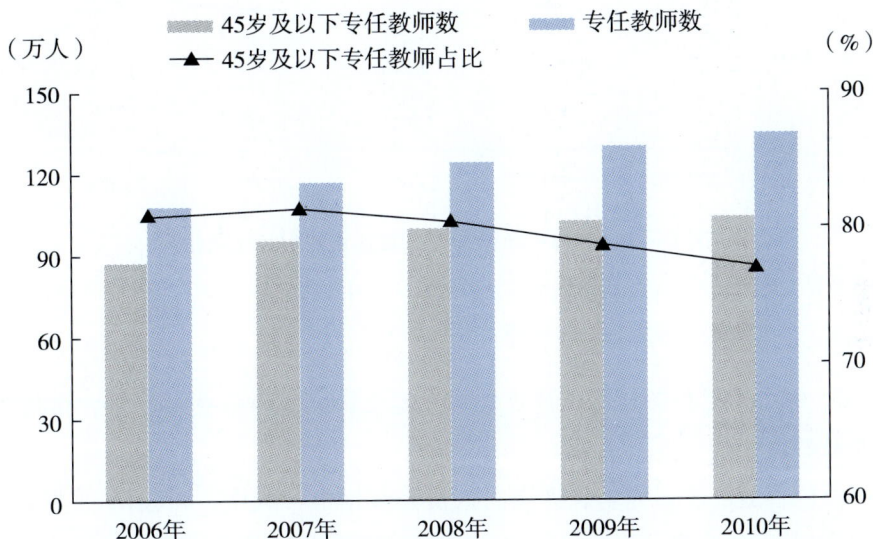

图 1-29　2006—2010 年全国普通高校 45 岁以下专任教师的数量及比例变化

【数据来源】中华人民共和国教育部. 中国教育统计年鉴 2006，2007，2008，2009，2010 [M]. 人民教育出版社，2007，2008，2009，2010，2011.

（3）生师比略有起伏，但基本保持在 17～18 之间

2010 年，全国普通高校的生师比为 17.33，与上一年基本持平。2006—2010 年，2007 年前全国普通高校的生师比有较大的下降，下降了 0.65。2008 年后，生师比基本维持稳定，略有上升，维持在 17.3 左右（图 1-30）。总体而言，全国普通高校的生师比维持在 17～18 之间。

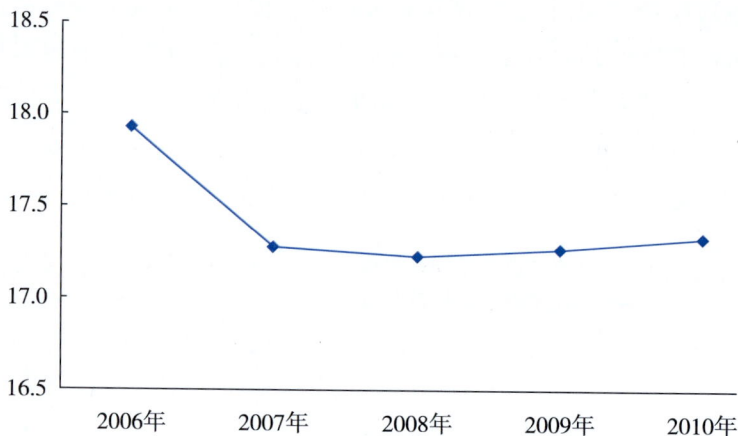

图 1－30　2006—2010 年全国普通高校生师比变化

【数据来源】中华人民共和国教育部．中国教育统计年鉴 2006，2007，2008，2009，2010 ［M］．人民教育出版社，2007，2008，2009，2010，2011．

2. 研究与发展全时人员稳步增加，其中科技类的总量占优势，但增速不及社科类

全国普通高校研究与发展全时人员稳步增加，其中，科技活动研究与发展全时人员总量占优，但增速不及社科活动研究与发展全时人员。2010 年，全国普通高校研究与发展全时人员总量为 267541 人年，比 2006 年增加 54193 人年，增长 25.4%。其中，科技活动研究与发展全时人员 198570 人年，比 2006 年增加 34872 人年，增长 21.3%；社科活动研究与发展全时人员 68971 人年，比 2006 年增加 19321 人年，增长 38.9%（表 1－15）。

表 1－15　2006—2010 年全国普通高校研究与发展
全时人员数量变化状况（单位：人年）

年度	研究与发展 全时人员总量	科技活动研究与 发展全时人员	社科活动研究与 发展全时人员
2006	213348	163698	49650
2007	223131	170380	52751

续表

年度	研究与发展 全时人员总量	科技活动研究与 发展全时人员	社科活动研究与 发展全时人员
2008	235474	181403	54071
2009	245215	189413	55802
2010	267541	198570	68971

【数据来源】教育部科技司. 高等学校科技统计资料汇编 2007，2008，2009，2010，2011 [M]. 高等教育出版社，2008，2009，2010，2011，2012；教育部社会科学司编. 全国高校社科统计资料汇编 2006，2007，2008，2009，2010 [M]. 高等教育出版社，2007，2008，2009，2010，2011.

总体而言，2006—2010 年，全国普通高校的科技活动研究与发展全时人员、社科活动研究与发展全时人员都在稳步增加（图 1 – 31）。

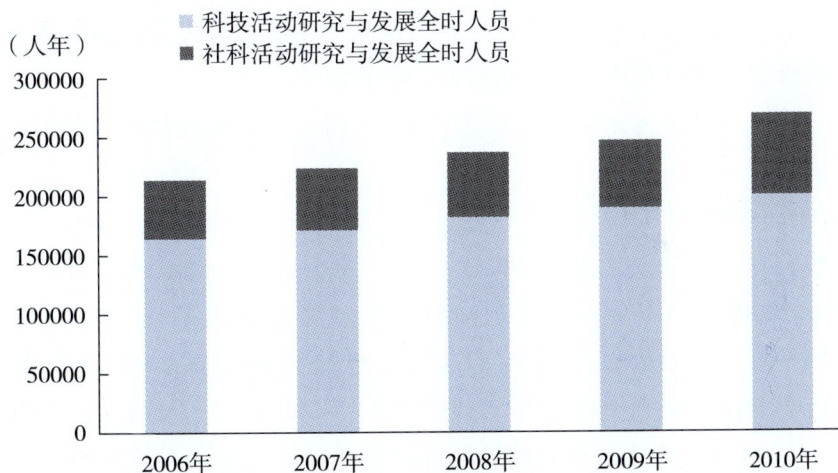

图 1 – 31 **2006—2010 年全国普通高校研究与发展全时人员变化**

【数据来源】中华人民共和国教育部. 中国教育统计年鉴 2006，2007，2008，2009，2010 [M]. 人民教育出版社，2007，2008，2009，2010，2011.

3. 评选两院院士和国家级教学名师，增强高校师资队伍

两院院士和国家级教学名师可以从一个侧面反映教师队伍的高水平

状况。

截至 2012 年 6 月，全国高校共拥有院士 474 名，其中中科院院士 182 名，工程院院士 292 名①。2003—2011 年，全国共评选出 6 届国家级教学名师，共有 276 所高校的 600 名教师入选。其中拥有国家级教学名师 10 名以上的有 6 所高校，分别是北京大学 16 名、清华大学 15 名、武汉大学 14 名、四川大学 12 名、浙江大学 10 名和吉林大学 10 名②。

（二）高校经费总量稳步增多，但以国家财政性投入为主，社会力量办学薄弱

加大公共财政教育经费投入是实现国家长远发展战略的一项基础性投资，也是高等教育事业发展的物质基础。我国各级政府为保障财政对高等教育投入的稳步增长，不断优化财政支出结构，统筹各项收入，提高高等教育经费的投入力度及使用效率。2007—2010 年，我国普通高校的教育经费收入呈逐年增长趋势，财政教育投入持续大幅增长，为我国高等教育改革发展提供了有力支持，但还有加大力度的空间。

1. 普通高校教育经费总收入稳步增长，但占全国教育经费总收入的比重略有回落

2007—2010 年我国普通高校教育经费收入处于增长态势。2010 年，普通高校教育经费总收入 5497.86 亿元，比 2009 年增加 852.85 亿元，增长 18.4%。2007—2010 年全国普通高校教育经费总收入累计 17987.30 亿元，年平均教育经费收入 4496.82 亿元，年平均增长率为 14.8%。根据《2010 全国教育经费执行情况统计公告》，2010 年，与同期全国教育经费增长率 18.5% 相比，普通高校教育经费增长率比全国教育经费增长率低 0.1%。

从普通高校教育经费收入的增长率来看，增长速度有所放缓，但波动明显，呈现先降后升态势。2007—2010 年普通高校教育经费收入处于

---

① 数据来源：根据中科院和工程院主页上的院士名单所在单位统计而来。

② 数据来源：2003—2011 年第 1 - 6 届国家级教学名师百度文库［EB/OL］. http：// wenku. baidu. com/view/257e892abd64783e09122bda. html.

递减态势。其年增长率从 2007 年的 23.7%，减少到 2009 年的 10.3%，下降 13.4%（图 1－32）。2010 年普通高校教育经费收入有所回升，与 2009 年相比，回升了 8.1%。虽然普通高校教育经费总量处于增长态势，但普通高校教育经费收入的速度有所放缓。

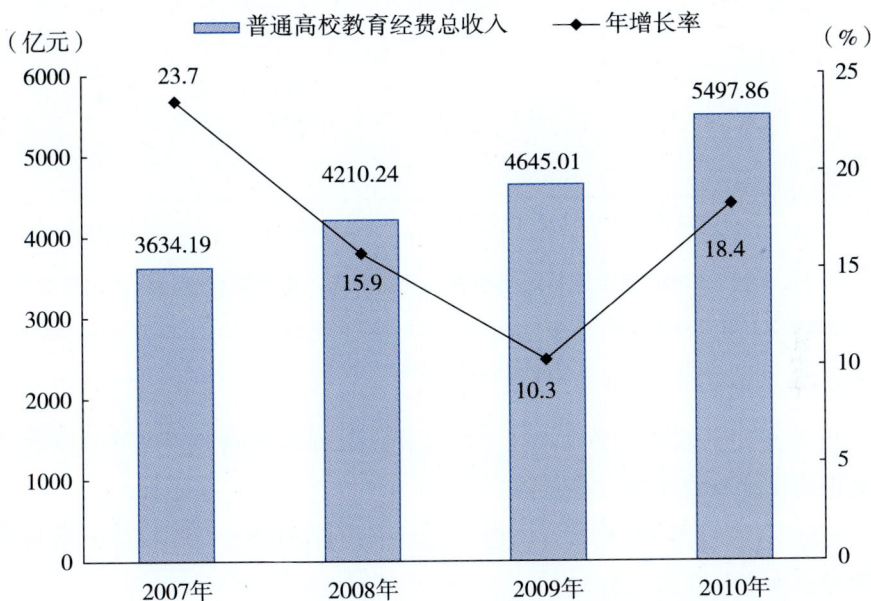

图 1－32　2007—2010 年全国普通高校教育经费总投入及其增长速度变化

【数据来源】教育部财务司，国家统计局社会科技和文化产业统计司. 中国教育经费统计年鉴 2008，2009，2010，2011［M］. 中国统计出版社，2009，2010，2011，2012.

从普通高校教育经费收入占全国教育经费收入的比重来看，2007—2010 年，全国普通高校教育经费收入占全国教育经费收入的比重整体上处于回落态势，从 2007 年的 29.9% 回落至 2010 年的 28.1%，回落了 1.8%（图 1－33）。

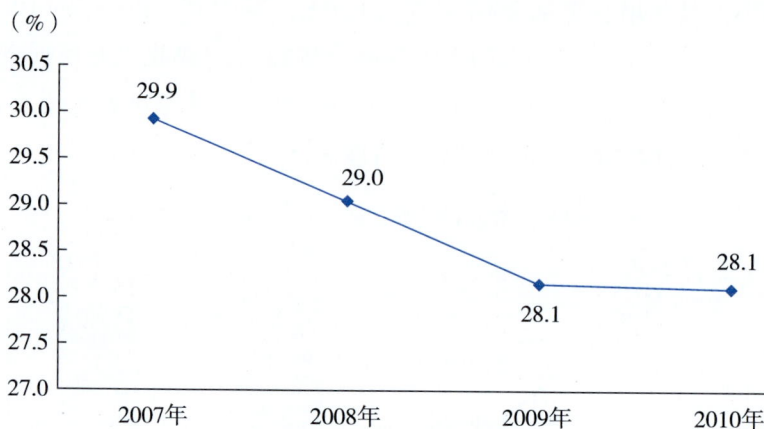

（%）

图 1 – 33　**2007—2010 年全国普通高校教育经费总收入占全国教育经费的比重变化**

【数据来源】教育部财务司，国家统计局社会科技和文化产业统计司．中国教育经费统计年鉴
2008，2009，2010，2011［M］．中国统计出版社，2009，2010，2011，2012．

2. 普通高校教育经费国家投入强度持续上升，但预算内教育经费占财政支出的比重有所下降

普通高校国家财政性教育经费与 GDP 的比值是测度一个国家高等教育经费投入强度的重要指标。

2007—2010 年全国普通高校国家财政性教育经费投入占 GDP 的比重处于增长态势。2010 年，普通高校国家财政性教育经费占 GDP 的比重为 0.72%，较 2009 年增长 0.06%，较 2007 年增长 0.12%（图 1 – 34）。这表明国家财政性教育投入总量继续增加，国家财政性教育经费投入强度有所增强。

然而，普通高校预算内教育经费占财政支出的比重呈现递减态势。2010 年，普通高校预算内教育经费占财政支出的比重为 3.03%，较 2009 年回升 0.16%；较 2007 年回落 0.09%（图 1 – 35）。

（亿元）　　■ 普通高校国家财政性教育经费　　　　　　　　　　　　（％）
　　　　　　◆ 国家财政性教育经费占GDP的比重

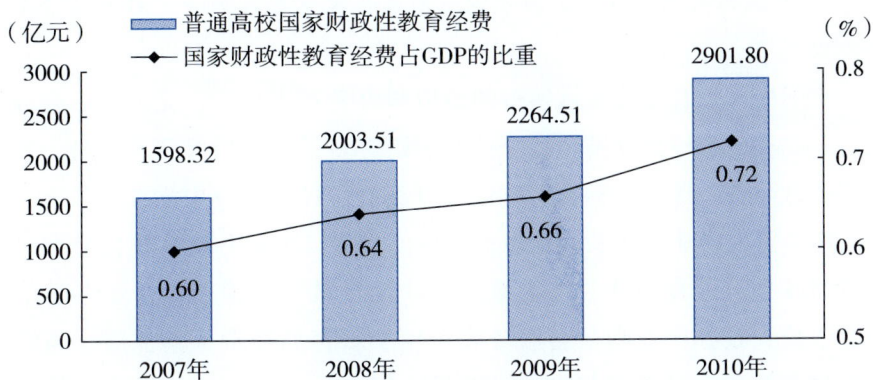

图 1 - 34　2007—2010 年全国普通高校国家财政性教育经费占 GDP 的比重变化

【数据来源】教育部财务司，国家统计局社会科技和文化产业统计司．中国教育经费统计年鉴 2008，2009，2010，2011［M］．中国统计出版社，2009，2010，2011，2012．

（亿元）　　■ 普通高校预算内教育经费　　　◆ 预算内教育经费占财政支出的比重　　　（％）

图 1 - 35　2007—2010 年全国普通高校预算内教育经费占财政支出的比重变化

【数据来源】教育部财务司，国家统计局社会科技和文化产业统计司．中国教育经费统计年鉴 2008，2009，2010，2011［M］．中国统计出版社，2009，2010，2011，2012．

3. 普通高校教育经费来源以国家财政性经费投入为主，社会力量参与办学较弱

我国高等教育经费投入实行的是以举办者投入为主，受教育者合理分担培养成本，学校设立基金接受社会捐赠等多渠道筹措经费的机制。普通高校教育经费来源包括国家财政性教育经费，民办学校中举办者投入，社会捐赠经费，事业收入及其他教育经费。其中，国家财政性教育经费包括公共财政预算教育经费，各级政府征收用于教育的税费，企业办学中的企业拨款，校办产业和社会服务收入用于教育的经费，其他属于国家财政性教育经费；民办学校中举办者投入指办学的单位或公民个人拨给民办学校的办学经费；社会捐赠经费指境内外社会各界及个人对教育的资助和捐赠；事业收入指学校和单位开展教学及其辅助活动依法取得的、经财政部门核准留用的资金，以及经财政专户核准拨回的资金，包括教学事业收入和科研事业收入；其他收入指除上述各项收入以外的其他各项收入。

（1）普通高校教育经费来源以国家财政性经费投入为主

2007—2010 年普通高校国家财政性教育经费和事业收入均有所增长。2010 年，普通高校国家财政性教育经费收入 2901.80 亿元，比 2009 年增加 637.29 亿元，增长 28.1%。2007—2010 年全国普通高校国家财政性教育经费收入累计 8768.14 亿元，年平均教育经费收入约 2192.04 亿元，年平均增长率为 22.0%。与此同时，普通高校教育事业总收入也呈现逐年增长态势。2010 年，普通高校教育事业收入总计 2216.56 亿元，比 2009 年增加 197.67 亿元，增长 9.8%。2007—2010 年普通高校教育事业收入累计 7798.56 亿元，年平均教育经费收入约 1949.64 亿元，年平均增长率为 9.3%，低于普通高校国家财政性教育经费年均增长率 12.7%（图1－36）。2007—2010 年除民办学校中举办者投入、社会捐赠经费外，全国普通高校其余渠道经费投入均呈现增长态势。

（亿元）

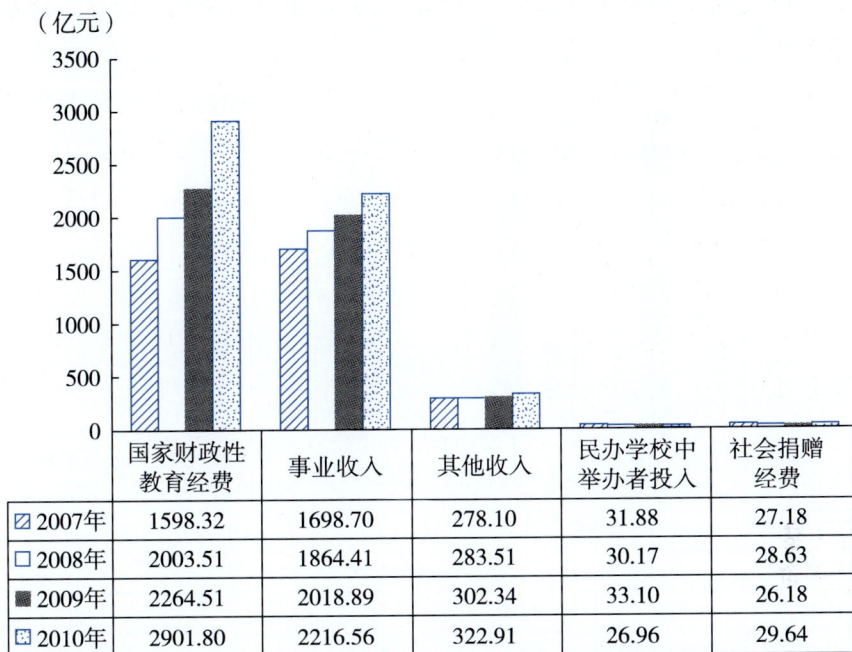

	国家财政性 教育经费	事业收入	其他收入	民办学校中 举办者投入	社会捐赠 经费
2007年	1598.32	1698.70	278.10	31.88	27.18
2008年	2003.51	1864.41	283.51	30.17	28.63
2009年	2264.51	2018.89	302.34	33.10	26.18
2010年	2901.80	2216.56	322.91	26.96	29.64

图 1-36　2007—2010 年全国普通高校教育经费来源构成状况

【数据来源】教育部财务司，国家统计局社会科技和文化产业统计司．中国教育经费统计年鉴2008，2009，2010，2011［M］．中国统计出版社，2009，2010，2011，2012．

从普通高校教育经费不同来源占高校经费总收入的比重来看，2007—2010 年，全国普通高校国家财政性经费收入占普通高校教育经费的比重整体上处于增长态势，但教育事业收入占普通高校教育经费总收入的比重有所下降。2010 年，普通高校国家财政性教育经费占高校经费总收入的比重达 52.8%，比 2009 年增长 4.0%，与 2007 年相比，增长 8.8%。然而，2010 年，教育事业收入占普通高校教育经费总收入的比重为 40.3%，较 2009 年回落 3.2%，与 2007 年相比，回落 6.4%（图 1-37）。与此同时，民办学校举办者投入和社会捐赠经费一直保持在 1% 以下。可见，普通高校教育经费的来源主要依赖于国家财政性教育经费，其中国家财政预算内教育拨款在教育经费来源的所有渠道中所占的比重最大，其次是事业收入。

（％）

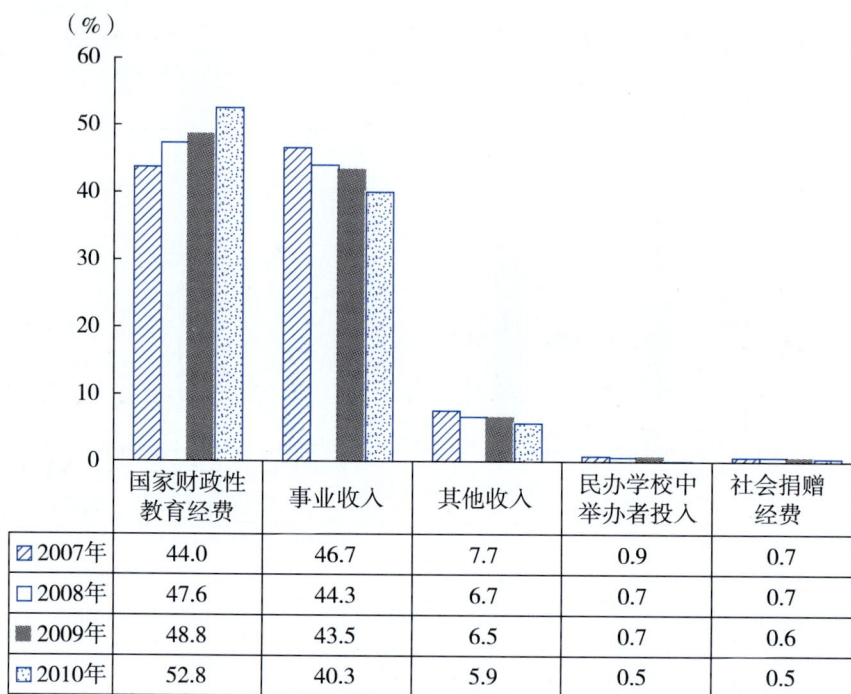

	国家财政性 教育经费	事业收入	其他收入	民办学校中 举办者投入	社会捐赠 经费
2007年	44.0	46.7	7.7	0.9	0.7
2008年	47.6	44.3	6.7	0.7	0.7
2009年	48.8	43.5	6.5	0.7	0.6
2010年	52.8	40.3	5.9	0.5	0.5

图 1 – 37 2007—2010 年全国普通高校教育经费来源比例变化

【数据来源】教育部财务司，国家统计局社会科技和文化产业统计司. 中国教育经费统计年鉴 2008，2009，2010，2011 ［M］. 中国统计出版社，2009，2010，2011，2012.

（2）企业投入普通高校的经费有所增长，且以地方企业投入为主，中央企业投入为辅

行业、企业办普通高校在我国高等教育体系中有着重要的地位和作用。2007—2010 年全国企业办普通高校教育的经费总额增长较快，但增长速度波动较大。2010 年全国企业投入普通高校教育经费为 66.52 亿元，比 2009 年增加 12.33 亿元，增长 22.8%。2007—2010 年企业投入普通高校经费总额累计为 208.83 亿元，年平均教育经费收入约 52.21 亿元，年平均增长率为 25.9%。从企业投入普通高校教育经费的增长率来看，增长速度波动较大，2007—2008 年增速最大，达到 64.2%；其次是 2009—2010 年，增长速度达到 22.8%；2008—2009 年受经济危机影响，企业投入放缓（图 1 – 38）。2010 年，企业投入普通高校的经费占企业办学总经费的 32.9%，占全国教育经费总收入的 0.3%。

（亿元）　　■ 企业办普通高校教育经费总投入　　—◆— 年增长率　　（%）

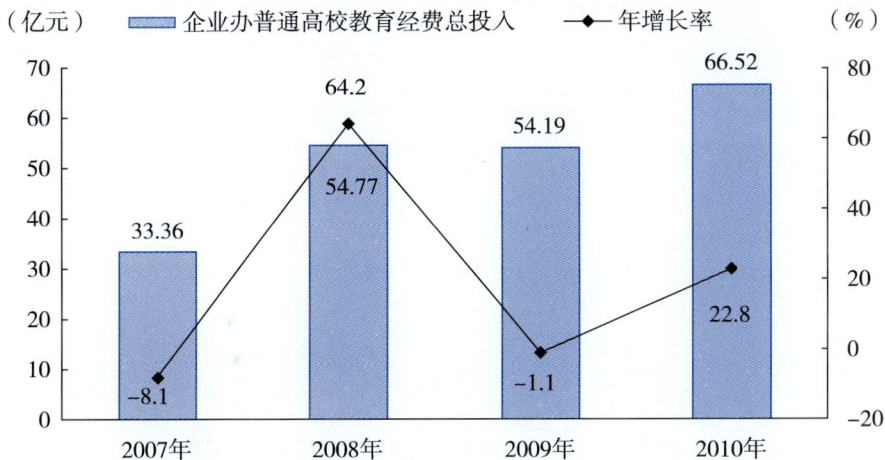

图 1 - 38　2007—2010 年全国企业办普通高校教育经费总投入及其增长速度变化

【数据来源】教育部财务司，国家统计局社会科技和文化产业统计司. 中国教育经费统计年鉴
2008，2009，2010，2011［M］. 中国统计出版社，2009，2010，2011，2012.

从中央和地方企业办普通高校教育经费占企业办学总投入的比重来看，以地方企业投入为主，中央企业投入为辅。2010 年，地方企业投入普通高校教育经费占企业办学总投入的 62.5%，较 2009 年增长 3.9%，较 2007 年增长 11.3%（图 1 - 39）。而中央企业办普通高校教育经费占企业办学总投入的比重从 2007 年的 48.8% 回落至 2010 年的 37.5%，回落 11.3%。2007—2010 年，地方企业投入普通高校教育经费呈现一定的增长趋势。可见，在企业办学中主要依赖于地方企业的经费投入。

（3）民办普通高校的经费投入大幅增长

近几年来，社会团体、公民个人办普通高校的经费投入大幅增长。2010 年全国民办普通高校教育经费总投入为 570.13 亿元（包括举办单位、个人投入 26.96 亿元），比 2009 年增加 59.36 亿元，增长 11.6%。2007—2010 年，民办普通高校教育经费总投入累计 1858.04 亿元，年平均教育经费收入约 464.51 亿元，年平均增长率为 18.7%。从民办普通高校教育经费的增长率来看，增长速度有所回落，从 2007 年的 46.5% 降到 2010 年的 11.6%，回落了近 35%（图 1 - 40）。2010 年，社会团体、公民个人投入普通高校的经费占民办高校总经费的38.4%，占全国教育经费总收入的2.91%。

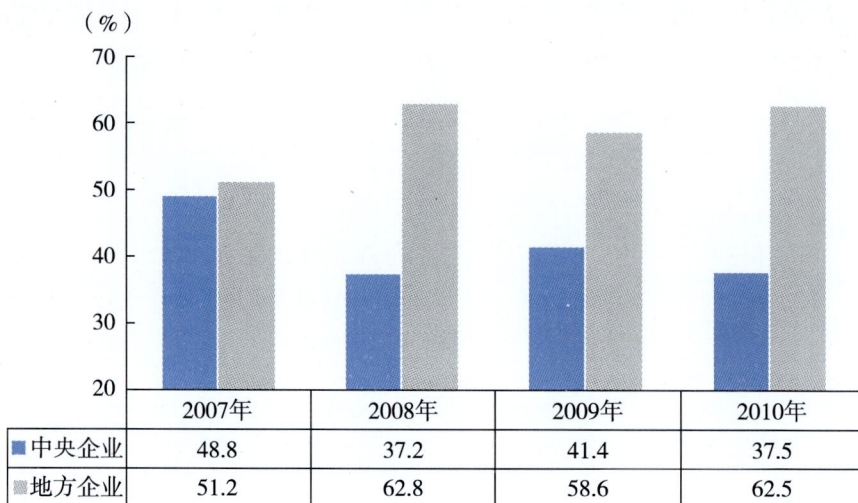

（%）	2007年	2008年	2009年	2010年
中央企业	48.8	37.2	41.4	37.5
地方企业	51.2	62.8	58.6	62.5

图 1-39   2007—2010 年中央和地方企业投入普通高校教育经费的比例变化

【数据来源】教育部财务司，国家统计局社会科技和文化产业统计司．中国教育经费统计年鉴 2008，2009，2010，2011 [M]．中国统计出版社，2009，2010，2011，2012.

图 1-40   2007—2010 年民办普通高校教育经费总投入及其增长速度变化

【数据来源】教育部财务司，国家统计局社会科技和文化产业统计司．中国教育经费统计年鉴 2008，2009，2010，2011 [M]．中国统计出版社，2009，2010，2011，2012.

4. 普通高校生均教育经费支出逐年增长

生均教育经费，是在一定地区范围内（如某省、某市），按照当地的经济发展水平和教育发展实际，由政府制定的财政年度预算的依据，同时也是当地财政部门按照当地计划内在读学生数额，向相关教育部门拨款的依据。因此，高校生均教育经费是考查高校办学优化状况的重要指标。

（1）生均预算内教育经费支出逐年增长

2007—2010 年，普通高校生均预算内教育经费支出逐年增长。2010 年普通高校生均预算内教育经费支出为 10144.33 元，比 2009 年增加 1109元，增长 12.3%。2007—2010 年，普通高校生均预算内教育经费支出年平均增长率为 13.4%。

从生均教育经费的增长率来看，2007—2010 年，普通高校生均预算内教育经费的增长速度处于波动态势。2010 年，普通高校生均预算内教育经费的增长率为 12.3%，较 2009 年增加了 2.7%，而普通高校生均预算内教育经费支出增长速度最快的是 2007—2008 年，生均预算内教育经费支出增加 1278.19 元，增长速度达到 18.4%（图 1−41）。

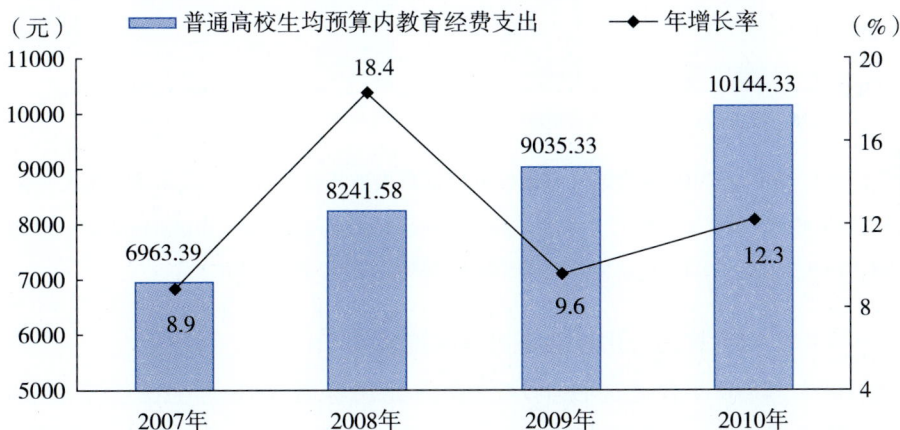

图 1−41　2007—2010 年全国普通高校生均预算内教育经费支出及其增长速度变化

【数据来源】教育部财务司，国家统计局社会科技和文化产业统计司. 中国教育经费统计年鉴 2008，2009，2010，2011［M］. 中国统计出版社，2009，2010，2011，2012.

（2）生均预算内教育事业费支出逐年增长

2007—2010 年普通高校生均预算内教育事业费也在逐年增长。2010 年普通高校生均预算内教育事业费为 9589.73 元，比 2009 年增加 1047.43 元，增长 12.3%。2007—2010 年普通高校生均预算内教育事业费年平均增长率为 13.6%，高出普通高校生均预算内教育经费支出 0.2%。

从生均预算内教育事业费的增长率来看，2008—2010 年普通高校生均预算内教育事业费的增长速度呈现递减态势。2010 年，普通高校生均预算内教育事业费的增长率为 12.3%，较 2009 年回落 0.4%，较 2008 年回落 3.5%（图 1 –42）。

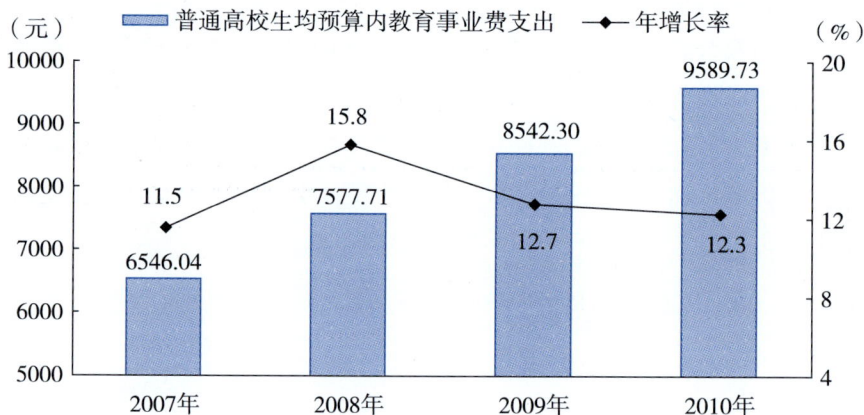

图 1 – 42　**2007—2010 年全国普通高校生均预算内教育事业费支出及其增长速度变化**

【数据来源】教育部财务司，国家统计局社会科技和文化产业统计司. 中国教育经费统计年鉴 2008，2009，2010，2011 [M]. 中国统计出版社，2009，2010，2011，2012.

（3）生均预算内公用经费支出逐年增长

2007—2010 年普通高校生均预算内公用经费相应的也在逐年增长。2010 年普通高校生均预算内公用经费为 4362.73 元，比 2009 年增加 560.24 元，增长 14.7%。2007—2010 年普通高校生均预算内公用经费年平均增长率为 18.9%，高出普通高校生均预算内教育经费支出 5.5%。

从生均预算内公用经费的增长率来看，2008—2010 年普通高校生均预算内公用经费支出的增长速度呈现下降态势。2010 年，普通高校生均预算内公用经费的增长率为 14.7%，较 2009 年回落 2.8%，较 2008 年回落近 10%（图 1 - 43）。

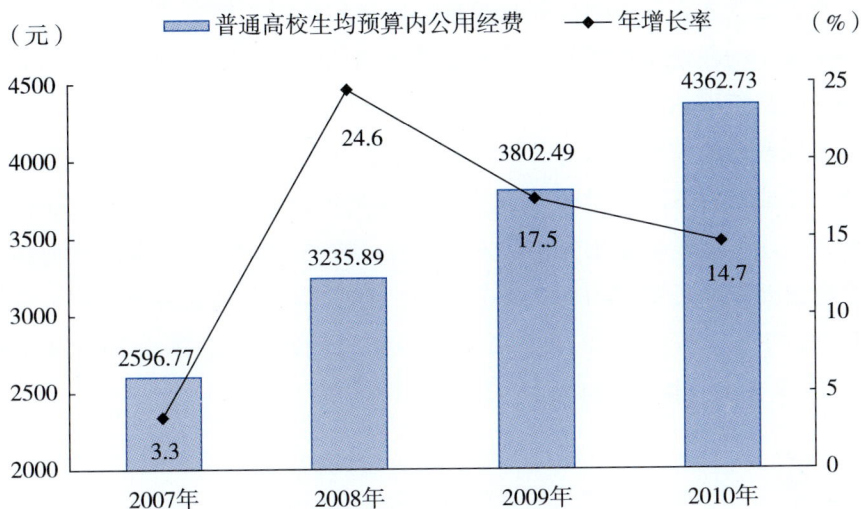

图 1 - 43   2007—2010 年全国普通高校生均预算内公用经费支出及其增长速度变化

【数据来源】教育部财务司，国家统计局社会科技和文化产业统计司. 中国教育经费统计年鉴 2008，2009，2010，2011［M］. 中国统计出版社，2009，2010，2011，2012.

正因为我国普通高校教育经费投入保持增长态势，特别是国家财政性教育经费投入不断增多，就更需要通过制定和完善普通高校生均经费基本标准和生均财政拨款基本标准，以及建立教育经费投入稳定增长的长效机制，来实现教育经费分配使用的规范化，确保教育经费发挥最大效益。这是高校教学发展的客观要求，也是政府履行公共财政职能、完善公共财政支出体系以及合理配置教育资源的重要任务。

（三）高校基础设施及教学科研等资源总量逐步上升，但生均数量基本维持稳定

高校的基础设施为高等教育的发展提供基本的物质条件。2006—2010 年，我国普通高校的用地面积和教学科研等资源总量都有所提高，但生均数量却基本保持稳定，未有明显增加。

1. 高校用地面积总量稳步上升，生均面积保持稳定

（1）校舍建筑面积总量稳步增长，但生均面积略有下降

校舍建筑面积是指学校拥有产权，已交付使用的校舍建筑面积，不包括尚未竣工的在建工程或已竣工未交付使用的校舍、租借用校舍、临时搭建棚舍的建筑面积。

全国普通高校校舍建筑面积呈稳步增长状态，而生均面积则一直比较平稳，甚或略有下降。2010年，全国普通高校校舍建筑面积为6.60亿平方米，生均校舍建筑面积为28.37平方米。2006—2010年，全国普通高校校舍建筑面积增长了15.1%。2007—2010年，全国普通高校生均校舍建筑面积比较平稳，维持在28平方米~30平方米之间，2010年比2007年下降了0.75平方米（图1-44）。

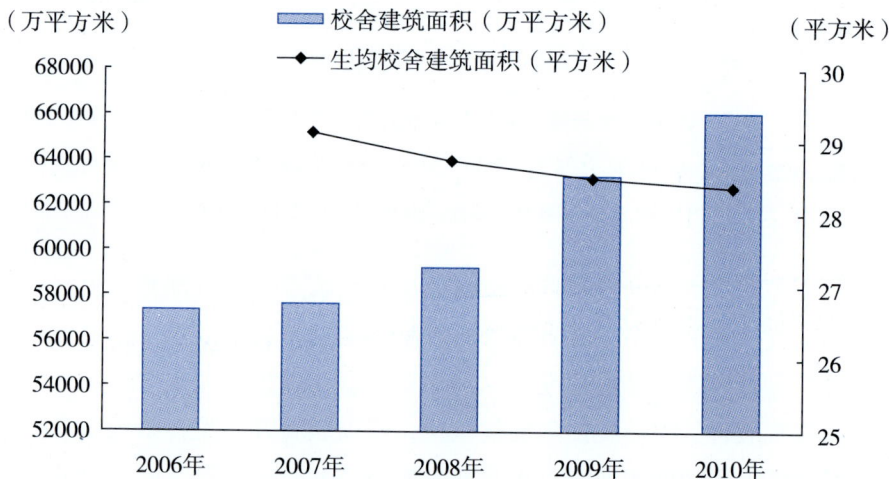

图1-44 **2006—2010年全国普通高校校舍建筑面积及生均校舍建筑面积变化**

【数据来源】教育部财务司，国家统计局社会科技和文化产业统计司. 中国教育经费统计年鉴2008，2009，2010，2011［M］. 中国统计出版社，2009，2010，2011，2012.

（2）教学行政用房面积总量稳步增长，生均面积则基本未变

全国普通高校教学行政用房面积总量呈稳步增长状态，而生均面积则基本未变。2010年，全国普通高校教学行政用房面积为3.28亿平方米，2006—2010这5年间增长了21.5%；生均教学行政用房面积为13.98平方

米，2007—2010 年间一直维持在 14 平方米左右（图 1 - 45）。

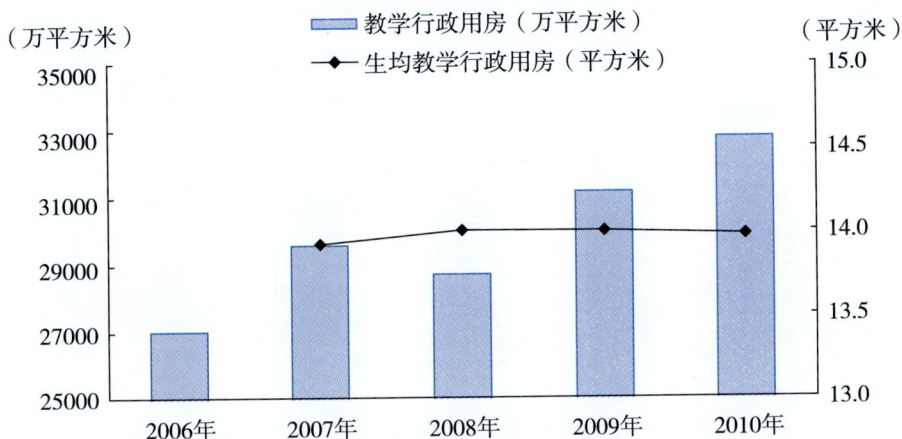

图 1 - 45　**2006—2010 年全国普通高校教学行政用房及生均教学行政用房变化**

【数据来源】中华人民共和国教育部 . 中国教育统计年鉴 2006，2007，2008，2009，2010 [M]. 人民教育出版社，2007，2008，2009，2010，2011.

2. 高校教学与科研资源稳步增长，生均资源基本平稳

（1）高校拥有图书册数稳步增多，但生均图书无大变化

全国普通高校拥有图书册数稳步增多，而生均图书变化不大。2010 年，全国普通高校拥有图书 18.64 亿册，生均图书 72 册。2006—2010 年，普通高校拥有图书册数增长 41.0%；2007—2010 年，生均图书维持在 67 册~72 册，略有上升，4 年间增长 4.08 册（图 1 - 46）。

（2）高校教学、科研仪器设备资产总额稳步增长，生均数量亦有所提升

2010 年，全国普通高校拥有教学、科研仪器设备资产总额为 2263.96 亿元，比 2006 年增长了 59.0%；生均教学、科研仪器设备资产为 8676 元，比 2007 年增长了 19.1%（图 1 - 47）。

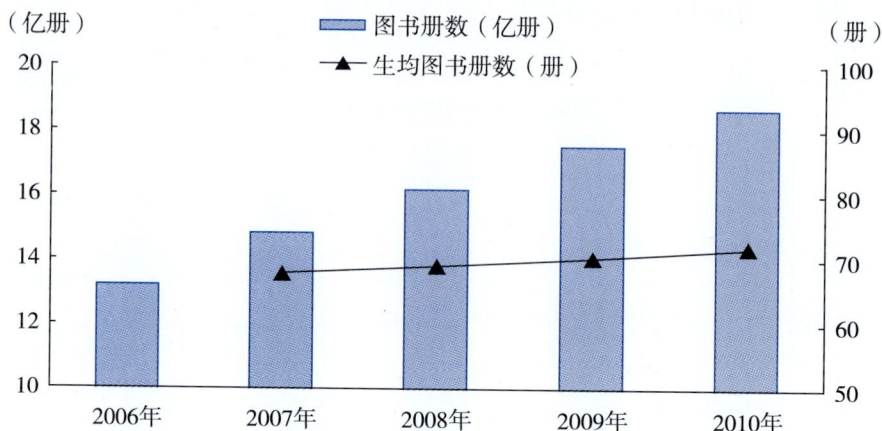

图1-46 2006—2010年全国普通高校图书册数和生均图书册数变化

【数据来源】中华人民共和国教育部. 中国教育统计年鉴2006，2007，2008，2009，2010
[M]. 人民教育出版社，2007，2008，2009，2010，2011.

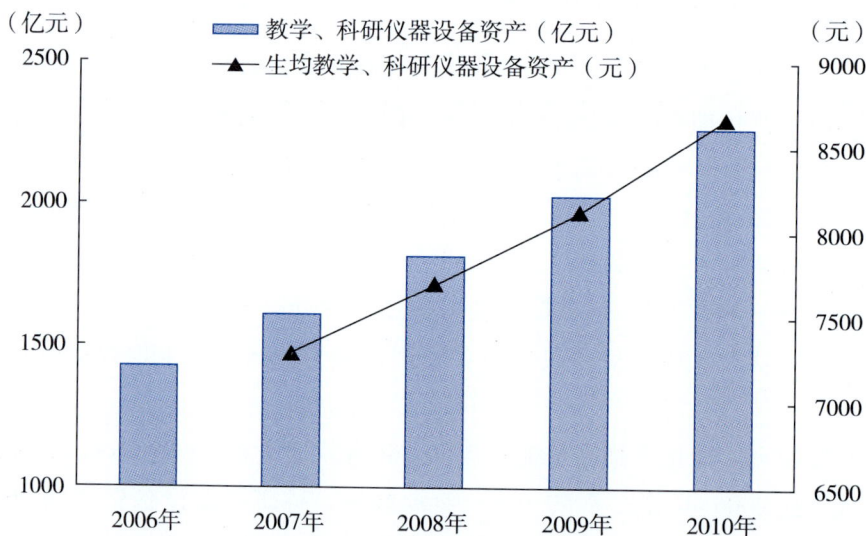

图1-47 2006—2010年全国普通高校教学、科研仪器设备资产总额和生均资产变化

【数据来源】中华人民共和国教育部. 中国教育统计年鉴2006，2007，2008，2009，2010
[M]. 人民教育出版社，2007，2008，2009，2010，2011.

　　新增教学、科研仪器设备资产总量虽在增长，但其占该项资产总额的比例却有所下降。2010 年，全国普通高校新增教学、科研仪器设备资产 271.53 亿元，占同年全国普通高校教学、科研仪器设备资产总额的 12.0% 。2006—2010 年，全国普通高校新增教学、科研仪器设备资产增长 20.1% ，但占全国普通高校教学、科研仪器设备资产总额的比例从 15.9% 下降到 12.0% （表 1 – 16）。

表 1 – 16　2006—2010 年全国普通高校教学、科研仪器设备资产增长情况 （单位：亿元；%）

年度	教学、科研仪器设备资产		
	总额	当年新增	占比
2006	1424.08	226.02	15.9
2007	1607.38	227.41	14.1
2008	1813.59	226.46	12.5
2009	2025.72	240.32	11.9
2010	2263.96	271.53	12.0

【数据来源】中华人民共和国教育部 . 中国教育统计年鉴 2006，2007，2008，2009，2010 [M]. 人民教育出版社，2007，2008，2009，2010，2011.

［第二章］
高等教育的区域差异

2010 年，我国高等教育总体取得了很大的进展，但区域差异仍然存在。本章对 31 个省份的高等教育办学资源和办学成效进行描述与分析，并采用整体规模、师资力量、信息化、国际化、经费投入、多元参与和社会服务 7 个指标，对 31 个省份高等教育的综合发展水平进行概括与比较，以期为各省份明确自身在全国高等教育中的位置提供参考。

一、31 省份高等教育办学条件
仍有差距，但均有改善

2010 年，各省份的高等教育办学条件仍有一定程度的差异，但都比上年有所提高，资源总量更为充裕。这里分学校占地、校舍和运动场地面积、教学、科研仪器设备资源、高等教育经费、专任教师等几个方面进行分析。

（一）高校占地、校舍和运动场地面积绝大部分省份均有所增加

2010 年，大多数省份高校的占地、校舍和运动场地面积都有所增长，

其中西部①省份增长较快。

1. 26 个省份高校占地面积有所增长，宁夏增长最快

全国多数省份普通高校的占地面积有所增长。2010 年，全国普通高校占地面积为 15.2 亿平方米，比上年增加 4731.9 万平方米；各省份平均占地面积为 4905 万平方米，比上年增加 152.6 万平方米，增长 3.2%。总体上看，除天津、新疆、上海和吉林的普通高校占地面积略有下降、青海普通高校占地面积平稳外，其他 26 个省份的普通高校占地面积都有所增长，其中增长最快的是宁夏，增长了 12.3%（表 2 - 1）。

表 2-1　2010 年各省份普通高校占地面积及比上年增长情况（单位：万平方米;%）

省份	占地面积		比上年增长		省份	占地面积		比上年增长	
	面积	排名	增长率	排名		面积	排名	增长率	排名
全国	152055.72		3.2		重庆	4265.39	16	4.8	9
山东	12077.22	1	3.7	13	北京	4033.92	17	4.8	8
江苏	12058.20	2	0.1	26	广西	3761.09	18	8.7	2
河南	9352.04	3	4.5	10	吉林	3653.09	19	− 2.1	31
广东	8830.73	4	4.2	12	云南	3512.61	20	6.1	7
湖北	8219.49	5	3.2	15	上海	3284.75	21	− 1.5	30
四川	7698.52	6	2.9	16	内蒙古	3215.43	22	3.6	14
湖南	6729.72	7	0.1	25	天津	3194.80	23	− 0.9	28
江西	6361.91	8	2.4	19	新疆	2923.32	24	− 0.9	29
河北	6260.32	9	1.5	21	山西	2667.74	25	1.3	22
安徽	5938.62	10	4.4	11	贵州	2360.21	26	1.2	23

---

①　国家统计局网站在 2011 年对我国经济区域划分重新进行了说明，将全国 31 个省份划分为东部、中部、西部和东北四大地区。与以往常用的“东中西部地区”三分法不同，新的划分方法将原属东部地区的辽宁以及原属中部地区的吉林和黑龙江单独抽出来作为东北地区，其他不变。（详见 http：//www.stats.gov.cn/was40/gjtjj_detail.jsp? searchword =% C7% F8% D3% F2% BB% AE% B7% D6&channelid = 6697&record = 1）但是本报告仍沿用东部、中部和西部三大经济区域的划分方法，其中东部包含北京、天津、河北、辽宁、上海、江苏、浙江、福建、山东、广东、海南 11 个省份，中部包含吉林、黑龙江、山西、安徽、江西、河南、湖北、湖南 8 个省份，西部包含内蒙古、广西、重庆、四川、贵州、云南、西藏、陕西、甘肃、青海、宁夏、新疆 12 个省份。

续表

省份	占地面积		比上年增长		省份	占地面积		比上年增长	
	面积	排名	增长率	排名		面积	排名	增长率	排名
辽宁	5910.92	11	2.8	17	甘肃	2226.33	27	0.5	24
黑龙江	5677.33	12	6.8	5	海南	1229.78	28	2.2	20
陕西	5352.35	13	7.9	3	宁夏	1013.71	29	12.3	1
浙江	5037.42	14	7.4	4	青海	399.72	30	0.0	27
福建	4517.43	15	6.6	6	西藏	291.62	31	2.4	18

【数据来源】中华人民共和国教育部. 中国教育统计年鉴2009，2010［M］. 人民教育出版社，2010，2011.

2010 年，普通高校占地面积在全国平均数以上的省份有 14 个，在平均数以下的省份有 17 个。其中，普通高校占地面积在 1 亿平方米以上的省份有 2 个，分别是山东 1.21 亿平方米，江苏 1.21 亿平方米；在 5000 万~1 亿平方米的省份有 12 个；在 3000 万~5000 万平方米的省份有 9 个；在 1000 万~3000 万平方米的省份有 6 个；在 1000 万平方米之内的省份有 2 个（图 2-1）。

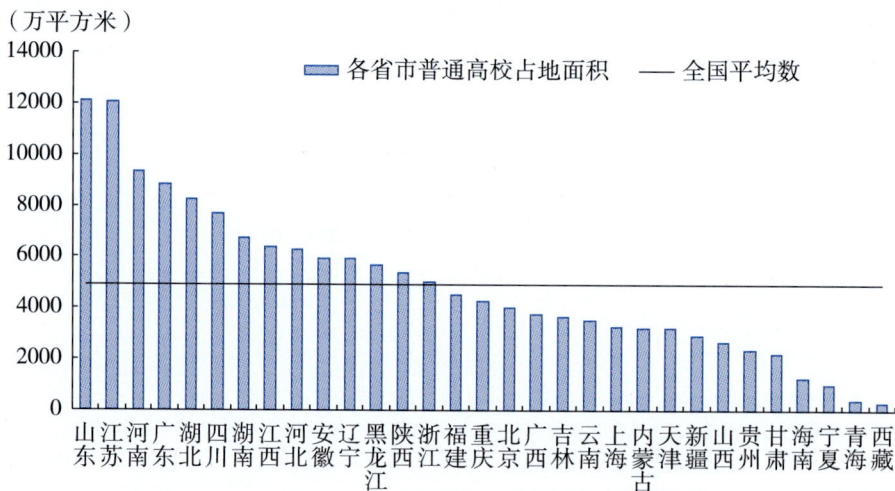

图 2-1　2010 年各省份普通高校占地面积

【数据来源】中华人民共和国教育部. 中国教育统计年鉴2010［M］. 人民教育出版社，2011.

2. 各省份高校校舍建筑面积（产权）普遍扩大

2010 年，全国普通高校校舍建筑面积（产权）为 6.6 亿平方米，比上年增加 2783.2 万平方米；各省份平均建筑面积为 2130 万平方米，比上年增加 89.8 万平方米，增长 4.4%。各省份普通高校校舍建筑面积均有所增长，其中增长最快的是宁夏，增长了 11.7%（表 2 - 2）。

表 2 - 2　**2010 年各省份普通高校校舍建筑面积（产权）及**
比上年增长情况（单位：万平方米；%）

省份	校舍建筑面积		比上年增长		省份	校舍建筑面积		比上年增长	
	面积	排名	增长率	排名		面积	排名	增长率	排名
全国	66030.03		4.4		重庆	1705.93	16	9.5	3
山东	4947.66	1	3.7	21	吉林	1665.25	17	2.5	24
江苏	4817.80	2	0.4	30	上海	1659.37	18	3.6	22
河南	4237.21	3	6.4	11	福建	1629.47	19	7.1	7
湖北	4143.28	4	4.1	18	山西	1541.41	20	3.8	19
广东	3362.04	5	6.8	9	广西	1405.18	21	8.2	4
湖南	3049.05	6	4.4	16	天津	1392.28	22	3.0	23
北京	3028.20	7	0.4	31	云南	1168.55	23	10.9	2
四川	3015.19	8	7.8	5	内蒙古	1164.45	24	6.3	12
陕西	2956.51	9	4.3	17	甘肃	1015.56	25	5.1	15
河北	2908.17	10	0.7	29	贵州	939.11	26	3.7	20
江西	2806.20	11	2.1	26	新疆	901.79	27	1.4	27
安徽	2606.81	12	6.8	8	海南	324.36	28	1.2	28
浙江	2404.58	13	7.2	6	宁夏	272.95	29	11.7	1
辽宁	2366.36	14	2.2	25	青海	151.51	30	5.4	14
黑龙江	2342.75	15	5.7	13	西藏	101.05	31	6.4	10

【数据来源】中华人民共和国教育部. 中国教育统计年鉴 2009，2010 ［M］. 人民教育出版社，2010，2011.

2010 年，普通高校校舍建筑面积在平均数以上的省份有 15 个，在平均数以下的省份有 16 个。其中，普通高校校舍建筑面积在 4000 万平方米以上的省份有 4 个，其中面积最大的是山东（4947.66 万平方米），其次是江苏（4817.80 万平方米），河南（4237.21 万平方米），湖北（4143.28 万平方米）；在 3000 万～4000 万平方米的有 4 个省份，在 2000 万～3000 万平方米的有 7 个省份，在 2000 万平方米以下的有 16 个省份。可以看出，大部分西部省份都在 2000 万平方米以下。

2010 年，全国普通高校生均校舍建筑面积为 28.37 平方米，比上年下降 0.13 平方米。有 11 个省份的普通高校生均校舍建筑面积在全国平均线以上，有 20 个省份在平均线以下。所有省份的普通高校生均校舍建筑面积均在 20 平方米以上，其中有 5 个省份在 30 平方米以上，分别是江西、江苏、湖北、山东和西藏；生均校舍建筑面积最高的是江西（31.8 平方米），最低的是甘肃（24 平方米）（图 2-2）。

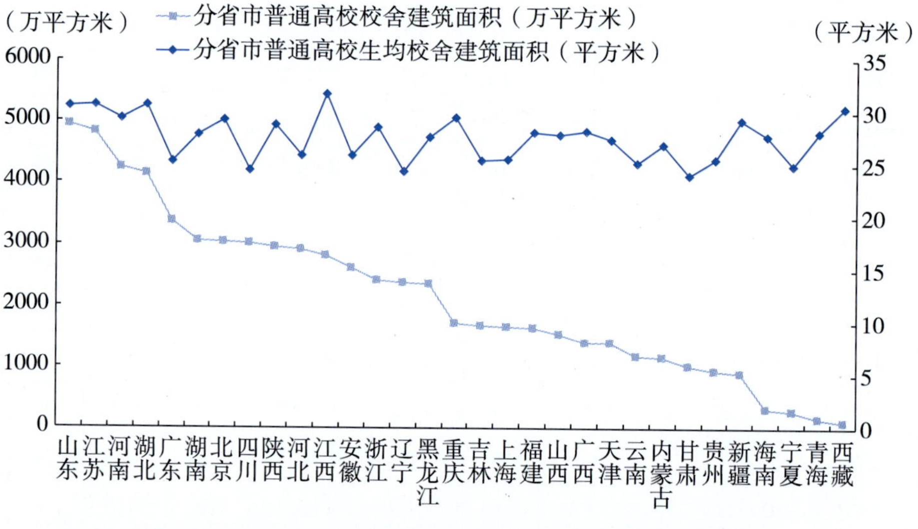

图 2-2 **2010 年各省份普通高校校舍建筑面积及生均校舍建筑面积（产权）**

【数据来源】中华人民共和国教育部. 中国教育统计年鉴 2010 [M]. 人民教育出版社，2011.

3. 28 个省份高校运动场地面积均增长，西藏、新疆增幅位列前二

2010 年，全国普通高校运动场地面积为 1.13 亿平方米，比上年增长 393 万平方米；各省份平均面积为 365.6 万平方米，比上年增长 12.7 万平

方米，增长 3.6%。除江苏、海南和重庆的普通高校运动场地面积有所下降，其他省份普通高校运动场地面积均有所增长，其中增长最快的是西藏，增长了 25.3%，其次是新疆，增长 25.0%（表 2 – 3）。

表 2 – 3　**2010 年各省份普通高校运动场地面积及**

比上年增长状况（单位：万平方米；%）

省份	运动场地面积		比上年增长		省份	运动场地面积		比上年增长	
	面积	排名	增长率	排名		面积	排名	增长率	排名
全国	11333.54		3.6		北京	345.35	16	0.3	28
山东	874.68	1	0.7	27	广西	305.47	17	24.7	3
江苏	825.46	2	−6.9	30	吉林	283.74	18	3.9	16
河南	641.26	3	5.9	9	云南	277.95	19	22.2	4
湖北	605.56	4	5.9	8	上海	262.8	20	3.6	17
广东	586.98	5	8.3	6	山西	257.16	21	0.8	25
河北	559.92	6	5.0	13	重庆	247.23	22	−7.5	31
四川	491.02	7	2.2	20	内蒙古	246.75	23	1.5	24
辽宁	486.32	8	0.8	26	天津	220.63	24	1.8	21
江西	484.47	9	1.8	22	甘肃	177.13	25	5.6	12
湖南	483.76	10	1.7	23	新疆	165.65	26	25.0	2
安徽	478.82	11	4.1	14	贵州	164.49	27	5.7	11
浙江	464.28	12	5.9	10	海南	76.24	28	−3.5	29
黑龙江	421.23	13	4.0	15	宁夏	68.78	29	21.4	5
陕西	416.57	14	3.2	19	青海	31.95	30	7.0	7
福建	358.57	15	3.5	18	西藏	23.34	31	25.3	1

【数据来源】中华人民共和国教育部. 中国教育统计年鉴 2009，2010［M］. 人民教育出版社，2010，2011.

　　2010 年，普通高校运动场地面积在平均数以上的省份有 14 个，在平均数以下的省份有 17 个。其中，普通高校运动场地面积在 600 万平方米以上的省份有 4 个，面积最大的是山东（874.68 万平方米），其次是江苏

（825.46万平方米），河南（641.26万平方米），湖北（605.56万平方米）。各省份普通高校运动场地面积占普通高校占地面积的比例均在6%~8%之间（图2-3）。

（万平方米）

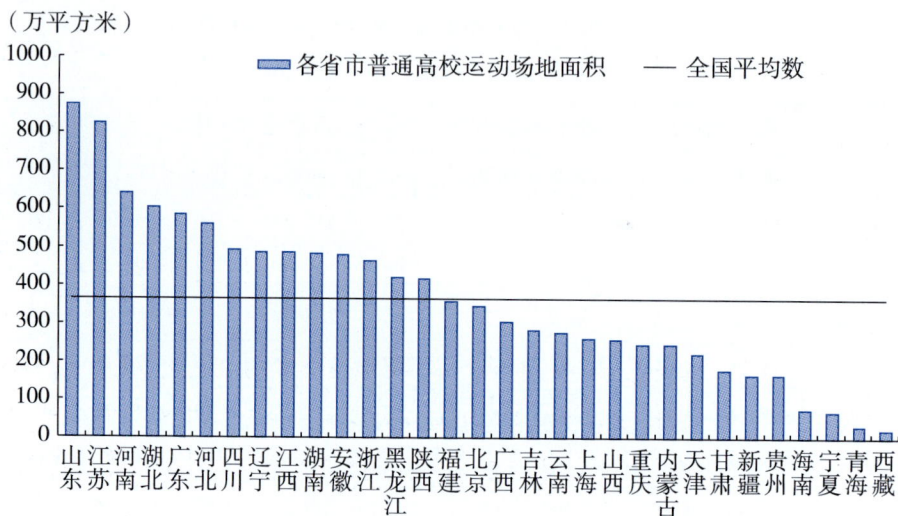

图2-3　2010年各省份普通高校运动场地面积

【数据来源】中华人民共和国教育部. 中国教育统计年鉴2010［M］. 人民教育出版社，2011.

（二）绝大多数省份高校教学、科研仪器设备资源得到改善

2010年，大多数省份高校的教学、科研仪器设备资产总额增长，其中东部和西部省份增长较快。

1. 高校教学、科研仪器设备资产总额普遍增长，北京、江苏、山东总额位列前三

2010年，全国普通高校教学、科研仪器设备资产总额为2264亿元，比上年增加238.2亿元；各省份平均资产为73亿元，比上年增加7.7亿元，增长11.8%。与上年相比，除甘肃的普通高校教学、科研仪器设备资产总额略有下降外，其他省份的增长幅度均在6%~27%之间，其中增长最快的是海南，增长26.8%。

2010年，全国有14个省份普通高校教学、科研仪器设备资产总额在

全国平均数以上，17 个省份在平均数以下。排在前 3 位的省份分别是北京
（242.5 亿元），江苏（194.2 亿元），山东（138.9 亿元）。排在最后的两
个省份是青海和西藏，均在 5 亿元以下（图 2-4）。

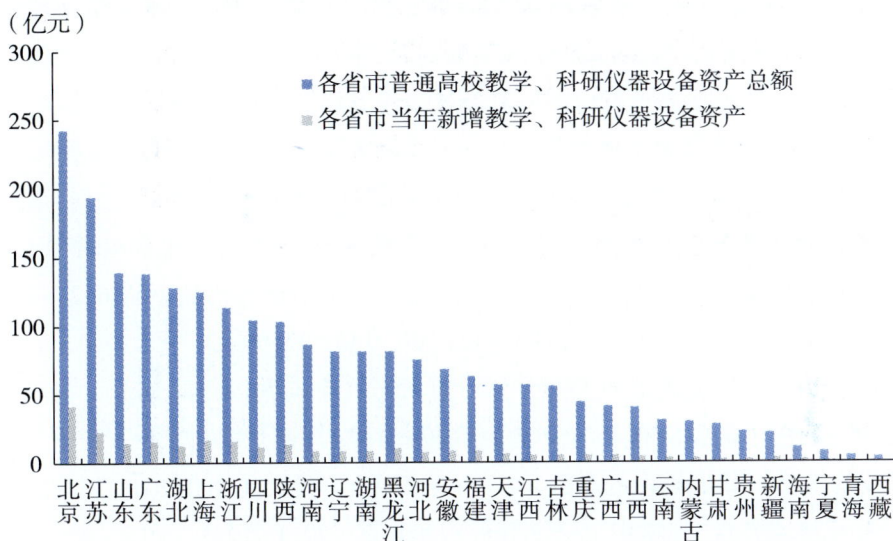

图 2-4　2010 年各省份教学、科研仪器设备资产总额及当年新增数量

【数据来源】中华人民共和国教育部. 中国教育统计年鉴 2010 ［M］. 人民教育出版社, 2011.

2010 年，全国普通高校当年新增教学、科研仪器设备资产为 271.5 亿
元，比上年增加 31.2 亿元；各省份平均新增资产为 8.76 亿元，比上年增
加 1 亿元，增长了 13%。与上年相比，除山西、辽宁、江西、湖南、四川、
贵州等省份普通高校当年新增教学、科研仪器设备资产降幅在 10% 以内，西
藏和甘肃降幅在 30% ~50% 之间，其他省份均有所增长，增幅在 3% ~73%
之间。其中增长最快的是青海，增长 73%；其次是宁夏，增长 72.2%。

2010 年，有 10 个省份普通高校当年新增教学、科研仪器设备资产当
年新增资产在全国平均数以上，有 21 个省份在全国平均数以下。其中，当
年新增资产最多的 3 个省是北京（41.2 亿元），江苏（23.1 亿元），上海
（16.3 亿元）。按照教育部印发的《普通高校基本办学条件指标〈试行〉
（2004）》的要求，即普通高校当年新增教学、科研仪器设备资产所占比例

须达 10% 以上，2010 年，有 22 个省份的普通高校当年新增资产占总资产比例在 10% 以上。其中，前三位的省份是海南（新增 19%），北京（新增 17%），浙江（新增 13.9%）。还有 9 个省份在 10% 以下，其中有 7 个省份在 9% ~ 10% 之间，列在后两位的是甘肃（新增 7.3%）和西藏（新增 4.8%）。需要说明的是，各省份普通高校当年新增资产占总资产比例在 10% 以上，并不代表该省份的所有高校当年新增资产都达到了这一比例。

2. 绝大多数省份高校拥有教学用计算机数有所增长，西藏增幅最大

2010 年，全国普通高校拥有教学用计算机数 566.9 万台，比上年增加 46.4 万台。各省份平均拥有教学用计算机数为 18.3 万台，比上年增加 1.5 万台，增长 8.9%。除吉林省普通高校拥有教学用计算机数下降 6.2% 外，其他省份均有所增长，增长最快的是西藏，增长 22.6%。

2010 年，普通高校拥有教学用计算机数在平均数以上的省份有 15 个，在平均数以下的省份有 16 个。普通高校拥有教学用计算机数 30 万台以上的省份有 5 个，其中最多的是江苏（56.7 万台），其次是山东（38.3 万台），广东（35.4 万台），湖北（32.5 万台）和北京（32.1 万台）（图 2 - 5）。

（万台）

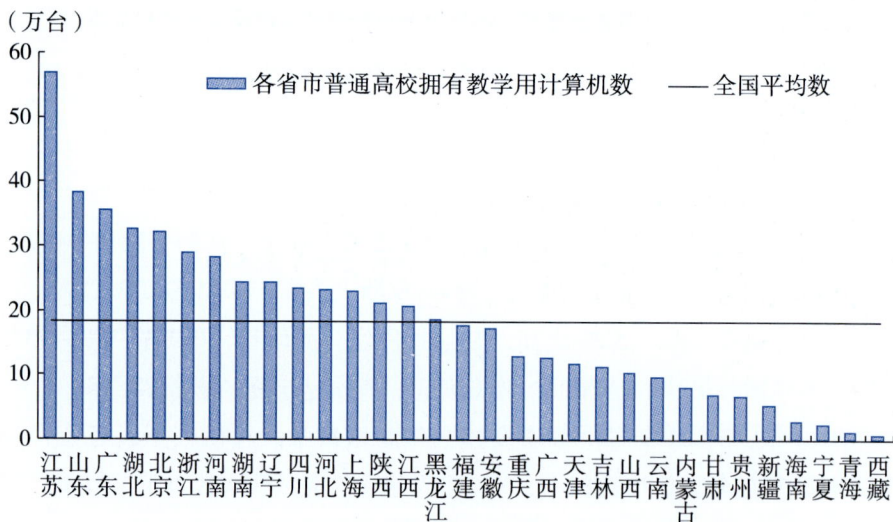

图 2 - 5　2010 年各省份普通高校拥有教学用计算机数量

【数据来源】中华人民共和国教育部. 中国教育统计年鉴 2010 ［M］. 人民教育出版社，2011.

3. 22个省份高校电子图书数量增幅较大，广东、海南、甘肃、黑龙江增长50%以上

2010 年，全国普通高校拥有电子图书数量为 813.7 万 GB，比上年增加 31 万 GB；各省份高校平均拥有电子图书 26.2 万 GB，比上年增加 1 万 GB，增长了 4%。2010 年有 9 个省份的普通高校拥有电子图书数量下降，其中降幅较大的是河南和西藏，均降了 60% 以上；另外 22 个省份均有较大幅度的增长。其中，增长 50% 以上的有 4 个省份，分别是广东（112.8%），海南（90.1%），甘肃（87.4%），黑龙江（52.9%）。

2010 年，普通高校拥有电子图书数量在平均数以上的省份有 14 个，在平均数以下的省份有 17 个。普通高校拥有电子图书数量 50 万 GB 以上的省份有 3 个，其中最多的是湖北（81.55 万 GB），其次是江苏（68.5 万 GB），再次是广东（55.2 万 GB）（图 2-6）。

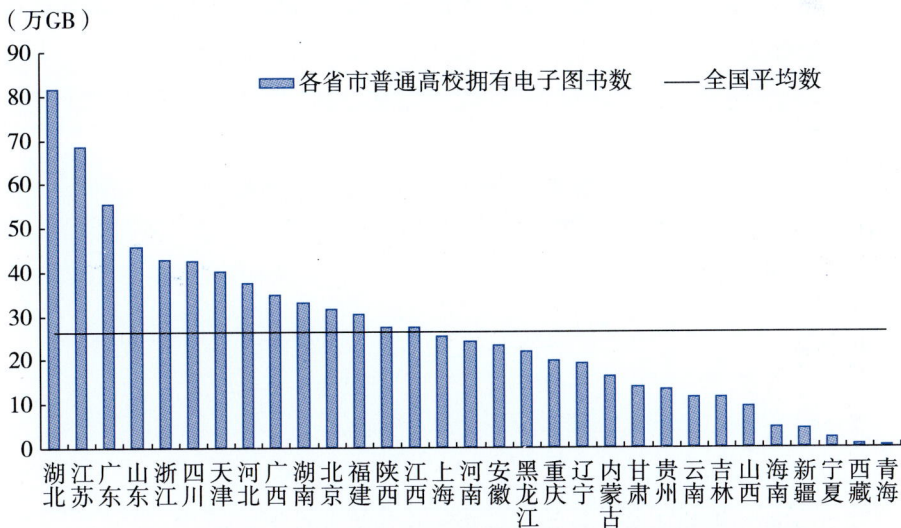

图 2-6　2010 年各省份普通高校拥有电子图书数量

【数据来源】中华人民共和国教育部. 中国教育统计年鉴 2010 ［M］. 人民教育出版社，2011.

（三）各省份高等教育经费均有所增加，但生均经费支出差距较大

2010 年，高等教育经费投入与支出地区差异较大，东部和西部地区高等教育经费支持力度更大，中部地区偏弱。

1. 高等教育经费投入力度地区差异较大，社会力量参与办学普遍较弱

（1）普通高校教育经费收入占教育经费总收入的比例以北京最高

2010 年，全国教育经费总收入为 19561.8 亿元，普通高校教育经费收入为 5497.9 亿元，占全国教育经费总收入的 28.11%。全国有 11 个省份普通高校教育经费收入占教育经费总收入的比例在全国平均水平以上，有 20 个省份在全国平均水平以下。其中，这一比例最高的是北京，达 52.9%；其次是上海，为 44.2%；最低的是西藏和青海，分别为 12.5% 和 10.1%，仅为比例最高省份的 1/5 左右。各省份高等教育经费比例的较大差异一方面与高等教育投入力度差异有关，另一方面与各省份的高等教育规模差异有关。

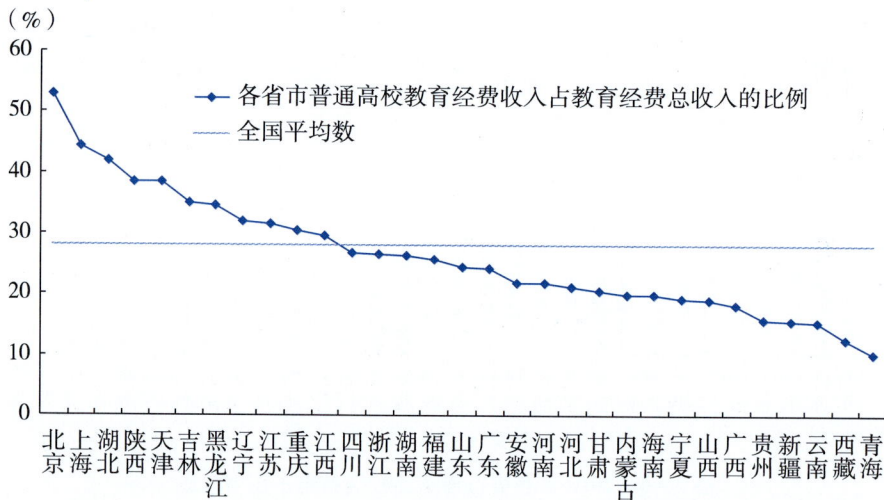

图 2-7　**2010 年各省份普通高校教育经费收入占教育经费总收入的比例**

【数据来源】教育部财务司，国家统计局社会科技和文化产业统计司. 中国教育经费统计年鉴 2011［M］. 中国统计出版社，2012.

在普通高校教育经费收入中，预算内教育经费收入为2718.8亿元。其中中央属普通高校预算内教育经费收入为1040.5亿元，占预算内教育经费总收入的38.3%，地方普通高校预算内教育经费收入为1678.3亿元，占预算内教育经费总收入的61.7%。各省份的普通高校预算内教育经费来源结构差异较大。例如，北京、湖北、上海和陕西这四个省份中央属普通高校预算内教育经费收入超越了地方高校，这表明普通高校来源于中央财政的经费超过了地方财政。尤其是北京，中央属普通高校预算内教育经费收入比例高达72.3%，表明北京普通高校大部分预算内教育经费都来源于中央财政。江西、山西、内蒙古、广西、海南、西藏和青海等省份由于没有中央属高校，因此这些省份的普通高校预算内教育经费主要来源于地方财政（图2-8）。

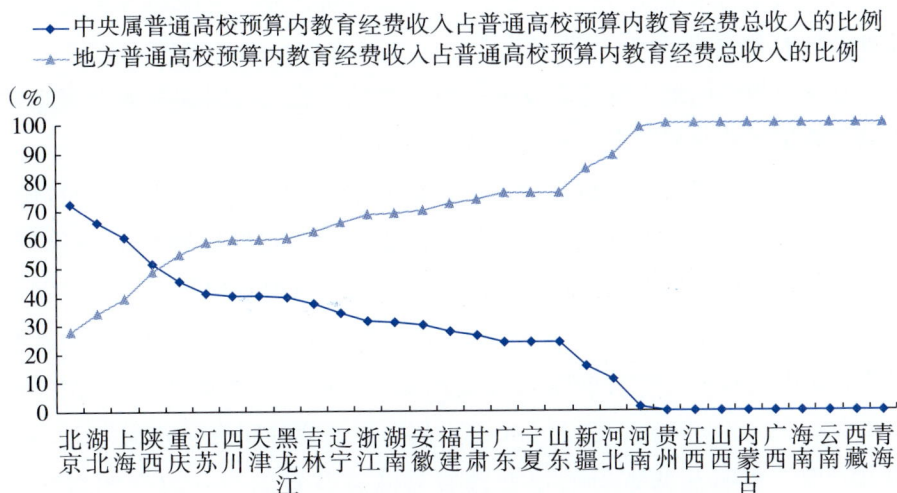

图2-8　**2010年各省份中央和地方普通高校预算内教育**
经费收入占普通高校教育经费总收入的比例

【数据来源】教育部财务司，国家统计局社会科技和文化产业统计司. 中国教育经费统计年鉴2011［M］. 中国统计出版社，2012.

（2）地方预算内高等教育经费收入占地方教育财政支出的比例以北京、上海和吉林位列前三

地方预算内高等教育经费收入占地方教育财政支出的比例可反映各地财政对高等教育事业的投入水平和力度，预算内高等教育经费收入占地方财政教育支出比例高，表明地方政府对高等教育投入的重视程度高。此处本应采用地方预算内高等教育收入这一指标，但这一指标缺乏公开数据。鉴于地方预算内高等教育经费一部分投入到中央属普通高校，一部分投入到地方普通高校，但主要投入到地方普通高校，而地方普通高校的预算内教育经费收入主要依赖于地方财政，因此，这里采用地方普通高校预算内教育经费收入代替地方预算内高等教育经费收入这一指标，作为地方财政对高等教育投入重视程度的非精确估算。

2010 年，全国财政教育总支出为 11829.06 亿元，全国地方普通高校预算内教育经费收入为 1678.27 亿元，占财政教育总支出的 14.2%。其中，有 9 个省份的地方普通高校预算内教育经费收入占财政教育总支出的比例在全国平均水平以上，有 22 个省份在全国平均水平以下。地方普通高校预算内教育经费收入占财政教育支出的比例在 20% 以上的有 2 个省份，比例在 10%~20% 之间的省份有 28 个；还有 1 个省的比例在 10% 以下。其中，北京的地方普通高校预算内教育经费收入占财政教育支出的比例最高，为 23.6%，其次是上海，为 20.3%，再次是吉林，为 19.3%。表明这些省份财政对高等教育的投入力度比较大。这一比例最低的省是青海，为 8.9%，不到比例最高省份的 40%。其次是云南和宁夏，分别为 10.4% 和 10.5%。表明这些省份的地方政府对高等教育的投入力度相对较小（图 2-9）。把这一指标与前一指标，即高等教育经费收入占教育经费总收入的比例综合起来看，可以发现，各省份在两个指标上的表现并不完全一致。例如湖北，高等教育经费收入占教育经费总收入的比例较高，但地方高校预算内经费收入占地方教育财政支出的比例相对较低，表明湖北的高等教育发展获得了更多的其他经费支持。

（%）

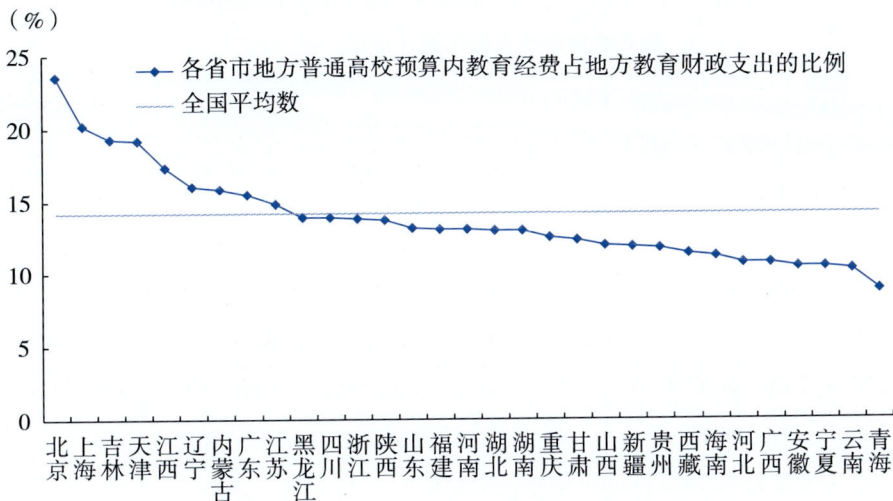

图 2 - 9　**2010 年各省份地方普通高校预算内教育经费占地方教育财政支出的比例**

【数据来源】教育部财务司，国家统计局社会科技和文化产业统计司. 中国教育经费统计年鉴 2011 ［M］. 中国统计出版社，2012.

（3）普通高校事业收入占普通高校教育经费总收入的比例以河北和河南位列前二

普通高校事业收入指学校和单位开展教学及其辅助活动依法取得的、经财政部门核准留用的资金，以及经财政专户核拨回的资金，包括教学事业收入和科研事业收入，事业收入包括学杂费收入。2010 年，全国普通高校教育经费总收入为 5497.9 亿元，其中事业收入为 2216.6 亿元，占总收入的 40.3%。共有 18 个省份普通高校事业收入占普通高校教育经费总收入的比例超过 40.3%。其中，这一比例超过 50% 的有 2 个省份，即河北和河南，分别为 51% 和 50.2%；在 40% ~ 50% 之间的有 16 个省份；在 30% ~ 40% 之间的有 7 个省份；在 20% ~ 30% 之间的有 5 个省份；在 20% 以下的有 1 个省份，即西藏，仅为 15.8%。从总体状况看，中部省份这一比例较高，东部和西部省份较低（表 2 - 4）。

表 2 - 4　**2010 年各省份普通高校事业收入占普通高校**
教育经费总收入的比例（单位：%；个）

普通高校事业收入占普通高校教育经费总收入的比例	省份数	省份名称
50 以上	2	河北、河南
40～50	16	江西、湖南、广西、四川、陕西、福建、安徽、湖北、山东、黑龙江、重庆、辽宁、广东、海南、山西、云南
30～40	7	浙江、江苏、甘肃、吉林、贵州、天津、内蒙古
20～30	5	上海、宁夏、北京、青海、新疆
20 以下	1	西藏

【数据来源】教育部财务司，国家统计局社会科技和文化产业统计司. 中国教育经费统计年鉴 2011［M］. 中国统计出版社，2012.

（4）12 个省份普通高校中民办学校举办者投入及社会捐赠占教育经费总收入的比例较上年上升

该指标可监测和评价各地社会力量投入教育经费的规模情况。比例越高，说明社会力量参与教育投入的积极性越高。2010 年，普通高校中民办学校举办者投入及社会捐赠总额为 56.6 亿元，占全国普通高校教育经费总收入的 1.03%，比上年下降 0.25%。2010 年，民办学校举办者投入及社会捐赠总额占全国普通高校教育经费总收入比例比上年提升的有 12 个省份，有 19 个省份的比例比上年有所下降。这一比例提升最大的是宁夏，比上年提升 3.92%，其次是江西，提升 1.75%，这一比例下降最大的是广东，下降 1.43%。

2010 年，有 13 个省份的民办学校举办者投入及社会捐赠占普通高校教育经费总收入的比例在全国平均水平以上，有 18 个省份在全国平均水平以下。民办学校举办者投入及社会捐赠占普通高校教育经费总收入的比例在 3% 以上的有 3 个省份，分别是福建（4.17%）、宁夏（4.07%）、重庆（3.22%）；民办学校举办者投入及社会捐赠占普通高校教育经费总收入的比例在 1% ~ 3% 之间的省份有 10 个；比例在 0.5% ~ 1% 之间的省份有 5 个；还有 13 个省份的比例在 0.5% 以下（图 2 – 10）。总体而言，社会力量参与教育投入的比例还比较低。

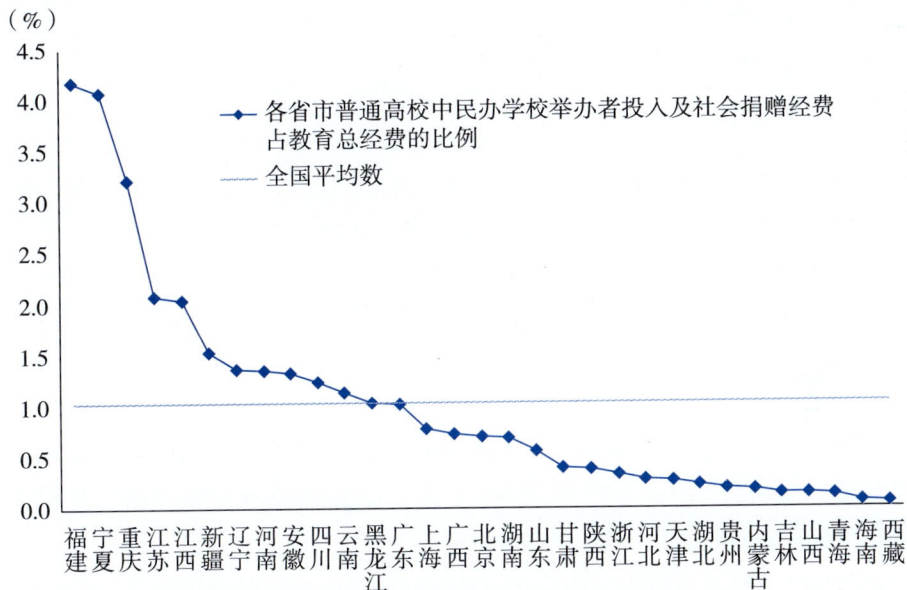

图 2 – 10　**2010 年各省份普通高校中民办学校举办者**

投入及社会捐赠经费占普通高校教育经费总收入的比例

【数据来源】教育部财务司，国家统计局社会科技和文化产业统计司. 中国教育经费统计年鉴 2011 [M]. 中国统计出版社，2012.

2. 各省份普通高校生均教育经费支出差距悬殊，中部地区尤弱

（1）普通高校生均预算内教育经费支出以北京和上海最高

2010 年，全国普通高校生均预算内教育经费支出为 10144.3 元。有 12 个省份的普通高校生均预算内教育经费支出在全国平均水平以上，有 19 个省份在平均水平以下。其中，普通高校生均预算内教育经费支出在 20000 元上以上的有 2 个省份，10000 ~ 20000 元的有 10 个省份，5000 ~ 10000 元的有 18 个省份，在 5000 元以下的有 1 个省份（表 2 – 5）。

表 2-5　**2010 年各省份普通高校生均预算内教育经费支出（单位：元；个）**

普通高校生均预算内教育经费支出	省份数	省份名称
20000 以上	2	北京、上海
10000～20000	10	西藏、新疆、广东、天津、宁夏、浙江、江苏、青海、内蒙古、吉林
5000～10000	18	贵州、陕西、湖北、海南、黑龙江、重庆、四川、云南、甘肃、福建、辽宁、山东、广西、山西、安徽、江西、湖南、河北
5000 以下	1	河南

【数据来源】教育部财务司，国家统计局社会科技和文化产业统计司. 中国教育统计年鉴 2011 [M]. 中国统计出版社，2012.

　　在 31 个省份中，普通高校生均预算内教育经费支出较高的省份是北京和上海，分别为 27965.3 元和 20746.4 元，较低的是河北和河南，分别为 5567.1 元和 4346.9 元，仅为最高省份的 1/5 左右。从图 2-11 可以看出，东部和西部省份普通高校的生均预算内教育经费支出比较高，中部省份比较低。

（元）

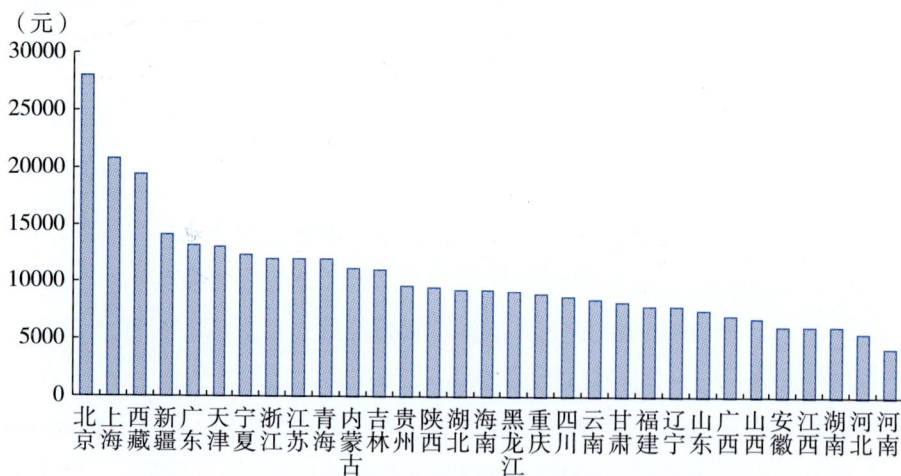

图 2-11　**2010 年各省份普通高校生均预算内教育经费支出**

【数据来源】教育部财务司，国家统计局社会科技和文化产业统计司. 中国教育经费统计年鉴 2011 [M]. 中国统计出版社，2012.

（2）生均预算内公用经费占生均预算内教育事业费支出的比例，上海、北京、吉林和西藏在50%以上

该指标反映以学生人数平均的公用经费的充足程度，比例越高说明公用经费越充足。

2010年，全国普通高校生均预算内教育事业费支出为9589.73元，全国普通高校生均预算内公用经费支出为4362.73元，占教育事业费支出的45.5%。有12个省份的这一比例在全国平均水平以上，有19个省份的这一比例在全国平均水平以下。这一比例在50%以上的有4个省份，即上海、北京、吉林和西藏，分别为58.7%、54.0%、51.2%和50.6%，表明这些省份的生均公用经费相对比较充足。这一比例在30%以下的有2个省份，即河北和湖南，分别为29.3%和28.0%（图2-12）。

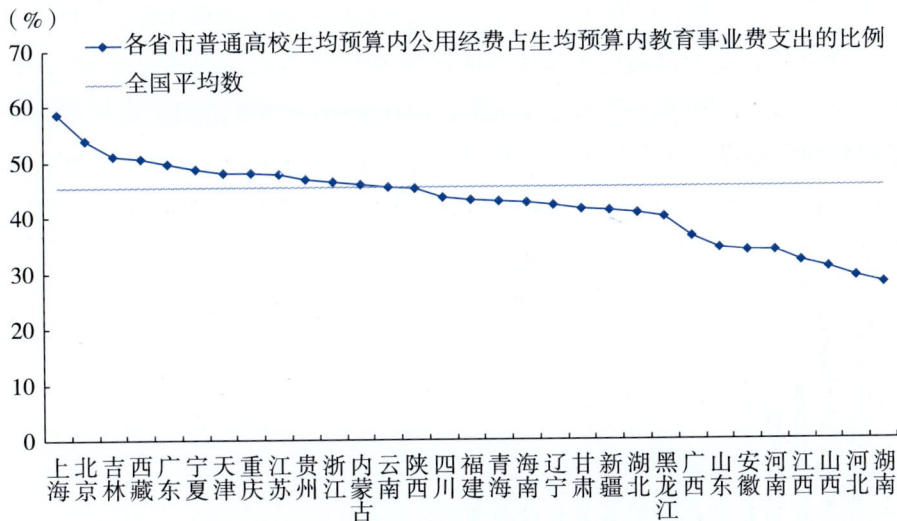

（%）

图例：
◆ 各省市普通高校生均预算内公用经费占生均预算内教育事业费支出的比例
—— 全国平均数

横轴：上海 北京 吉林 西藏 广东 宁夏 天津 重庆 江苏 贵州 浙江 内蒙古 云南 陕西 四川 福建 青海 辽宁 甘肃 新疆 湖北 黑龙江 广西 山东 安徽 河南 江西 山西 河北 湖南

图2-12　2010年各省份普通高校生均预算内公用经费占生均预算内教育事业费支出的比例

【数据来源】教育部财务司，国家统计局社会科技和文化产业统计司. 中国教育经费统计年鉴2011［M］. 中国统计出版社，2012.

（四）多数省份高校专任教师数量增长，高级职称教师所占比例在各省份较为均衡，但博士学位教师比例东部明显较高

2010 年，多数省份高校专任教师和研究与发展人员数量有所增长，但专任教师的学历结构、优质师资的分布地区差异十分显著。

1. 多数省份高校专任教师数量有所增长，女性专任教师所占比例较为均衡

2010 年，全国普通高校专任教师总数为 134. 3 万人，比上年增加 4. 8 万人，增长了 4%。除青海的普通高校专任教师队伍减少了 26 人，其他各省份均有所增长，增幅在 1% ~14% 之间，其中增长最快的是宁夏，达 14%。

2010 年，有 15 个省份的普通高校专任教师数在全国平均线以上，有 16 个省份在平均线以下，其中普通高校专任教师较多的 3 个省份是江苏、山东和广东，分别为 10. 2 万人、9. 1 万人和 7. 9 万人；普通高校专任教师总数最少的是西藏，仅有 2195 人，为总数最多省份的 1/46（图 2 - 13）。

2010 年，全国普通高校女性专任教师为 62. 4 万人，占总数的 46. 5%。各省份女性专任教师比例都比较均衡，均在 40% ~55% 之间，比例最高的是河北和内蒙古，均为 54%，最低的是安徽，为 40. 6%（图 2 - 13）。

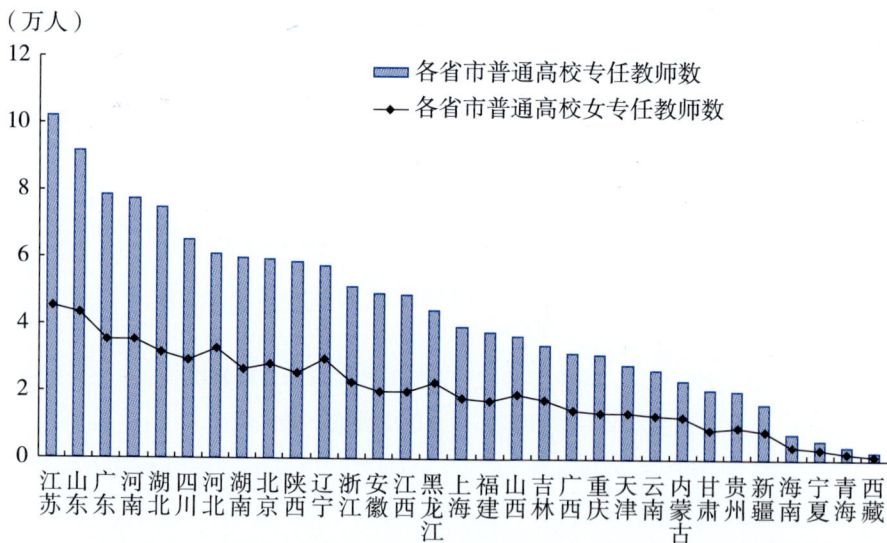

图 2 - 13 2010 年各省份普通高校专任教师总数及女性专任教师数

【数据来源】中华人民共和国教育部. 中国教育统计年鉴 2010［M］. 人民教育出版社，2011.

2. 东部省份高校拥有博士学位专任教师比例更高，各省份高校拥有高级职称专任教师比例较为均衡

普通高校拥有博士学位的专任教师比例和普通高校高级职称专任教师比例可以监测和评价教师的教学能力和水平，反映教师质量情况，可作为教育质量类指标之一。

2010 年，全国普通高校拥有博士学位的专任教师 20 万人，占专任教师总数的比例为 14.9%，比上年增长 1.3%。这一比例高于 20% 的有 3 个省份，最高的是北京（42.9%），其次是上海（36.8%），再次是天津（24.4%）。拥有博士学位的专任教师在全国分布呈现不均衡状态，这一比例最低的西藏，仅为 3.8%，不到最高省份的 1/10。

2010 年，全国普通高校拥有高级职称专任教师 52.6 万人，占专任教师总数的比例为 39.1%，比上年增长 0.6%。各省份拥有高级职称专任教师比例比较均衡，除了西藏为 28.4%，其他省份都在 30% 以上。这一比例排名前 3 位的分别是北京（53.2%），青海（51%），天津（46.9%）（图 2 - 14）。

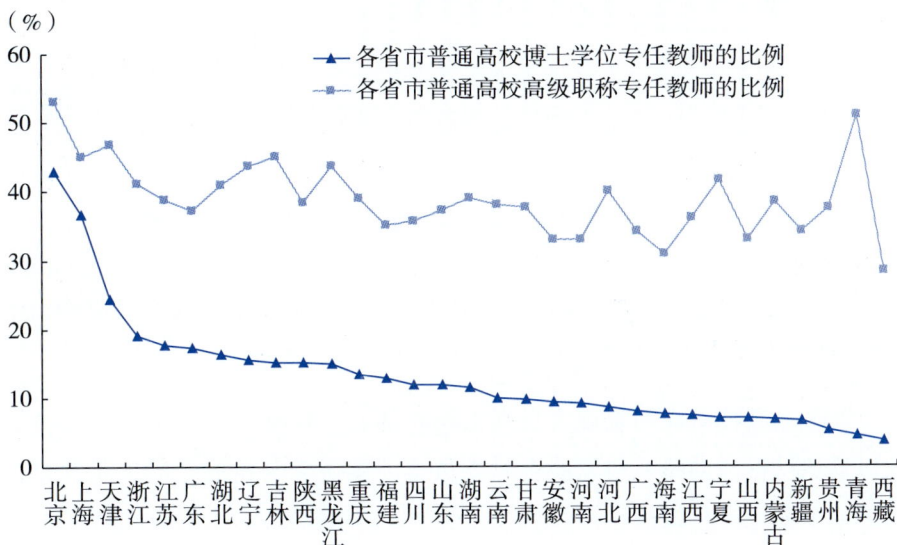

图 2 - 14　2010 年各省份普通高校博士学位专任教师比例与高级职称专任教师比例

【数据来源】中华人民共和国教育部. 中国教育统计年鉴 2010［M］. 人民教育出版社，2011.

3. 多数省份高校研究与发展全时人员数有所增长，山西、云南、青海、宁夏略为下降

2010 年，全国普通高校研究与发展全时人员总量为 267541 人年，比上年增长 22326 人年，增长了 9%。除山西、云南、青海和宁夏，其他各省份的普通高校研究与发展全时人员总量均有所增长，其中增幅最大的是甘肃，增长 19.1%。就总量而言，2010 年排名前 3 位的省份分别是北京（27696 人年），上海（19826 人年），江苏（16134 人年）（图 2 – 15）。

（人年）

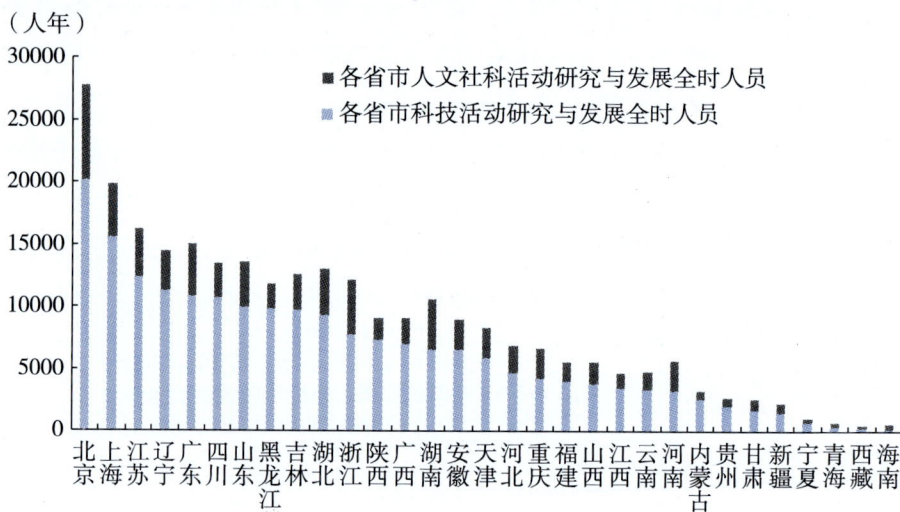

图 2 – 15   2010 年各省份普通高校研究与发展全时人员数量

【数据来源】科技活动研究与发展全时人员数据来源于教育部科技司．高等学校科技统计资料汇编 2011［M］．高等教育出版社，2012；人文社科研究与发展全时人员数据来源于教育部社会科学司．全国高校社科统计资料汇编 2010［M］．高等教育出版社，2011．

就普通高校研究与发展人员内部结构而言，科技活动研究与发展全时人员远比社科活动研究与发展全时人员多。就研究与发展全时人员总量最高的北京来说，科技活动研究与发展全时人员达 20263 人年，而社科活动研究与发展全时人员仅为 7433 人年，前者是后者的 2.7 倍（表 2 – 6）。

表 2－6　**2010 年各省份普通高校科技活动和人文**

社科活动研究与发展全时人员（单位：人年）

省份	科技活动研究与发展全时人员	排名	人文社科活动研究与发展全时人员	排名	省份	科技活动研究与发展全时人员	排名	人文社科活动研究与发展全时人员	排名
全国	198570		68971		天津	5965	16	2260	13
北京	20263	1	7433	1	河北	4741	17	2121	16
上海	15643	2	4183	3	重庆	4324	18	2238	15
江苏	12412	3	3722	6	福建	4011	19	1437	21
辽宁	11290	4	3121	9	山西	3876	20	1611	20
广东	10855	5	4112	4	江西	3546	21	1119	23
四川	10737	6	2636	11	云南	3390	22	1309	22
山东	9970	7	3555	8	河南	3303	23	2255	14
黑龙江	9877	8	1899	18	内蒙古	2588	24	623	26
吉林	9759	9	2756	10	贵州	2047	25	595	27
湖北	9333	10	3609	7	甘肃	1716	26	780	24
浙江	7772	11	4368	2	新疆	1527	27	647	25
陕西	7367	12	1666	19	宁夏	796	28	216	30
广西	7064	13	1943	17	青海	425	29	227	29
湖南	6641	14	3957	5	西藏	374	30	28	31
安徽	6600	15	2307	12	海南	258	31	238	28

【数据来源】教育部科技司. 高等学校科技统计资料汇编 2011［M］. 高等教育出版社，2012；教育部社会科学司编. 全国高校社科统计资料汇编 2010［M］. 高等教育出版社，2011.

4. 高校中的两院院士和国家级教学名师，30% 以上集中在北京、上海、广东、江苏四省份

两院院士和国家级教学名师代表了高校的高层次师资力量。截至 2012 年 6 月 30 日，全国普通高校共有 491 名院士。其中，北京普通高校的院士人数最多，为 122 人，占全国普通高校院士人数的 24.8%；其次是上海

（55人），占全国普通高校院士人数的11.2%；再次是江苏（43人），占全国普通高校院士人数的8.8%。这3个省份普通高校院士人数占全国普通高校院士人数的44.8%，有6个省份的普通高校没有院士（图2－16）。

在2011年第六届国家级教学名师奖评选结果中，共有100人获得国家级教学名师奖。其中，北京普通高校教师获奖人数最多，为15人，占获奖总数的15%；其次是江苏为10人，占获奖总数的10%；再次是广东为7人，占获奖总数的7%。这3个省份普通高校教师获第六届国家级教学名师奖的人数占获奖总数的32%。有6个省份没有教师获得第六届国家级教学名师奖（图2－16）。

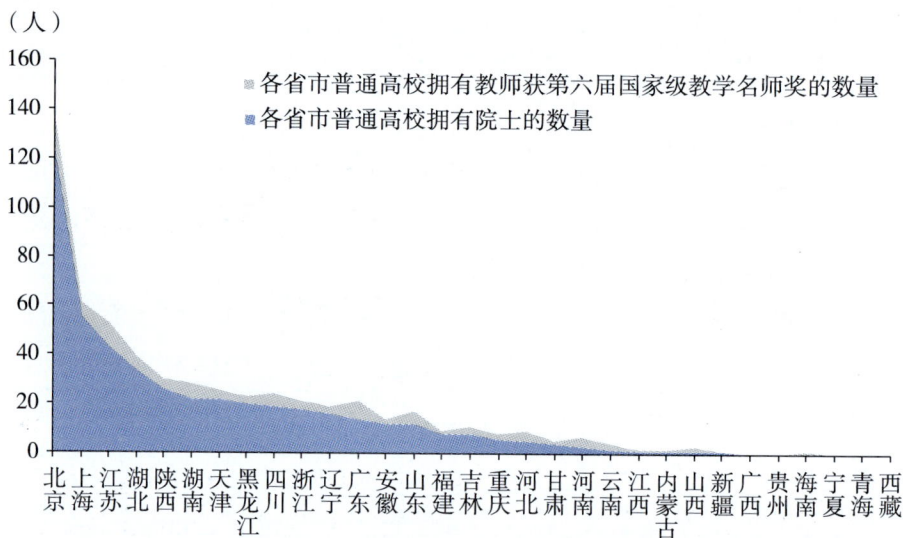

图2－16　2010年各省份普通高校拥有院士和第六届国家级教学名师奖的数量

【数据来源】各省份院士数据根据中科院和工程院网页上的院士名单所在单位统计而来．网址为：http：//www.cae.cn/cae/jsp/qtysmd.jsp？ColumnID＝135；http：//sourcedb.cas.cn/sourcedb_ad_cas/zw2/ysxx/qtysmd/。国家级教学名师奖数据来源于：2003—2011年第1－6届国家级教学名师百度文库，http：//wenku.baidu.com/view/257e892abd64783e09122bda.html.

5. 高校生师比基本保持稳定，部分西部省份低于东部省份

生师比可以反映教师数量的配置程度，经常被用作表征师资力量的替代指标。2010年，全国普通高校的生师比是17.33，比上年增加0.06，表

明教师配置程度基本保持稳定。其中，有 12 个省份的生师比有所下降，下降最多的是西藏，下降 1.83，表明西藏教师数量配置有所增加；有 19 个省份的生师比略有提高，提高最多的是云南，提高 0.69，表明云南师资力量配置稍显紧张。

2010 年，普通高校生师比高于全国平均水平的有 15 个省份，低于全国平均水平的有 16 个省份。其中，生师比低于 16 的有 4 个省份，分别是西藏（13.99），青海（14.00），江苏（15.88），北京（15.97）。生师比在 18 以上的有 6 个省份，分别是广东（18.83），甘肃（18.79），海南（18.47），安徽（18.44），四川（18.05），湖南（18.01）（表 2 - 7）。

表 2 - 7　2010 年各省份普通高校生师比

省份	生师比	排名	省份	生师比	排名
全国	17.33		贵州	17.27	16
西藏	13.99	1	广西	17.42	17
青海	14.00	2	福建	17.43	18
江苏	15.88	3	宁夏	17.46	19
北京	15.97	4	重庆	17.51	20
山西	16.44	5	河南	17.63	21
新疆	16.63	6	吉林	17.72	22
天津	16.77	7	云南	17.76	23
辽宁	16.82	8	河北	17.82	24
黑龙江	16.85	9	湖北	17.82	25
山东	16.94	10	湖南	18.01	26
上海	17.03	11	四川	18.05	27
浙江	17.13	12	安徽	18.44	28
江西	17.14	13	海南	18.47	29
内蒙古	17.20	14	甘肃	18.79	30
陕西	17.26	15	广东	18.83	31

【数据来源】中华人民共和国教育部. 中国教育统计年鉴 2010 ［M］. 人民教育出版社，2011.

从地区来看，东部的北京、江苏，西部的青海、西藏的普通高校生师比较低。

二、31省份高等教育办学成效均有提升，
但速度及质量状况不一

2010年，全国31个省份高等教育普遍取得了一定的成效，且各具发展优势，但在许多指标上都存在明显的地区差异。这里从高等教育的规模与结构，教学、科研和社会服务的质量，国际交流与合作三个方面展开分析。

（一）高校的规模发展，东中部地区明显较快

2010年，各省份的高等教育毛入学率稳中有升，但接受高等教育的人口状况、高校的分布以及高校、学生的结构等都存在较大的地区差异。

1. 各省份高等教育毛入学率稳中有升，北京、天津、上海已实现普及化

高等教育毛入学率可反映入学水平和能力，可用作对高等教育机会的监测，毛入学率高，表明提供的入学机会多。2010年，全国高等教育毛入学率为26.5%，比上年提升2.3%，表明高等教育入学机会有所增加。除上海和天津两个市以外，毛入学率最高的是北京，为59%；其次是浙江（45%），最低的是广西（19%）。数据表明，全国所有省份都已经实现了高等教育大众化，北京、上海和天津3个省份已经实现高等教育普及化。2010年，高等教育毛入学率在30%以上的有11个省份，在20%～30%之间的有19个省份，在20%以下的有1个省份（图2-17）。

（%）

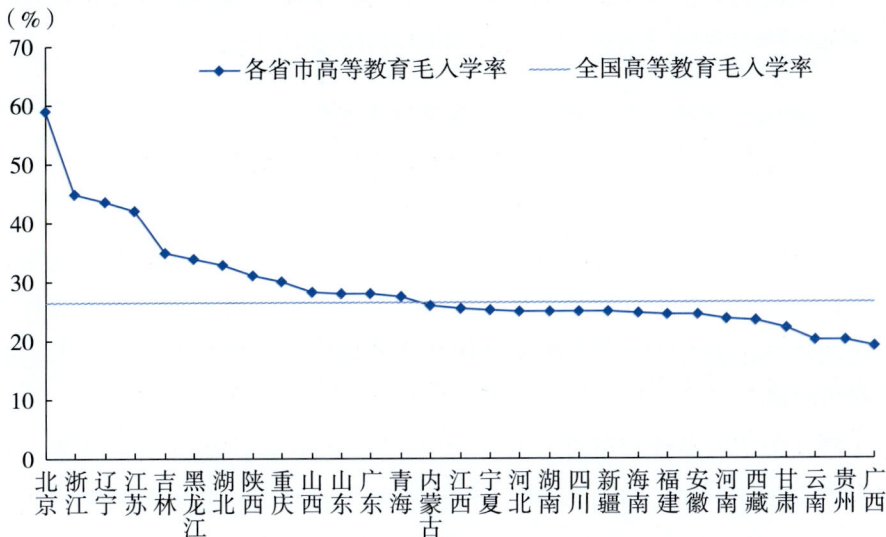

图 2 - 17 2010 年各省份高等教育毛入学率

【数据来源】天津、山西、辽宁、吉林、江苏、浙江、安徽、江西、重庆、四川、贵州和云南的数据来源于各省份《国民经济与社会发展统计公报》，山东、河南、陕西和新疆数据来源于各省份《教育事业发展统计公报》。北京数据来源于国家精品课程资源网 http://news. jingpinke. com/comments?uuid = f466de34 - 12bd - 1000 - aac8 - 38a350d8f9c1. 河北数据来源于河北省教育厅《认真贯彻落实教育规划纲要 着力提高高等教育质量》http://www. moe. edu. cn/publicfiles/business/htmlfiles/moe/s6338/201203/132558. html. 内蒙古、福建、湖南、广东和青海数据来源于教育部 http://www. moe. gov. cn/publicfiles/business/htmlfiles/moe/s6338/201203/132562. html；http://www. moe. gov. cn/publicfiles/business/htmlfiles/moe/s4604/201104/117371. html；http://www. moe. gov. cn/publicfiles/business/htmlfiles/moe/s4588/201012/113609. html；http://www. moe. gov. cn/publicfiles/business/htmlfiles/moe/s6338/201203/132581. html；http://www. moe. gov. cn/publicfiles/business/htmlfiles/moe/moe_1761/201110/125739. html. 湖北数据来源于湖北政府网 http://www. hubei. gov. cn/hbgk/shsy/201204/t20120406_344495. shtml. 广西数据来源于广西教育教学信息资源网 http://www. gxer. net/newsInfo. aspx?pkId = 15894. 西藏数据来源于新华网 http://news. xinhuanet. com/local/2010 - 12/19/c_12895509. htm. 宁夏数据来源于社会发展司 http://shs. ndrc. gov. cn/shfzdt/t20110223_396469. htm. 黑龙江数据来源于《在 2011 年黑龙江省本科院校教学工作会议暨高等教育综合改革试点工作推进会议上的讲话》http://www. dqsy. net/dqsy/yinle/dangjiangonghui/lilunxuexi/2011 - 09 - 25/5864. html. 上海和天津两个市的高等教育毛入学率缺少精确信息。但据《天津市 2010 年国民经济和社会发展计划执行情况与 2011 年国民经济和社会发展计划草案的报告》

所提及，天津的高等教育毛入学率已超 55%；中央人民政府网站《上海：高等教育在校生逾百万，毛入学率接近 70%》中显示，2012 年，上海的高等教育毛入学率已接近 70%。

2. 接受高等教育人口的状况，各省份差异较大

（1）主要劳动年龄人口受高等教育比例以北京最高

主要劳动年龄人口受高等教育的比例，是指 20～59 岁劳动力人口中具有大专及以上学历人口的比例。本指标用于考察主要劳动年龄人口接受高等教育的情况，可作为教育效益类指标。主要劳动年龄人口接受高等教育的比例越高，表明劳动者主体人员接受高等教育的人数越多，代表人力资源水平越高。

据《中国劳动统计年鉴（2011）》统计，2010 年，全国 16～19 岁劳动力人口受高等教育比例为 1.3%，60～64 岁劳动力人口受高等教育比例为 0.7%，64 岁以上劳动力人口受高等教育比例为 0.5%。各省份数据由于缺乏信息，无法剥离出 20 岁以下和 59 岁以上的就业人口受高等教育比例数，鉴于 20 岁以下和 60 岁以上人口受高等教育比例较小，因此，本报告在运用该指标时，采用的数据是 16 岁以上的就业人口受高等教育的比例。

2010 年，全国就业人员受高等教育比例为 10.1%，比上年提升 2.6%。就业人员受高等教育比例最高的是北京，为 39.0%，远超过其他省份；最低的是云南（6.5%）。就业人员受高等教育比例在 20% 以上有的 3 个省份，分别是北京、上海和天津。比例在 10%～20% 之间的有 14 个省份，比例在 10% 以下的有 14 个省份（表 2–8）。总体而言，黄河以北的省份主要劳动年龄人口受高等教育比例较高，黄河以南的省份主要劳动年龄人口受高等教育比例较低。

表 2–8　2010 年各省份主要劳动年龄人口受高等教育比例（单位:%）

省份	主要劳动力人口受高等教育比例	排名	省份	主要劳动力人口受高等教育比例	排名
全国	10.1		黑龙江	10.3	16
北京	39.0	1	福建	10.0	17

续表

省份	主要劳动力人口受高等教育比例	排名	省份	主要劳动力人口受高等教育比例	排名
上海	28.3	2	湖北	9.2	18
天津	21.5	3	海南	9.0	19
新疆	13.9	4	山东	8.9	20
辽宁	13.6	5	甘肃	8.1	21
宁夏	12.7	6	湖南	7.9	22
内蒙古	12.4	7	河北	7.7	23
江苏	12.0	8	安徽	7.5	24
浙江	11.6	9	广西	7.4	25
青海	11.5	10	江西	7.2	26
山西	10.8	11	西藏	7.1	27
广东	10.7	12	贵州	7.1	28
吉林	10.6	13	四川	7.0	29
陕西	10.5	14	河南	6.8	30
重庆	10.4	15	云南	6.5	31

【数据来源】中华人民共和国教育部. 中国教育统计年鉴2010［M］. 人民教育出版社，2011.

（2）每十万人口高校平均在校生数，北京、天津和陕西位列前三

每十万人口高校平均在校生数①是国际上用来分析国家受教育人口规模的通用指标，该指标值可以在一定程度上反映全国及各地的教育发展水平及高等教育受教育人口比重的高低。2010年全国每十万人口高校平均在校生数为2189人。其中，最高的是北京，为6196人，大约是全国平均水平的3倍；其次是天津，为4412人，超过全国平均水平的2倍；再次是陕西（3208人）。较低的两个省份是贵州（1109人），青海（1119人），仅

———

① 注：这里的高校包括普通高校和成人高校。

为全国平均数的1/2左右，不到最高省份的 1/5（图 2－18）。

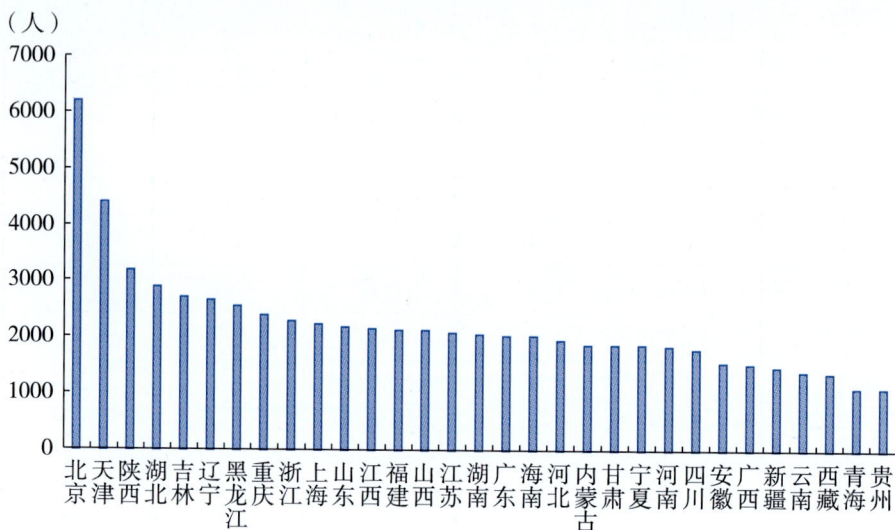

（人）

图 2－18　2010 年各省份每十万人口高校平均在校生数

【数据来源】中国统计年鉴 2011［EB/OL］. http://www. stats. gov. cn/tjsj/ndsj/2011/indexch. htm.

3. 高校更多聚集于东部和中部地区省份

（1）普通高校数量江苏最多

2010 年，全国共有普通高校 2358 所，比上年增加 53 所。各省份平均拥有 76 所高校，全国有 16 个省份拥有的普通高校数在平均数以上，有 15 个省份在平均数以下。其中，普通高校数量最多的是江苏（150 所），其次是山东（132 所），再次是广东（131 所）；普通高校数量较少的省份是西藏和青海，分别为 6 所和 9 所，与普通高校数量最多的省份相差非常悬殊（表 2－9）。

表 2－9　2010 年各省份普通高校数（单位：所）

省份	普通高校数	排名	省份	普通高校数	排名
全国	2358		黑龙江	79	16
江苏	150	1	山西	73	17

省份	普通高校数	排名	省份	普通高校数	排名
山东	132	2	广西	70	18
广东	131	3	上海	67	19
湖北	120	4	云南	61	20
湖南	117	5	吉林	56	21
辽宁	112	6	天津	55	22
安徽	111	7	重庆	53	23
河北	110	8	贵州	47	24
河南	107	9	内蒙古	44	25
浙江	101	10	甘肃	40	26
四川	92	11	新疆	37	27
陕西	90	12	海南	17	28
北京	87	13	宁夏	15	29
江西	85	14	青海	9	30
福建	84	15	西藏	6	31

【数据来源】中华人民共和国教育部. 中国教育统计年鉴 2010 [M]. 人民教育出版社，2011.

　　在地区分布上，普通高校数量分布不均，东部 11 省份分布最为密集，共有普通高校 1046 所，占全国总数的 44.4%；其次是中部 8 省份，共有普通高校 736 所，占全国总数的 31.2%；西部 12 省份共有普通高校 576 所，占全国总数的 24.4%。

　　（2）中央部委所属高校数以北京、江苏和上海位列前三

　　2010 年，全国共有 111 所中央部委所属高校。其中，拥有中央部委所属高校最多的是北京，有 34 所中央部委所属高校，占总数的 39%；其次是江苏和上海，分别拥有 10 所和 9 所中央部委所属高校（表 2－10）。

表 2 – 10　**2010 年各省份拥有中央部委所属高校数**（单位：所）

省份	中央部委所属高校	省份	中央部委所属高校
全国	111	福建	2
北京	34	山东	2
江苏	10	重庆	2
上海	9	甘肃	2
湖北	8	河南	1
四川	6	宁夏	1
陕西	6	山西	0
辽宁	5	内蒙古	0
河北	4	江西	0
广东	4	广西	0
天津	3	海南	0
黑龙江	3	贵州	0
湖南	3	云南	0
吉林	2	西藏	0
浙江	2	青海	0
安徽	2	新疆	0

【数据来源】中华人民共和国教育部. 中国教育统计年鉴 2010［M］. 人民教育出版社，2011.

　　从地区来看，中央部委所属高校分布不均。东部 11 省份有 75 所中央部委所属高校，占总数的 67.6%；中部 8 省份有 19 所中央部委所属高校，占总数的 17.1%；西部 12 省份共有 17 所中央部委所属高校，占总数的 15.3%。

　　（3）民办普通高校广东最多

　　民办普通高校的数量可以表明社会力量办学的活跃程度。截至 2012 年 4 月 24 日，全国共有民办普通高校（不包含独立学院）403 所（图 2 – 19）。其中，广东拥有民办普通高校最多，有 32 所；其次是福建、山东和河南，各 26 所，表明这些省份社会力量办学的活跃程度比较高。西藏和青海没有民办普通高校，表明这些省份社会力量力学力量非常薄弱。总体而言，民办普通高校大都分布在东部和中部，西部相对较少。就西部而言，陕西和重庆的民办高校较多，社会力量办学较为活跃。

（%）

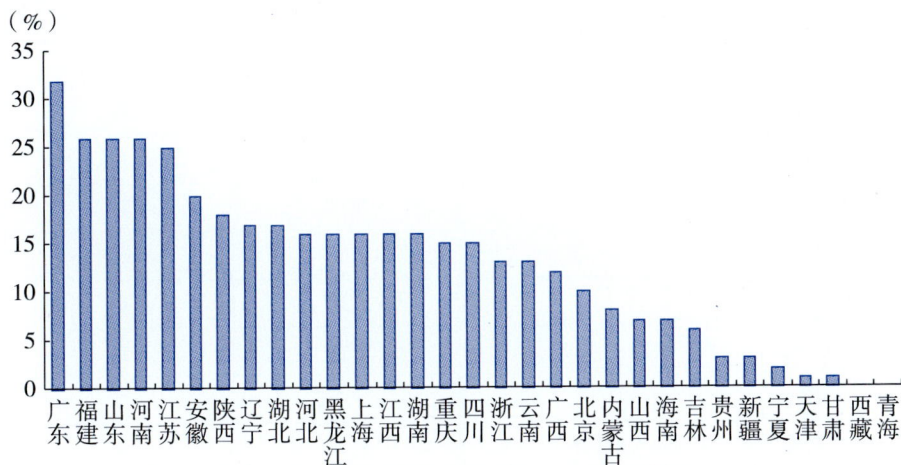

图2－19　2012年各省份民办普通高校数量

【数据来源】据中国教育和科研计算机网数据统计．网址：http://www.edu.cn/zong_he_793/20120507/t20120507_773698.shtml.

（4）"211"和"985"高校，北京、上海居于前列

截至2012年，全国共有39所"985"高校。其中，拥有"985"高校最多的是北京，有8所；其次是上海、陕西和湖南，分别拥有4所、3所和3所。有13个省份没有"985"高校（表2－11）。

表2－11　2012年各省份拥有"985"高校数（单位：所）

省份	"985"高校	省份	"985"高校
全国	39	福建	1
北京	8	重庆	1
上海	4	甘肃	1
湖南	3	河北	0
陕西	3	山西	0

续表

省份	"985" 高校	省份	"985" 高校
天津	2	内蒙古	0
辽宁	2	江西	0
江苏	2	河南	0
山东	2	广西	0
湖北	2	海南	0
广东	2	贵州	0
四川	2	云南	0
吉林	1	西藏	0
黑龙江	1	青海	0
浙江	1	宁夏	0
安徽	1	新疆	0

【数据来源】"985 工程"高校名单[EB/OL]. http://www.gov.cn/fwxx/2009gk/content_1314252. htm.

从地区分布来看，这 39 所高校分布不均。其中，东部 11 省份有 24 所"985"高校，占总数的 61.5%；中部 8 省份有 8 所"985"高校，占总数的 20.5%；西部 12 省份共有 7 所"985"高校，占总数的 18%。

截至 2012 年，全国共有 120 所"211"高校。其中，拥有"211"高校最多的是北京，有 27 所；随后是江苏和上海，分别拥有 11 所和 10 所"211"高校（表 2-12）。

表 2-12　2012 年各省份拥有"211"高校数（单位：所）

省份	"211"高校	省份	"211"高校
全国	120	福建	2
北京	27	重庆	2
江苏	11	新疆	2
上海	10	山西	1

续表

省份	"211"高校	省份	"211"高校
陕西	8	内蒙古	1
湖北	7	浙江	1
山东	5	江西	1
四川	5	河南	1
辽宁	4	广西	1
黑龙江	4	海南	1
湖南	4	贵州	1
广东	4	云南	1
天津	3	西藏	1
河北	3	甘肃	1
吉林	3	青海	1
安徽	3	宁夏	1

【数据来源】"211工程"高校名单［EB/OL］. http://www.gov.cn/fwxx/2009gk/content_1314251. htm.

　　从地区分布来看，120所"211"高校分布不均。其中，东部11省份有71所"211"高校，占总数的59.2%；中部8省份有24所"211"高校，占总数的20%；西部12省份共有25所"211"高校，占总数的20.8%。

　　（5）本科学校占普通高校比例排名前三的是北京、吉林和陕西

　　在普通高校层次结构方面，专科比例普遍下降，中西部省份普通专科高校所占比例较大。2010年，全国普通本科学校与普通专科学校的比例为47∶53。不同地区普通本科和专科学校的比例有所差别，普通本科学校占普通高校比例最高的地区是东部11省份，为49.7%。普通专科学校占普通高校比例最高的是中部8省份，为55.6%。其中，普通本科学校占普通高校比例排名前三位的省份是北京（71.3%），吉林（66.1%），陕西（56.7%）；普通专科学校占普通高校比例排名前三的省份是内蒙古（68.2%），海南（64.7%），山西（64.4%）（表2－13）。

表 2 – 13 2010 年各省份普通高校本校与专科学校占比 （单位：%）

省份	普通本科学校占比	普通专科学校占比	省份	普通本科学校占比	普通专科学校占比
全国	47.2	52.8	山东	45.5	54.5
北京	71.3	28.7	青海	44.4	55.6
吉林	66.1	33.9	黑龙江	44.3	55.7
陕西	56.7	43.3	新疆	43.2	56.8
辽宁	56.3	43.8	云南	42.6	57.4
湖北	55.0	45.0	河南	42.1	57.9
浙江	54.5	45.5	广东	42.0	58.0
上海	53.7	46.3	重庆	41.5	58.5
贵州	53.2	46.8	广西	41.4	58.6
天津	52.7	47.3	江西	41.2	58.8
西藏	50.0	50.0	湖南	39.3	60.7
四川	47.8	52.2	安徽	37.8	62.2
甘肃	47.5	52.5	福建	36.9	63.1
江苏	47.3	52.7	山西	35.6	64.4
河北	47.3	52.7	海南	35.3	64.7
宁夏	46.7	53.3	内蒙古	31.8	68.2

【数据来源】根据年鉴数据计算而得，中华人民共和国教育部. 中国教育统计年鉴2010 ［M］. 人民教育出版社，2011.

相应地，与高校层次结构的地区差异一样，学生的层次结构也表现出与高校层次结构一致的地区差异。学生结构可以通过本科在校生与专科在校生的比值和本科在校生与研究生在校生的比值来考察。2010 年各省份普通高校学生层次结构见图 2 – 20。

从本科在校生和专科在校生的比值来看，2010 年，全国这一比值为 1.3，大部分省份在 2 以下。这一比值在 2 以上的有 4 个省份，分别是北京（3.93）、吉林（2.9）、上海（2.21）、辽宁（2.17），表明这些省份的本科在校生远远超过专科在校生；这一比值在 1 以下的有 4 个省份，分别为广西（0.85），河南（0.89），江西（0.96），山东（0.98），表明这些省份的专科在校生数超过本科在校生数（图2-20）。

从本科在校生与研究生在校生比值来看，2010年，全国的这一比值为6.5。各个省份在这一比值上差距非常大。北京和上海的这一比值在5以下，而海南和西藏的这一比值在25以上，比北京、上海高5倍以上。表明在研究生教育上，各省份差异非常大（图2-20）。

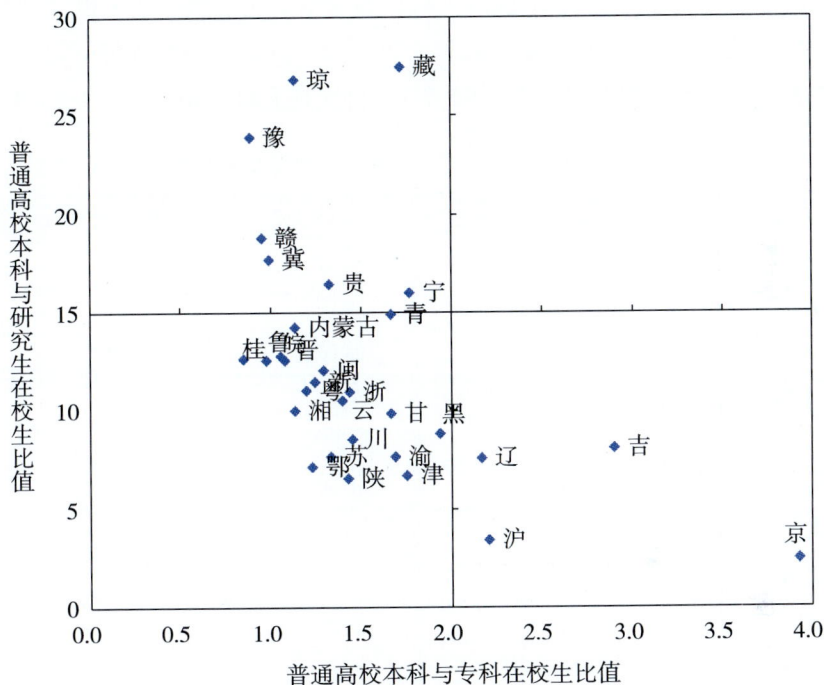

图2-20　2010年各省份普通高校学生层次结构

【数据来源】中华人民共和国教育部．中国教育统计年鉴2010［M］．人民教育出版社，2011．

（二）高校教学、科研和社会服务质量，东部具绝对优势

2010年，教学、科研和社会服务质量的地区差异显著，东部省份占据绝对优势。其中，东部的北京、上海、江苏和广东，中部的湖北，西部的陕西和四川表现更突出。

1. 优势学科及特色专业建设点多集中于东、中部省份，北京、上海、江苏、湖北四省份领先

（1）北京、江苏、上海优势学科拥有量位列全国前三

据教育部学位与研究生教育发展研究中心颁布的全国学科排名（2007—2009）资料统计，进入各学科排名前十的优势学科共有816个。其中，拥有50个以上优势学科的省份有5个，拥有30~50个优势学科的省份有5个，拥有10~30个优势学科的省份有7个，拥有1~10个优势学科的省份有9个，没有优势学科的省份有5个。其中，拥有优势学科最多的是北京（171个），其次是江苏（93个）；再次是上海（80个）（表2-14）。

表 2-14　**2007—2009 年各省份进入排名前十优势学科数量（单位：个）**

省份	排名前十的优势学科数	省份	排名前十的优势学科数
全国	816	安徽	15
北京	171	重庆	13
江苏	93	甘肃	8
上海	80	河南	8
湖北	59	内蒙古	8
浙江	51	山西	4
陕西	46	河北	3
广东	37	云南	3
四川	34	青海	1
天津	34	西藏	1
黑龙江	32	新疆	1
山东	29	广西	0
湖南	25	贵州	0
吉林	25	海南	0
辽宁	19	江西	0
福建	16	宁夏	0

【数据来源】教育部学位中心 2009 年全国学科排名公布［EB/OL］. http://kaoyan. eol. cn/html/ky/09xueke/.

　　这些优势学科在高校的分布上比较集中，例如浙江的 51 个优势学科分布在 4 所高校；天津的 34 个优势学科分布在 4 所高校；上海的 80 个优势学科分布在 14 所高校；北京的 171 个优势学科分布在 28 所高校。

　　（2）进入 ESI 排名学科数量较多的前 3 个省份是北京、上海和江苏

　　据中国科学评价研究中心最新发布的《2012 年世界一流大学与科研机构竞争力排行榜》资料统计，我国共有来自不同高校的 279 个学科进入 ESI 排名（包括来自不同高校的相同类别学科），覆盖 ESI 排名的 17 个学科类别。其中，有 30 个以上进入 ESI 排名学科数量的省份 2 个，有 10 ~ 30 个进入 ESI 排名学科数量的省份 8 个，有 10 个以下进入 ESI 排名学科数量的省份 10 个，没有学科进入 ESI 排名的省份 11 个。进入 ESI 排名学科数量较多的 3 个省份为北京、上海和江苏，分别是 51 个、40 个和 26 个（表 2 - 15）。

表 2 - 15　**2011 年各省份进入 ESI 排名的学科数（单位：个）**

省份	进入 ESI 排名的学科数	省份	进入 ESI 排名的学科数
全国	279	黑龙江	5
北京	51	福建	5
上海	40	重庆	4
江苏	26	河北	3
湖北	20	河南	3
陕西	17	山西	0
广东	16	内蒙古	0
浙江	14	江西	0
山东	13	广西	0
安徽	11	海南	0
辽宁	10	贵州	0
天津	9	云南	0
湖南	9	西藏	0
四川	9	青海	0

续表

省份	进入 ESI 排名的学科数	省份	进入 ESI 排名的学科数
吉林	7	宁夏	0
甘肃	7	新疆	0

【数据来源】我国各高校进入 ESI 排名学科详细列表与分析［EB/OL］. http://www.nseac.com/html/247/227734.html.

这些进入 ESI 排名的学科分布比较集中，主要分布在东部和中部省份，并且每个省份进入 ESI 排名的学科集中分布在几所高校。例如，浙江的 14 个学科数量分布在 2 所高校，上海的 40 个学科数量分布在 8 所高校，北京的 51 个学科数量分布在 13 所高校。

（3）"985 工程优势学科创新平台"数，北京和江苏位列全国前二

为建设创新型国家、加快推进社会主义现代化建设，充分发挥高校学科的综合优势，尤其是行业特色型大学在所属行业领域全国顶尖的学科优势，国务院决定建设"985 工程优势学科创新平台"项目，又称"特色 985 工程"。"985 工程优势学科创新平台"项目高校从"211 工程"学校中产生。截至 2012 年 6 月，根据教育部网站公布数据统计，全国共有 30 个常规创新平台和 6 个师范教育创新平台，分布在 12 个省份。其中，北京拥有 9 个"985 工程优势学科创新平台"，位居第一；江苏拥有 7 个"985 工程优势学科创新平台"，位居第二。

（4）北京、江苏和湖北的特色专业建设点排在全国前三

为促进高校面向社会需求培养人才、强化实践教学，帮助学校形成自己的特色与品牌，"十一五"期间，教育部、财政部决定分 5 批在高校立项建设 3000 个左右的特色专业建设点。从 2007 年到 2011 年，共审批了 7 批国家级特色专业建设点，共 3454 个。拥有国家级特色专业建设点最多的是北京（409 个），其次是江苏（246 个），再次是湖北（199 个）。特色专业建设点较少的是海南、青海和西藏，均在 15 个以下（图 2 - 21）。

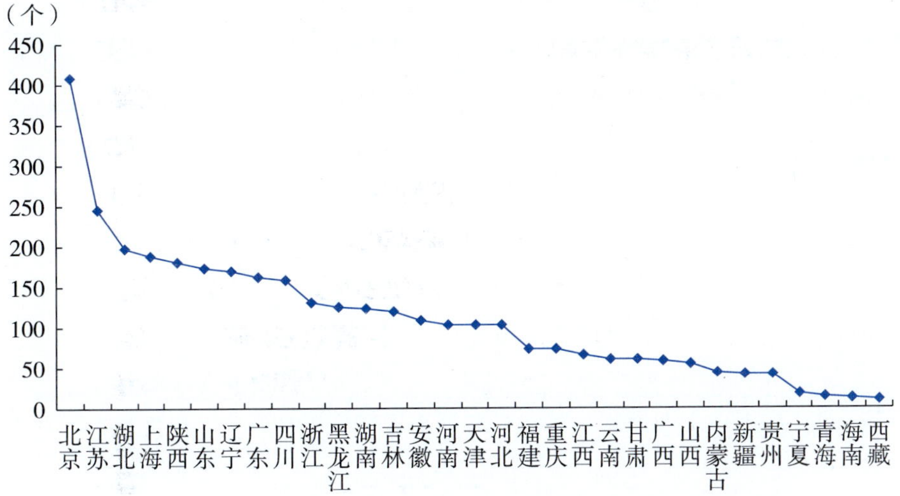
（个）
450
400
350
300
250
200
150
100
50
0
北京
江苏
湖北
上海
陕西
山东
辽宁
广东
四川
浙江
黑龙江
湖南
吉林
安徽
河南
天津
河北
福建
重庆
江西
云南
甘肃
广西
山西
内蒙古
新疆
贵州
宁夏
青海
海南
西藏

图 2－21 2007—2011 年各省份拥有国家级特色专业建设点数量

【数据来源】第 1 ~ 7 批高校特色专业建设点名单[EB/OL]. http://www.moe.gov.cn/publicfiles/business/htmlfiles/moe/cmsmedia/image//UserFiles/File/2008/05/08/2008050810/2008050810_510233.doc; http://www.moe.gov.cn/publicfiles/business/htmlfiles/moe/cmsmedia/image//UserFiles/File/2008/05/08/2008050810/2008050810_510233.doc; http://www.moe.gov.cn/publicfiles/business/htmlfiles/moe/cmsmedia/image//UserFiles/File/2009/10/14/2009101407/2009101407_028355.doc; http://www.moe.gov.cn/publicfiles/errorpage/404.htm; http://www.moe.gov.cn/publicfiles/business/htmlfiles/moe/cmsmedia/document/2010/6/doc97995.xls; http://www.moe.gov.cn/ewebeditor/uploadfile/20110311154948335.doc.

2. 优质课程、教材和教学资源建设以北京、上海、江苏、湖北、广东五省份领先

（1）北京、江苏和广东上网课程数量排在全国前三

2010 年，全国普通高校的上网课程数量达到了 160182 门。上网课程数量最多的省份是北京（24112 门），江苏（20886 门），广东（11334 门），这 3 个省份的上网课程数量占全国总数的 35.2%。上网课程数量在 1000 门以下的有 6 个省份。上网课程数量最多和最小的省份之间差距近 20 倍（图2－22）。

（门）

30000

25000

20000

15000

10000

5000

0

北江广浙山上四湖陕辽河江福黑湖重天河广安甘吉山宁内新贵海云西青
京苏东江东海川北西宁南西建龙南庆津北西徽肃林西夏蒙疆州南南藏海
　　　　　　　　　　　江　　　　　　　　　　　　　古

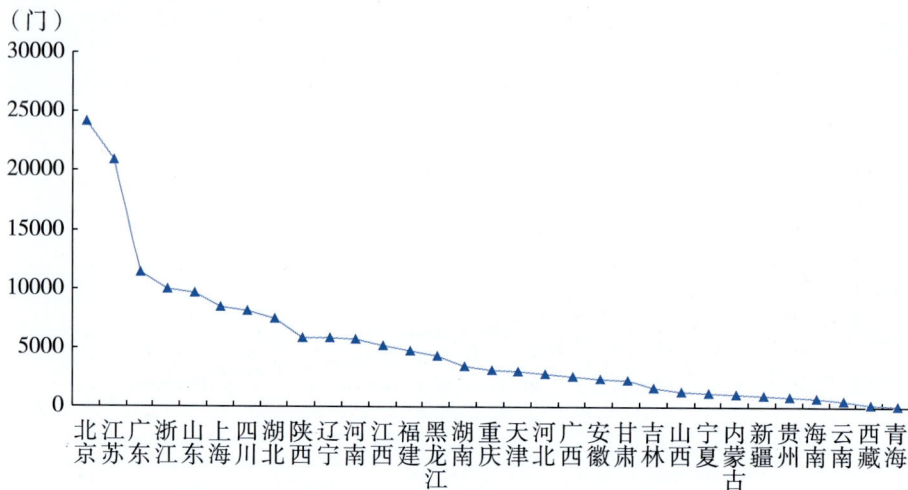

图 2 – 22　2010 年各省份普通高校拥有上网课程数量

【数据来源】中华人民共和国教育部编. 中国教育统计年鉴 2010 [M]. 人民教育出版社，2011.

（2）国家级精品课程建设，北京、江苏和湖北位列前三

为切实推进教育创新，深化教学改革，促进现代信息技术在教学中的应用，共享优质教学资源，进一步促进教授上讲台，全面提高教育教学质量，教育部决定在全国高校中启动高校教学质量与教学改革工程精品课程建设工作。从 2003 年至 2010 年，共评选了 3844 门国家级精品课程。这些精品课程分布不均，拥有 300 门以上国家级精品课程的省份有 3 个，分别是北京（603 门），江苏（349 门），湖北（323 门）；拥有国家级精品课程在 10 门以下的有 5 个省份，分别为贵州、青海、海南、宁夏和西藏（图 2 – 23）。

（3）国家级规划教材建设数量以北京、江苏和上海领先

为全面贯彻落实科学发展观，切实提高高等教育的质量，教育部决定制定普通高等教育"十一五"国家级教材规划。最终，评选出"十一五"国家级规划教材 9715 种（不包括香港）。其中，北京拥有国家级规划教材最多，有 2272 种，占全国总数的 23.4%，远远超过其他省份；其次是江苏（926 种），再次是上海（882 种）。新疆、海南和青海拥有 1～10 种国家级规划教材，宁夏和西藏尚未有国家级规划教材（图 2 – 24）。

（门）

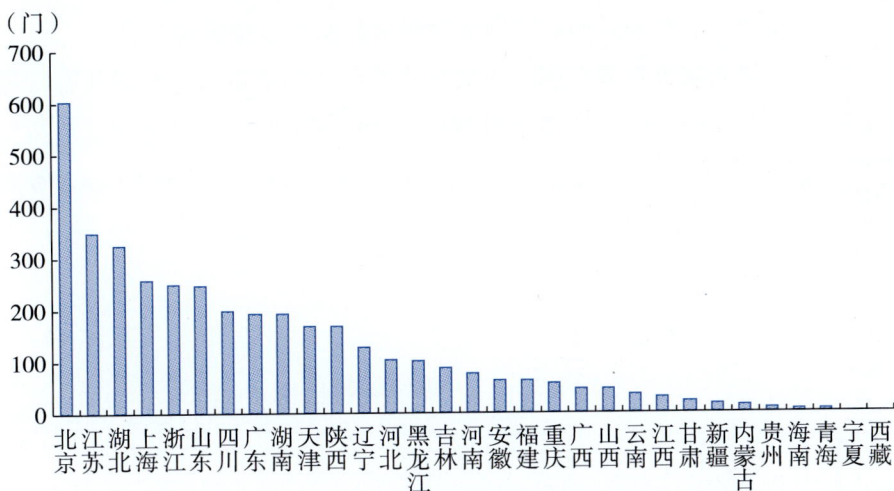

图2-23　2003—2010年各省份拥有国家级精品课程数量

【数据来源】教育部关于公布国家精品课程名单的通知2006—2010［EB/OL］. http://www. moe.
gov. cn/publicfiles/business/htmlfiles/moe/moe_1035/201010/109649. html；http://www. moe. gov. cn/
publicfiles/business/htmlfiles/moe/s3843/201008/xxgk_93857. html；http://www. moe. gov. cn/public-
files/business/htmlfiles/moe/moe_307/200810/40451. html；http://www. moe. gov. cn/publicfiles/busi-
ness/htmlfiles/moe/s3843/201008/xxgk_93859. html；http://www. moe. gov. cn/publicfiles/business/htm-
lfiles/moe/s4851/201008/xxgk_93849. html

（种）

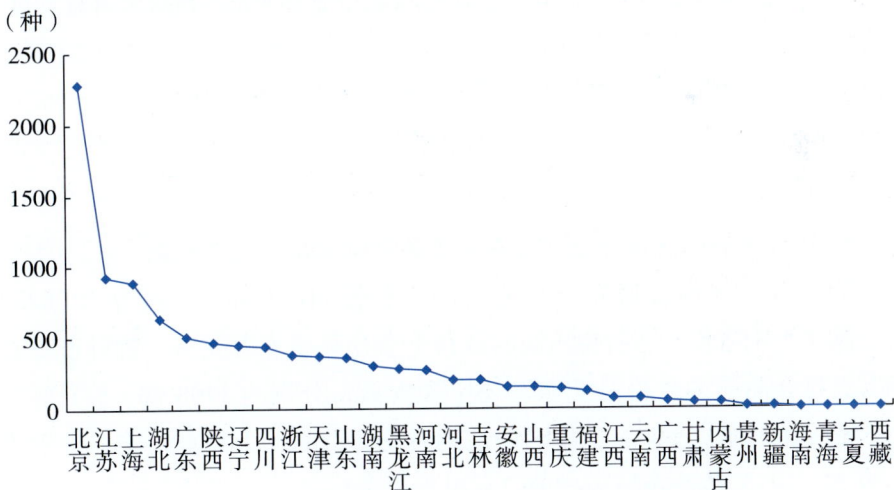

图2-24　各省份拥有"十一五"国家级规划教材数量

【数据来源】 "十一五"国家级规划教材［EB/OL］. http://wenku. baidu. com/view/1d52caa
70029bd64783e2c80. html.

（4）北京、江苏和陕西获国家级教学成果奖的数量居前三名

2011 年第六届高等教育国家级教学成果评选结果显示，全国共有特等奖 2 项，一等奖 64 项，二等奖 585 项。2 项特等奖分别由北京和甘肃高校获得；获得二等奖最多的省份是北京，为 14 项，其次是天津和江苏，各为 8 项；获得三等奖最多的省份是北京（97 项），其次是江苏（56 项），再次是陕西（40 项）（图 2 - 25）。

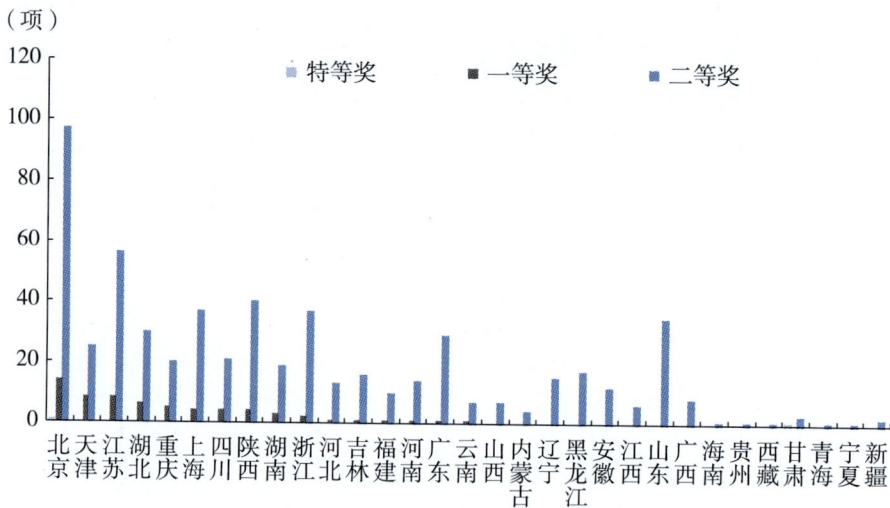

图 2 - 25　各省份获得第六届国家级教学成果奖数量

【数据来源】教育部关于批准第六届高等教育国家级教学成果奖获奖项目的决定［EB/OL］. http://www. moe. gov. cn/publicfiles/business/htmlfiles/moe/s4525/200909/xxgk_64410. html.

3. 科技专著以及国外期刊发表论文数量以北京、上海领先

2010 年，我国普通高校共出版科技专著 11871 部，社科专著 26230 部。除了个别省份，各省份出版的社科专著比科技专著要多。就科技专著而言，排名前三的省份是北京、辽宁和安徽，分别为 1108 部、853 部和 766 部。就社科专著而言，排名前三的省份是北京、上海和辽宁，分别为 4639 部、2493 部和 1683 部（图 2 - 26）。

（部）

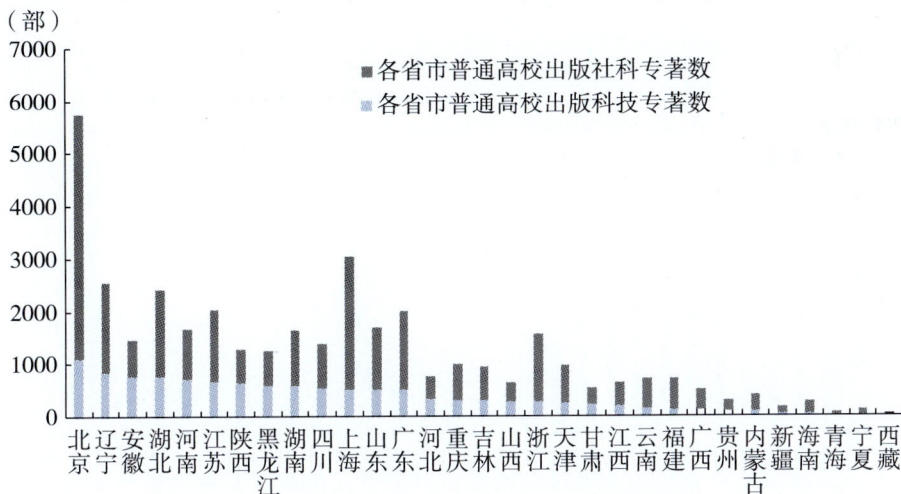

图 2－26　**2010 年各省份普通高校出版专著数量**

【数据来源】科技论文数据来源于：教育部科技司．高等学校科技统计资料汇编 2011 ［M］．高等教育出版社，2012；社科论文数据来源于教育部社会科学司．全国高校社科统计资料汇编 2010 ［M］．高等教育出版社，2011．

2010 年，我国普通高校共在国外刊物发表科技论文 175165 篇，发表社科论文 7082 篇，科技论文在国外刊物发表的数量远远超过社科论文。在国外刊物发表科技论文最多的 3 个省份是江苏、上海和北京（图 2－27），分别为 20020 篇、17591 篇和 17432 篇，这 3 个省份的国外刊物论文发表占全国总数的 31.4%。在国外刊物上发表社科论文最多的 3 个省份是北京、上海和浙江，分别为 1738 篇、827 篇和 498 篇，这 3 个省份的国外刊物论文发表占全国总数的 43.3%。

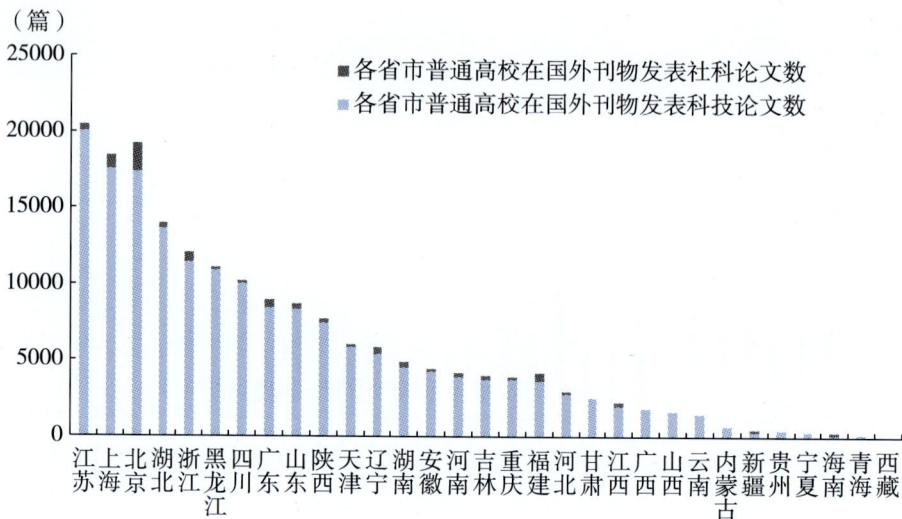

（篇）

图例：
■ 各省市普通高校在国外刊物发表社科论文数
▓ 各省市普通高校在国外刊物发表科技论文数

横轴省份：江苏、上海、北京、湖北、浙江、黑龙江、四川、广东、山东、陕西、天津、辽宁、湖南、安徽、河南、吉林、重庆、福建、河北、甘肃、江西、广西、山西、云南、内蒙古、新疆、贵州、宁夏、海南、青海、西藏

图 2－27　2010 年各省份普通高校在国外刊物发表论文数量

【数据来源】科技论文数据来源于教育部科技司．高等学校科技统计资料汇编 2011 ［M］．高等教育出版社，2012；社科论文数据来源于教育部社会科学司．全国高校社科统计资料汇编 2010 ［M］．高等教育出版社，2011.

4. 经济相对发达的省份，高校服务社会的能力更强

（1）高校专利授权数以浙江、江苏、北京位列前三

2010 年，我国普通高校专利授权数为 35098 项。普通高校专利授权数最多的 3 个省份是浙江、江苏和北京（图 2－28），分别为 5087 项、4955 项和 4320 项，这 3 个省份普通高校的专利授权数占全国普通高校专利授权总数的 40.9%。宁夏、西藏、青海、海南、新疆这 5 个省份普通高校的专利授权数均在 50 项以下，与授权数最多的省份差距非常悬殊。

（2）高校技术转让合同金额以北京、江苏、上海、广东位列前四

2010 年，我国普通高校技术转让合同金额为 33.34 亿元。有 4 个省份普通高校的技术转让合同金额在 2 亿元以上，分别是北京（8.83 亿元）、江苏（3.76 亿元）、上海（3.36 亿元）和广东（2.1 亿元），这 4 个省份合同金额总数占全国普通高校技术转让合同金额总数的 54.1%（图 2－29）。

（项）

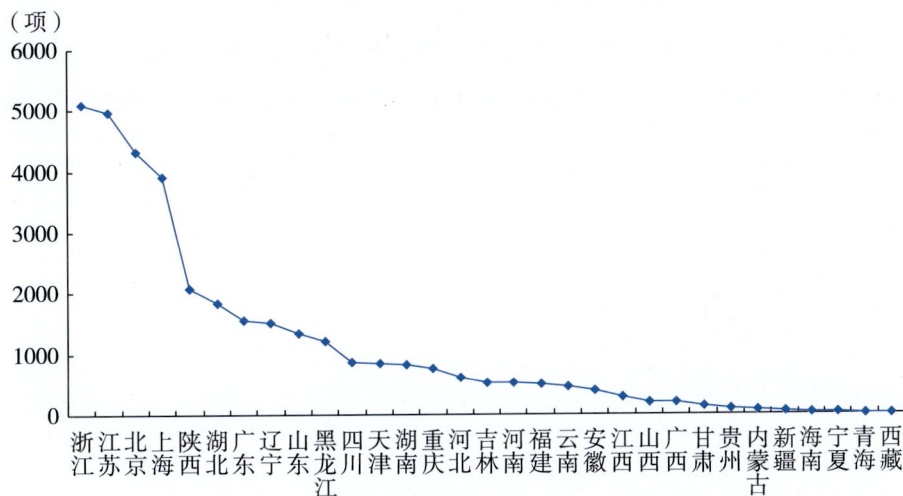

图 2 - 28　2010 年各省份普通高校获得专利授权数量

【数据来源】教育部科技司. 高等学校科技统计资料汇编 2011 ［M］. 高等教育出版社，2012.

（亿元）

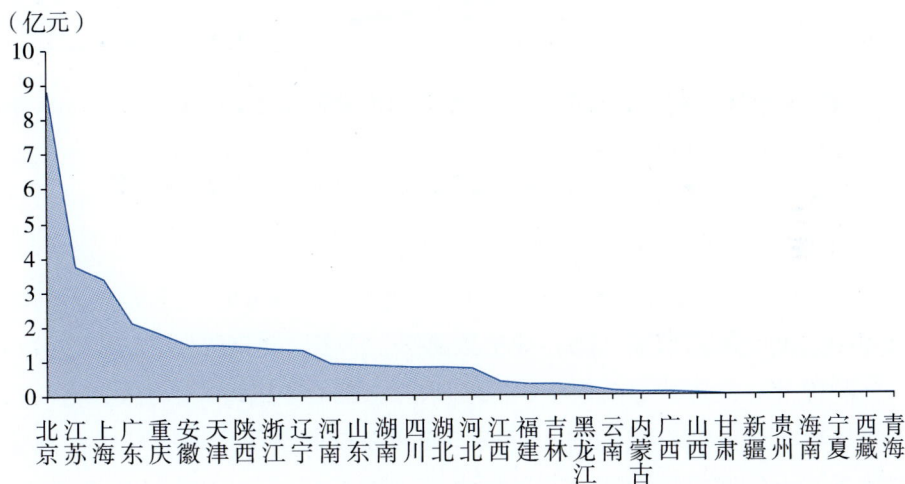

图 2 - 29　2010 年各省份普通高校技术转让合同金额

【数据来源】教育部科技司. 高等学校科技统计资料汇编 2011 ［M］. 高等教育出版社，2012.

（3）研究与咨询报告被采纳数湖北、上海、河南位列前三

2010 年，全国普通高校社科被采纳研究与咨询报告总数为 3545 项。其中被采纳 300 项以上的省份有湖北、上海和河南，分别为 495 项、388 项和 350 项（图 2 - 30）。这 3 个省份被采纳研究与咨询报告的总数占全国普通高校被采纳咨询与报告总数的 34.8%。青海、西藏、云南和内蒙古这几个省份的普通高校社科被采纳研究与咨询报告数均在 10 以下。

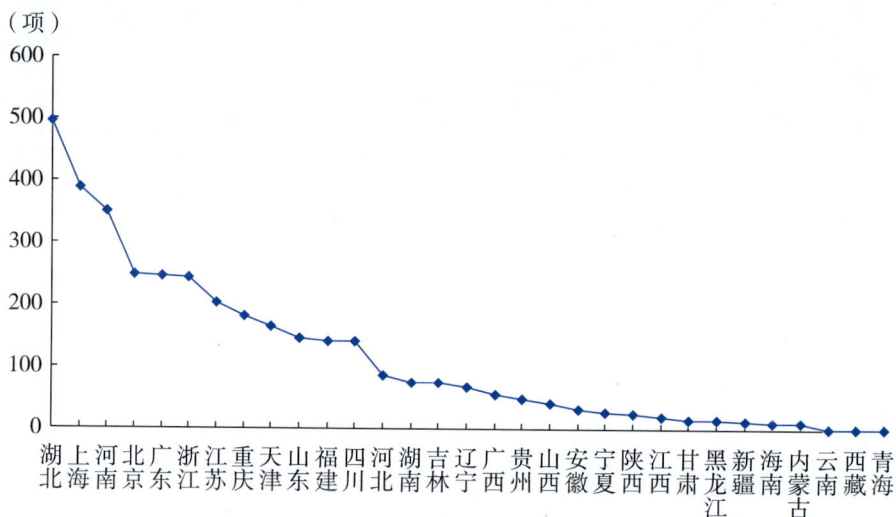

图 2 - 30　2010 年各省份普通高校社科研究与咨询报告被采纳数量

【数据来源】教育部社会科学司. 全国高校社科统计资料汇编 2010 年［M］. 高等教育出版社，2011.

（4）非学历培训毕（结）业生数浙江、广东、北京位列前三

2010 年，全国普通高校非学历培训毕（结）业生 294.8 万人，占高校非学历培训毕（结）业生的 41.4%。普通高校非学历培训毕（结）业生数最多的 3 个省份是浙江、广东和北京（图 2 - 31），分别为 36.3 万人、33.2 万人和 33.1 万人。各省份普通高校非学历培训毕（结）业生占高校非学历培训毕（结）业生的比例在 6.38% ~ 100% 之间（图 2 - 31）。

（万人）
40

30

20

10

0

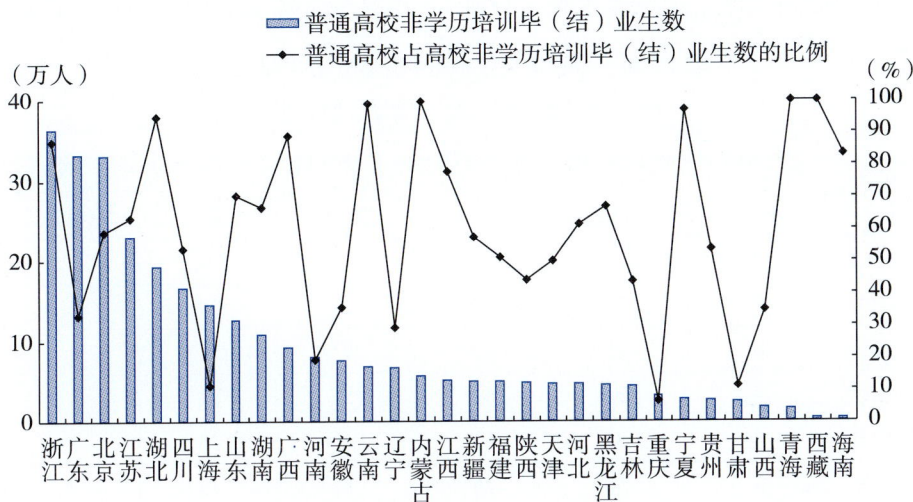

　■ 普通高校非学历培训毕（结）业生数
　◆ 普通高校占高校非学历培训毕（结）业生数的比例

（%）
100
90
80
70
60
50
40
30
20
10
0

浙 广 北 江 湖 四 上 山 湖 广 河 安 云 辽 内 江 新 福 陕 天 河 黑 吉 重 宁 贵 甘 山 青 西 海
江 东 京 苏 北 川 海 东 南 西 南 徽 南 宁 蒙 西 疆 建 西 津 北 龙 林 庆 夏 州 肃 西 海 藏 南
　　　　　　　　　　　　　　 古　　　　　　 江

图 2-31　2010 年各省份普通高校非学历培训毕（结）业生数及

占高校非学历培训毕（结）业生的比例

【数据来源】中华人民共和国教育部．中国教育统计年鉴 2010 ［M］．人民教育出版社，2011.

（三）东部国际交流与合作水平走在全国前列，中部发展较快

2010 年，多数省份高校均积极开展国际交流与合作活动，不仅参与中外合作办学机构和项目，还参与合作举办孔子学院。其中，东部和中部地区的国际交流与合作活动开展更为活跃。

1. 东部中外合作办学及孔子学院建设走在全国前列

截至 2011 年 5 月 31 日，全国共有 14 个省份的高校参与举办中外合作办学机构，共参与举办 36 所中外合作办学机构；共有 27 个省份的高校参与举办中外合作办学项目，共参与举办 694 个中外合作办学项目。其中，高校参与举办中外合作办学机构数最多的 4 个省份是上海、辽宁、北京和江苏，分别为 8 所、6 所、4 所和 4 所；高校参与举办中外合办学项目数最多的 3 个省份是黑龙江、上海和北京，分别为 165 个、88 个和 64 个。2012 年国家汉办网站公布的孔子学院及中方合作高校名单统计中，全国高校共参与举办 316 所孔子学院，其中，北京高校参与合作举办孔子学院最多，合作举办

了 87 所孔子学院；其次是上海（33 所），再次是江苏（23 所）（表 2 - 16）。

表 2 - 16　各省份高校参与中外合作办学机构与

项目及举办孔学院数（单位：所；个）

省份	参与中外合作办学机构		参与中外合作办学项目		参与举办孔子学院	
	数目	排名	数目	排名	数目	排名
总计	36		694		316	
上海	8	1	88	2	33	2
辽宁	6	2	27	7	12	8
北京	4	3	64	3	87	1
江苏	4	3	63	4	23	3
山东	3	5	46	6	13	7
吉林	2	6	21	11	10	11
山西	2	6	2	23	4	19
广东	1	8	13	13	11	10
河北	1	8	3	20	9	12
河南	1	8	54	5	2	25
湖北	1	8	26	9	16	6
天津	1	8	25	10	17	4
浙江	1	8	26	8	12	8
重庆	1	8	4	19	9	12
安徽	0	15	3	20	3	22
福建	0	15	9	15	17	4
甘肃	0	15	1	26	5	17
广西	0	15	3	20	7	15
贵州	0	15	2	23	1	26
海南	0	15	1	26	1	26
黑龙江	0	15	165	1	5	17
湖南	0	15	8	16	3	22
江西	0	15	16	12	4	19
内蒙古	0	15	7	17	1	26

省份	参与中外合作办学机构		参与中外合作办学项目		参与举办孔子学院	
	数目	排名	数目	排名	数目	排名
宁夏	0	15	0	28	1	26
青海	0	15	0	28	0	30
陕西	0	15	2	23	6	16
四川	0	15	10	14	9	12
西藏	0	15	0	28	0	30
新疆	0	15	0	28	3	22
云南	0	15	5	18	4	19

【数据来源】高校参与举办中外合作办学机构与项目的数目根据中国学位与研究生教育信息网2011 年 5 月 31 日更新的经教育部审批和复核的中外合作办学机构及项目名单统计[EB/OL]. http://www. chinadegrees. cn/xwyyjsjyxx/sy/glmd/266821. shtml；高校参与举办孔子学院数依据国家汉办网站上的孔子学院名单统计而得。其中英国谢菲尔德大学孔子学院和日本福山大学孔子学院均有两所合作高校，在统计高校所在省份时统计了两次[EB/OL]. http://www. chinese. cn/college/ci-worldwide/.

　　总体来看，东部和中部省份高校参与举办中外合作办学项目和合作举办孔子学院更加积极（图 2 - 32）。

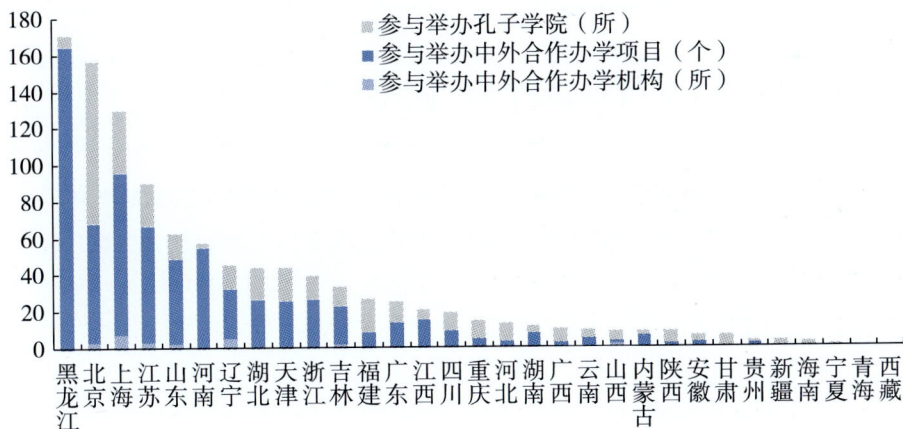

图 2 - 32　各省份高校参与举办中外合作办学机构与项目及合作举办孔子学院状况

2. 东部高校外国留学生所占比例更高, 河南、内蒙古、湖北三省份外国留学生授予学位比例较高

（1）北京、上海、天津高校外国留学生比例较高, 排在前三位

高校外国留学生比例[①]可反映高等教育的对外开放水平, 以及高校国际交流与合作的程度。留学生比例越高, 说明高等教育的国际化水平及对外国留学生的吸引力越高。2010 年, 全国普通高校外国留学生在校生有130637 人, 占在校生人数总数的0.55%。普通高校外国留学生比例较高的3 个省份分别是北京、上海和天津（图2 – 33）, 分别为4.11%、2.71%和1.16%。

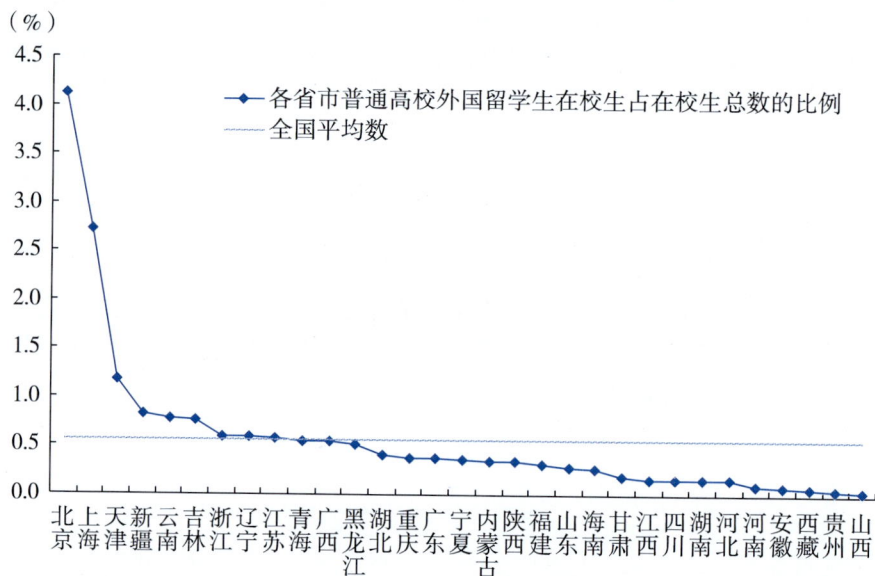

(%)

图 2 – 33 **2010 年各省份普通高校来华留学生在校生占在校生总数的比例**

【数据来源】中华人民共和国教育部. 中国教育统计年鉴 2010 [M]. 人民教育出版社, 2011.

---

① 普通高校中外国留学生比例 = 普通高校中外国留学生数/普通高校在校生总数（普通本专科生 + 研究生 + 外国留学生）×100%.

（2）高校外国留学生授予学位比例排在前三位的是河南、内蒙古和湖北

该指标可以反映我国高等教育对外国留学生的吸引力和高等教育的国际化水平。2010年，全国普通高校外国留学生毕业生有62071人，其中授予学位的有11912人，占毕业生总数的19.2%。有13个省份的普通高校外国留学生授予学位比例在全国平均水平以上，有18个省份在平均水平以下。其中，比例较高的3个省份为河南、内蒙古和湖北，分别为78.6%、64.7%和38.4%（图2－34）。

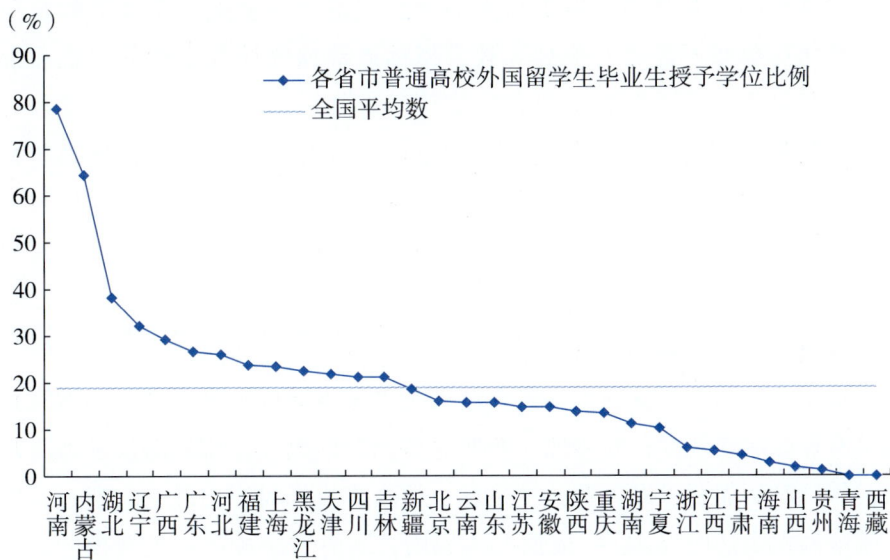

图2－34　**2010年各省份普通高校来华留学生毕业生授予学位的比例**

【数据来源】中华人民共和国教育部. 中国教育统计年鉴2010［M］. 人民教育出版社，2011.

三、31省份的高等教育综合发展水平
差异较大，但各有优势

为了更好地考察全国各个省份高等教育发展的基本状况及区域差异，进一步推动各地高等教育事业的全面发展，本报告在参考以往高等教育发

展指标的基础上，结合我国当前高等教育的发展趋势和发展任务，建构了衡量我国高等教育综合发展水平的指标体系。

（一）区域高等教育综合发展水平的指标与测量

区域高等教育综合发展水平的指标体系是将多种高等教育指标进行系统整合，通过测量高等教育系统中的复杂成分，反映不同地区高等教育发展的状况及程度的测量机制。它能够为评价各地高等教育发展水平提供客观标准，并且通过提供较为综合而完整的信息服务于高等教育决策。该指标体系不是某一些高等教育指标或单纯统计数据的简单汇总加和，而是结构化地选取并汇集各种高等教育统计信息，力图对高等教育系统进行精确描述，并且通过各维度指标组合的形式来表征各地高等教育系统不同方面的发展状况及其相互关系。本报告在构建该指标体系时兼顾逻辑性和实证性，以期客观评价和诊断我国不同省份的高等教育发展水平。

1. 维度设计和指标初选

通常，选取教育发展指标需要遵循三项基本原则：可靠性，即教育指标具有良好的信效度；实用性，即教育指标的形成和运用能够反映教育现象，但同时不需要过多花费；决策性，即教育指标对当前教育问题、政策实施能够提供适时反馈。① 根据上述原则，同时考虑我国相关数据的准确性和可获得性，本报告拟从 7 个维度来选取测量指标，即：整体规模、师资力量、国际化、信息化、社会服务、经费投入、多元参与。其中，整体规模、师资力量以及社会服务这三个维度反映的是地区高等教育发展的基本现状；高等教育国际化和信息化程度这两个维度所反映的是在当前我国高等教育改革与发展的时代特征以及未来我国高等教育发展的宏观政策导向；最后，经费投入和多元参与这两个维度所反映的是各级政府以及社会力量等多方参与和支持地区高等教育发展的力度。这 7 个维度的含义以及

---

① 孙继红，杨晓江，缪榕楠. 区域高等教育发展综合评价实证分析［J］. 科学学与科学技术管理，2009（12）：122 – 127.

初步选定的具体测量指标如下：

（1）整体规模：是指地区高等教育在校生的整体规模。它反映了某一地区高等教育的承载能力，是高等教育发展评价中的常规基本指标。具体而言，初步选取各省份高等教育毛入学率和每十万人口高校平均在校生人数作为测量指标。

（2）师资力量：是指地区高等教育教师队伍的"量"和"质"。高素质教师队伍是高等教育质量的重要基础和必要保障。此处，初步选取各省份"普通高校专任教师数"和"高校科技和社科研究与发展全时人员数"来反映地区教师队伍的"量"，选取"具有博士学位的专任教师占专任教师的比例"以及"普通高校生师比"来反映教师队伍的"质"。

（3）国际化：是指地区高等教育系统开展国际交流与合作的程度。加强多层次宽领域的国际交流与合作、提高教育国际化水平，是我国高等教育未来改革与发展的重要任务。《国家中长期教育改革和发展规划纲要（2010—2020年）》（以下简称《教育规划纲要》）中特别强调要通过提高交流合作的水平、引进优质教育资源等方面扩大教育开放。在这里，初步选取留学生占普通高校在校生总数的比例、中外合作办学项目数作为这一维度的测量指标。

（4）信息化：是指地区高等教育信息化建设和应用的水平。教育信息化是国家信息化发展整体战略中的一部分，是我国未来教育发展的重要保障。在高等教育阶段，强化信息技术的应用主要是为了提高教师信息技术的应用水平，以及鼓励学生利用信息手段主动和自主学习。因此在信息化维度之下，初步选取地区普通高校电子图书数量、上网课程数、拥有教学用计算机数量作为测量指标。

（5）社会服务：是指地区高等教育机构通过培养人才、科学研究、专业咨询以及校企合作等多种途径服务当地经济社会发展的水平。《教育规划纲要》将加强社会服务能力作为未来我国高等教育的发展任务之一，提出高校要牢固树立主动为社会服务的意识，推动产学研结合，加快科技成果转化，积极参与决策咨询，主动开展前瞻性、对策性研究，并且为社会成员提供继续教育服务。基于上述考虑，在服务社会维度之下初步选取高校技术转让合同金额、研究与咨询报告被采纳数量以及高等教育非学历培训毕（结）业数作为具体测量指标。

（6）经费投入：是指各级政府对各省份高等教育发展的财政投入及支持力度。《教育规划纲要》指出，"教育投入是支撑国家长远发展的基础性、战略性投资，是教育事业的物质基础，是公共财政的主要职能"。各级政府的经费投入在高等教育经费筹措渠道中居于主体位置，是地方高等教育发展的重要前提和保障。本报告在此处将财力投入作为高等教育综合发展水平的一个维度加以考察。具体而言，初步选取普通高校国家财政性经费占教育经费收入的比例以及生均预算内高等教育支出这两个测量指标。

（7）多元参与：是指除各级政府对高等教育的经费投入之外，社会力量参与或支持高校办学的状况。除了政府投入之外，多渠道筹集教育经费也是增加教育投入的重要途径之一。随着民办高校的发展，高等教育的举办者已经不局限于政府，教育经费的筹集渠道和方式也呈现出多样化的发展趋势。因此，在这里将多元参与单独作为衡量各省份高等教育综合发展水平的一个维度，并初步选取民办高校占普通高校数量的比例、民办高校举办者投入和社会捐赠占高等教育经费的比例这两个测量指标。

在具体分析中，各个指标的统计数据来自于《中国统计年鉴 2010》、《中国教育统计年鉴 2010》、《中国教育经费统计年鉴 2011》、《中国科技统计年鉴 2010》、《全国高校科技统计资料汇编 2010》、《全国高校社科统计资料汇编 2010》等，民办高校（含独立学院）数量来自于学信网的信息统计。

2. 研究方法

本报告选取结构方程模型的方法对各省份高等教育综合发展水平进行计算，其优势在于可以基于客观统计数据，针对主观建构的指标体系进行拟合和评价，同时能够通过拟合的因子负荷确定指标体系维度及指标权重。此处以省份为单位，对全国各地的高等教育发展状况进行横向比较，同时以全国平均值作为一个单独的个案，故样本量为 32。由于通常使用的协方差结构方程模型要求样本量不能低于 200，因此在这项研究中采用 PLS（Partial Least Squares，简称 PLS）结构方程模型。

PLS 结构方程模型是一种建构预测性结构模型的统计方法，采用在抽样技术中的 BootStrap 方法获得统计量的样本分布，并进行参数估计和显著性检验。为了克服样本量小的问题并保证参数估计的稳健性，一般将 Bootstrap 样本数设定为 500 或 1000 以上，在本报告中设定为 1000。这种 PLS 结构方程模型已经在各类综合发展评价研究中取得了良好的应用效果。[①] 数据分析采用 IBM SPSS 18.0 和德国汉堡大学 Ringle、Wende 和 Will 开发的 SmartPLS 2.0 软件进行处理。

结构方程模型将不可直接测量的变量称为潜变量，而将可以直接测量的变量称为观测变量。本报告中的 7 个维度均为潜变量，需通过作为观测变量的具体指标来反映。经检验，初选指标中师资力量维度的"普通高校生师比"（x6）其相关负荷低于 1.0 且 t 检验不显著，即无法很好地反映相应的潜变量，故将其删除。通过检验的指标以及所属潜变量构成了评价高等教育综合发展的指标体系，如表 2 – 17 所示。

表 2 – 17 高等教育综合发展水平的维度及指标

维度	初选指标	保留指标
整体规模	x1 高等教育毛入学率	x1
	x2 每十万人口高校平均在校生人数	x2
师资力量	x3 普通高校专任教师数	x3
	x4 科技及社科研究与发展全时人员数	x4
	x5 具有博士学位的专任教师占专任教师的比例	x5
	x6 生师比	
国际化	x7 留学生占在校生总数的比例	x7
	x8 中外合作办学项目数	x8
信息化	x9 电子图书数量	x9
	x10 上网课程数	x10
	x11 拥有教学用计算机数量	x11

① 王惠文，付凌晖. PLS 路径模型在建立综合评价指数中的应用［J］. 系统工程理论与实践，2004（10）：80 – 85.

续表

维度	初选指标	保留指标
社会服务	x12 技术转让合同金额	x12
	x13 研究与咨询报告被采纳数量	x13
	x14 高等教育非学历培训毕（结）业数	x14
财力投入	x15 国家财政性经费占教育经费收入的比例	x15
	x16 生均预算内高等教育支出	x16
多元参与	x17 民办高校占普通高校数量的比例	x17
	x18 民办高校举办者的投入和社会捐赠占教育经费收入的比例	x18

注：1. 除总体规模外，其余指标的范围均为普通高校或高等教育；2. 民办高校中不含独立学院，由于各类统计年鉴上缺乏相应的分省数据，此处按照学信网公布的各省份民办高校列表统计获得，为 2012 年的情况。

基于上述指标体系，建立我国 31 个省份高等教育综合发展水平结构方程模型，如图 2－35 所示。

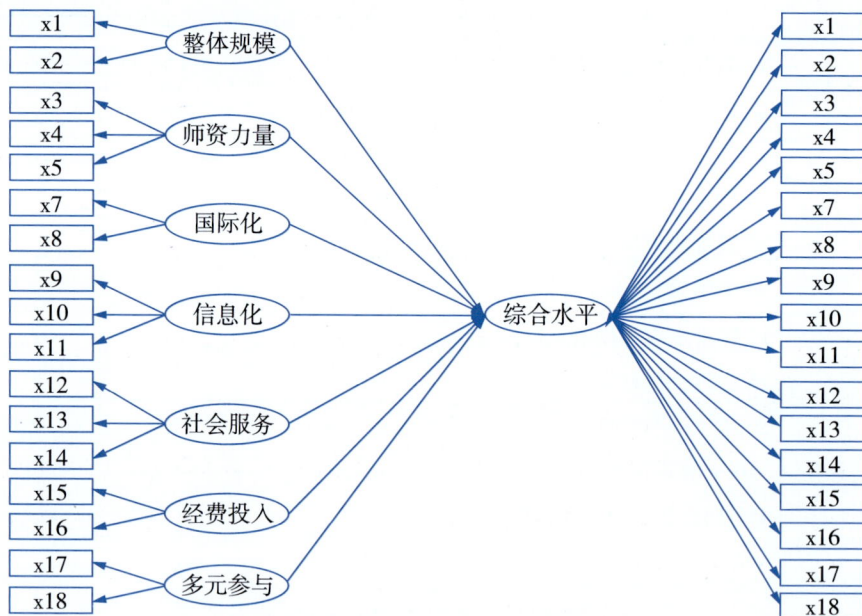

图 2－35　高等教育综合发展水平的结构方程模型

　　经过对上述 PLS 结构方程模型中，7 个维度的指标进行唯一维度检验，结果显示每个维度的第一主成分特征值均大于 1，第二主成分特征值均小于 1，也就是说均通过了该项检验。使用 SmartPLS2.0 软件中的 PLS 程序进行迭代运算，得到模型质量结果，如表 2-18 所示。模型中 7 个维度在各个检验指标上均基本接近或达到了质量要求，因此可以使用该模型分析各省份高等教育发展状况。此外，综合水平对于整体规模等 7 个潜变量的多元回归方程测定系数是 0.999971（原值），说明综合水平对相应的 7 个维度的概括程度较高。

表 2-18　模型质量结果

维度	平均变异萃取量 >0.5	合成信度 >0.6	测定系数 >0.3	内部一致性系数 >0.6	公因子方差 >0.5
综合水平	0.482	0.928	1.000	0.906	0.482
整体规模	0.868	0.929		0.848	0.868
师资力量	0.754	0.900		0.831	0.754
国际化	0.690	0.815		0.567	0.690
信息化	0.847	0.943		0.910	0.847
社会服务	0.754	0.856		0.856	0.754
经费投入	0.726	0.888		0.811	0.726
多元参与	0.562	0.677		0.577	0.562

（二）各省份高等教育综合发展水平差异较大，半数省份与其经济发展水平基本适应

　　基于上述指标体系设计路径模型，对我国 31 个省份高等教育综合发展水平进行整体评价，并从高等教育发展与经济发展的关系来考察各省份高等教育发展现状与经济发展水平的适应关系。

1. 北京、上海、江苏领先全国高等教育综合发展水平

　　高等教育综合发展水平排在全国第 1~10 名的省份为北京、上海、江

苏、广东、湖北、浙江、天津、山东、辽宁和四川。排在全国第 11～20 名的省份为黑龙江、陕西、河南、吉林、重庆、湖南、福建、河北、江西和安徽。排在全国第 21～31 名的省份为广西、云南、内蒙古、山西、新疆、甘肃、宁夏、海南、贵州、青海和西藏。

表 2－19　各省份高等教育综合发展水平排序及方阵划分

第一方阵 （得分＞1）		第二方阵 （0≤得分≤1）		第三方阵 （得分＜0）			
1	北京（3.503）	5	湖北（0.994）	13	河南（－0.003）	23	内蒙古（－0.766）
2	上海（1.837）	6	浙江（0.980）	14	吉林（－0.135）	24	山西（－0.767）
3	江苏（1.671）	7	天津（0.612）	15	重庆（－0.162）	25	新疆（－0.840）
4	广东（1.016）	8	山东（0.476）	16	湖南（－0.188）	26	甘肃（－0.909）
		9	辽宁（0.317）	17	福建（－0.257）	27	宁夏（－0.931）
		10	四川（0.170）	18	河北（－0.342）	28	海南（－0.963）
		11	黑龙江（0.166）	19	江西（－0.425）	29	贵州（－1.031）
		12	陕西（0.080）	20	安徽（－0.450）	30	青海（－1.156）
				21	广西（－0.532）	31	西藏（－1.197）
				22	云南（－0.746）		
全国高等教育综合发展平均水平得分为 －0.027							

由于通过模型获得的全国各省份的高等教育综合发展水平得分是标准分数（均值为 0，标准差为 1），因此按照该得分将全国 31 个省份按照高等教育综合发展水平分为三个方阵，规定若某省份得分＞1 为第一方阵；若 0≤得分≤1 为第二方阵；若得分＜0 为第三方阵。

按照上述划分方式，如表 2－19 所示，全国 31 个省份中进入第一方阵的有北京、上海、江苏和广东，其高等教育综合发展水平得分高于甚至远远高于全国其他省份，处于领先的地位。进入第二方阵的省份有湖北、浙江、天津、山东、辽宁、四川、黑龙江和陕西，其高等教育综合发展水平得分在全国处于中上水平，并且高于全国高等教育综合发展平均水平（简称全国平均水平)①。进入第三方阵的省份有河南、吉林、重庆、湖南、福建、河北、江西、安徽、广西、云南、内蒙古、陕西、新疆、甘肃、宁夏、海南、贵州、青海和西藏，其中大多数省份的高等教育综合发展水平得分低于全国平均水平，特别是贵州、青海、西藏3个省份排在全国最后3位并且得分低于-1，也就是说，这些省份的高等教育综合发展水平与全国其他省份相比仍存在较大的差距。

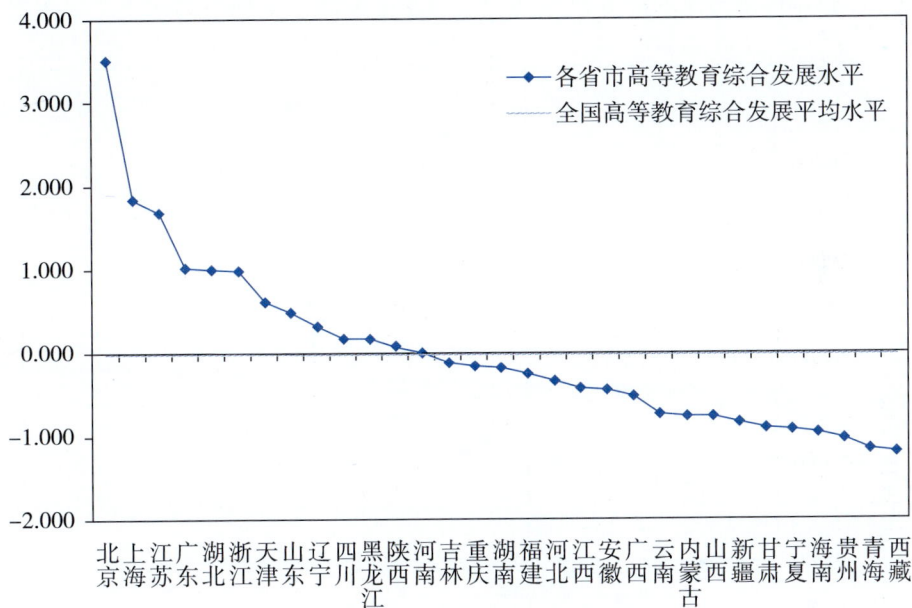

图 2-36 各省份高等教育综合发展水平

从图2-36可以看到，第一方阵和第二方阵的12个省份以及第三方阵中河南的高等教育综合发展水平要高于全国平均高等教育综合发展水平；而第三方阵中其他省份的高等教育综合发展状况均低于全国平均水平。

---

① 全国高等教育综合发展平均水平是将"全国平均"作为一个个案并使用各项评价指标对应的全国平均值，将其代入结构方程模型计算而来，而非各省份高等教育综合发展水平得分的算术平均值。下文中高等教育发展水平7个子维度的全国平均水平得分也均是如此，在必要时也简称为相应维度的全国平均水平。

2. 半数省份高等教育综合发展水平与经济发展水平基本适应

教育与经济发展保持一定的阶段性适应是高等教育大众化的特征之一。我国高等教育已经进入了大众化阶段，但是各地区高等教育发展与经济发展水平的适应性存在较大的区域差异。

从全国各省份高等教育综合发展水平和各省份人均 GDP 的关系来看（图 2－37），北京、天津、上海、江苏、浙江、辽宁、山东、广东等省份的人均 GDP 和当地的高等教育综合发展水平都高于全国平均水平，呈现出

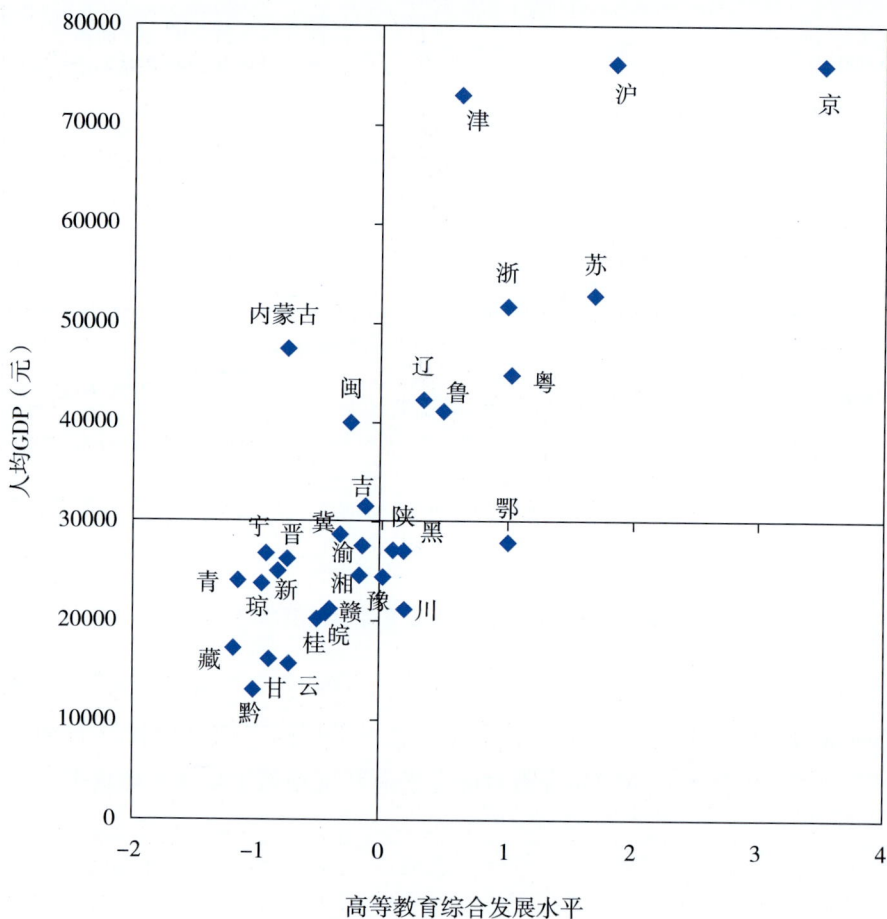

图 2－37　各省份高等教育综合发展水平和人均 GDP 的关系

良好的发展势头；内蒙古、福建等省份虽然人均 GDP 高于全国平均水平，但是其高等教育综合发展水平低于全国平均水平；吉林、河北、黑龙江、陕西、重庆等省份的人均 GDP 和高等教育综合发展水平都处于全国平均水平上下；湖南、湖北、河南、四川等省份的人均 GDP 虽然低于全国平均水平，但其高等教育综合发展水平高于全国平均水平；而青海、西藏、宁夏、甘肃、新疆、云南、广西、贵州、河北、江西、安徽和海南等省份的人均经济发展水平和高等教育综合发展水平都低于全国平均水平。

进一步对比全国 31 个省份高等教育综合发展水平排名以及人均 GDP 的排名情况，可以得到各省份高等教育发展水平与经济发展水平的等级差异，即：等级差异 = 高等教育综合发展水平排名 – 人均 GDP 排名，以此评价各省份高等教育与经济发展的适应程度。此处借鉴"等级差异评定法"①，将各省份高等教育综合发展水平与经济发展水平的适应程度分为三个层次：高等教育综合发展水平高于经济发展水平、高等教育综合发展水平与经济发展基本适应、高等教育综合发展水平低于经济发展水平。若等级差异 < –4，则表明其高等教育综合发展水平高于经济发展水平；若 –4 ≤等级差异≤4，则表明其高等教育综合发展水平与经济发展水平基本适应；若等级差异 > –4，则表明其高等教育综合发展水平低于经济发展水平。

① 此处借鉴杨益民在《区域高等教育规模与经济发展关系的实证分析》（刊载于《江苏高教》2006 年第三期）一文中提出的"等级差异评定法"，即通过考察各省份高等教育规模与经济发展水平排名的差异来评价其高等教育与经济发展的协调程度。其计算方法与求斯皮尔曼（C. Spearman）等级相关系数的方法相一致。杨益民在该文中规定若某省份等级差异小于 0，则表明其高等教育的发展水平超前于经济发展水平；若等级差异大于 0，则表明其高等教育发展水平落后于经济发展水平。该文规定当某省份│等级差异│≤2，说明其高等教育与经济协调发展；若 2 <│等级差异│≤4，说明其高等教育与经济发展基本协调；若 4 <│等级差异│≤6，说明其高等教育与经济发展较为不协调；若│等级差异│>6，则说明该省份高等教育与经济发展非常不协调。为了更加清晰简洁地呈现各省份高等教育发展与经济发展的适应程度，本报告将等级差异简化为"高等教育综合发展水平高于经济发展水平"、"高等教育综合发展水平与经济发展水平基本适应"以及"高等教育综合发展水平低于经济发展水平"这三个层次。

表 2－20　各省份高等教育综合发展水平与人均 GDP 排名比较

省份	高等教育综合发展水平排名	人均 GDP 排名	等级差异	高等教育与经济协调发展情况
四川	10	25	－15	高等教育综合发展水平**高于经济**发展水平
河南	13	21	－8	
湖北	5	13	－8	
云南	22	30	－8	
安徽	20	26	－6	
广西	21	27	－6	
黑龙江	11	16	－5	
江西	19	24	－5	
湖南	16	20	－4	高等教育综合发展水平与经济发展水平**基本适应**
广东	4	7	－3	
陕西	12	15	－3	
甘肃	26	29	－3	
贵州	29	31	－2	
北京	1	2	－1	
江苏	3	4	－1	
山东	8	9	－1	
辽宁	9	8	1	
上海	2	1	1	
浙江	6	5	1	
重庆	15	14	1	
吉林	14	11	3	
西藏	31	28	3	
天津	7	3	4	

续表

省份	高等教育综合发展水平排名	人均 GDP 排名	等级差异	高等教育与经济协调发展情况
海南	28	23	5	
河北	18	12	6	
山西	24	18	6	
新疆	25	19	6	高等教育综合发展水平低于经济发展水平
福建	17	10	7	
青海	30	22	8	
宁夏	27	17	10	
内蒙古	23	6	17	

　　经比较（表 2 - 20），全国有 15 个省份高等教育综合发展水平与其经济发展水平基本适应，即湖南、广东、陕西、甘肃、贵州、北京、江苏、山东、辽宁、上海、浙江、重庆、吉林、西藏和天津。其余 16 个省份中，高等教育综合发展水平高于经济发展水平的有 8 个省份，即四川、河南、湖北、云南、江西、黑龙江、广西和安徽。需注意的是，尽管四川、河南、云南、安徽、广西和甘肃等省份高等教育综合发展水平远远高于经济发展水平，但由于其地方经济发展水平本来在全国排名就相对靠后，在一定程度上制约了当地高等教育发展的整体状况，因此一些省份高等教育综合发展水平在全国的实际排名也比较靠后。另有 8 个省份高等教育综合发展水平低于经济发展水平，包括海南、河北、山西、新疆、福建、青海、宁夏和内蒙古。

（三）31 省份高等教育发展各有优势，呈现多样性

　　本报告中高等教育综合发展水平指标体系中包含整体规模、师资力量、国际化、信息化、社会服务、经费投入和多元参与 7 个子维度，接下来将分别从这些方面对全国各省份高等教育发展水平进行分析。

　　与高等教育综合发展水平得分一样，全国各省份在高等教育发展 7

个维度上的得分同样为标准分数（均值为 0，标准差为 1），此处同样按照高等教育发展各个维度的得分分别对全国 31 个省份划分方阵，规定若某省份得分 >1 为第一方阵；若 0≤得分≤1 为第二方阵；若得分 <0 为第三方阵。

1. 高等教育整体规模水平京津沪居全国前列

高等教育整体规模水平排在全国前 1～10 名的省份包括北京、天津、上海、辽宁、浙江、陕西、江苏、吉林、湖北和黑龙江。排在全国 11～20 名的省份有重庆、山东、山西、广东、江西、福建、湖南、海南、内蒙古和河北。排在 21～31 名的省份有宁夏、四川、河南、甘肃、安徽、新疆、青海、西藏、广西、云南和贵州。

表 2－21　各省份高等教育规模排序及方阵划分

第一方阵 （得分 >1）	第二方阵 （0≤得分≤1）	第三方阵 （得分 <0）	
1　北京（3.609）	4　辽宁（0.903）	12　山东（－0.159）	22　四川（－0.537）
2　天津（2.441）	5　浙江（0.775）	13　山西（－0.191）	23　河南（－0.581）
3　上海（1.534）	6　陕西（0.539）	14　广东（－0.247）	24　甘肃（－0.644）
	7　江苏（0.516）	15　江西（－0.311）	25　安徽（－0.700）
	8　吉林（0.484）	16　福建（－0.378）	26　新疆（－0.711）
	9　湖北（0.476）	17　湖南（－0.397）	27　青海（－0.771）
	10　黑龙江（0.352）	18　海南（－0.431）	28　西藏（－0.845）
	11　重庆（0.060）	19　内蒙古（－0.437）	29　广西（－0.990）
		20　河北（－0.451）	30　云南（－1.011）
		21　宁夏（－0.490）	31　贵州（－1.164）
全国高等教育整体规模平均水平得分为 －0.244			

从高等教育整体规模水平来看（表 2－21），全国 31 个省份中进入第一方阵的有北京、天津和上海，其高等教育整体规模水平得分远远高于全国其他省份。进入第二方阵的省份包括辽宁、浙江、陕西、江苏、吉林、湖北、黑龙江和重庆，其高等教育整体规模水平得分在全国处于中上水

平，并且高于全国高等教育整体规模平均水平。进入第三方阵的省份有山东、山西、广东、江西、福建、湖南、海南、内蒙古、河北、宁夏、四川、河南、甘肃、安徽、新疆、青海、西藏、广西、云南和贵州，其中大多数省份的高等教育综合发展水平得分低于全国平均水平，特别是云南和贵州这2个省份的高等教育整体规模水平最低，并且其得分低于−1，与全国其他省份相比存在较大的差距。

从图2−38可以看到，第一方阵和第二方阵的11个省份以及第三方阵中山东和山西2个省份的高等教育整体规模水平要高于全国平均高等教育规模水平；而第三方阵中其余17省份高等教育整体规模水平均低于全国平均水平。

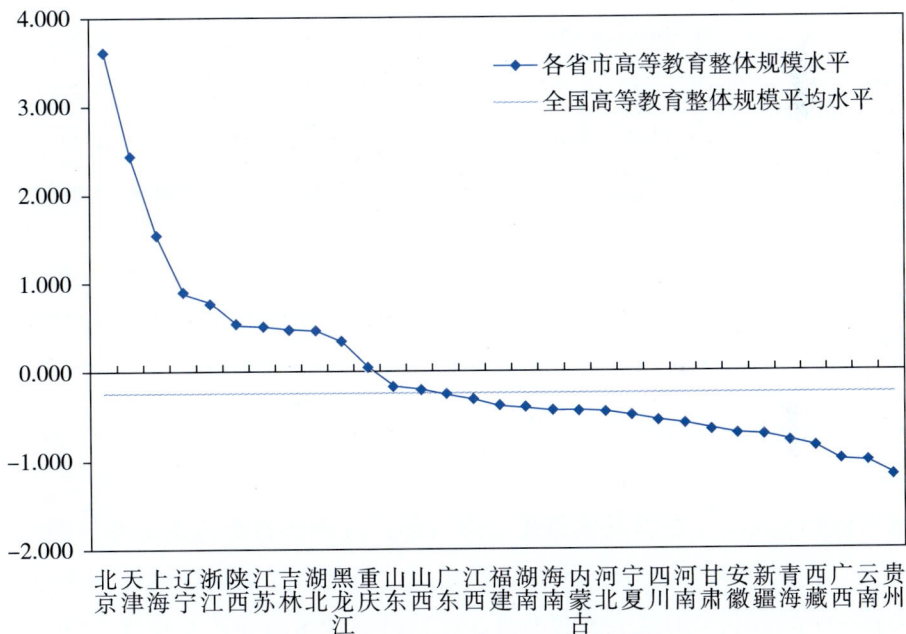

图2−38　各省份高等教育整体规模水平

2. 京沪苏粤鲁的高等教育师资力量位列全国前五

从全国各省份高等教育师资力量水平来看，排在全国1~10名的是北京、上海、江苏、广东、山东、湖北、辽宁、浙江、四川和天津。排在

11～20名的省份包括陕西、黑龙江、吉林、湖南、河南、安徽、河北、重庆、福建和广西。排在21～31名的省份包括江西、山西、云南、甘肃、内蒙古、新疆、贵州、宁夏、海南、青海和西藏。

表2-22　各省份高等教育师资力量排序及方阵划分

第一方阵 （得分＞1）	第二方阵 （0≤得分≤1）	第三方阵 （得分＜0）	
1　北京（2.966）	5　山东（0.854）	15　河南（-0.058）	24　甘肃（-0.873）
2　上海（1.972）	6　湖北（0.820）	16　安徽（-0.138）	25　内蒙古（-0.953）
3　江苏（1.449）	7　辽宁（0.729）	17　河北（-0.176）	26　新疆（-1.088）
4　广东（1.065）	8　浙江（0.620）	18　重庆（-0.298）	27　贵州（-1.097）
	9　四川（0.533）	19　福建（-0.339）	28　宁夏（-1.264）
	10　天津（0.372）	20　广西（-0.369）	29　海南（-1.271）
	11　陕西（0.355）	21　江西（-0.488）	30　青海（-1.445）
	12　黑龙江（0.345）	22　山西（-0.567）	31　西藏（-1.531）
	13　吉林（0.242）	23　云南（-0.593）	
	14　湖南（0.145）		
全国高等教育师资力量平均水平得分为0.084			

　　按照各省份高等教育师资力量得分划分方阵（表2-22），全国31个省份中进入第一方阵的有北京、上海、江苏和广东，其高等教育师资力量水平得分远远高于全国其他省份。进入第二方阵的省份包括山东、湖北、辽宁、浙江、四川、天津、陕西、黑龙江、吉林和湖南，其高等教育师资力量水平得分在全国处于中上水平，并且高于全国高等教育师资力量平均水平。进入第三方阵的省份有河南、安徽、河北、重庆、福建、广西、江西、山西、云南、甘肃、内蒙古、新疆、贵州、宁夏、海南、青海和西藏，这些省份的高等教育师资力量水平得分都低于全国平均水平。特别需要关注是新疆、贵州、宁夏、海南、青海和西藏这6个省份，其高等教育师资力量水平得分低于-1，与全国其他省份相比差距较大。

从图 2–39 可以看出，第一方阵和第二方阵的 14 个省份的高等教育师资力量水平都高于全国高等教育师资力量平均水平；而第三方阵中的 17 个省份高等教育师资力量水平均低于全国平均水平。

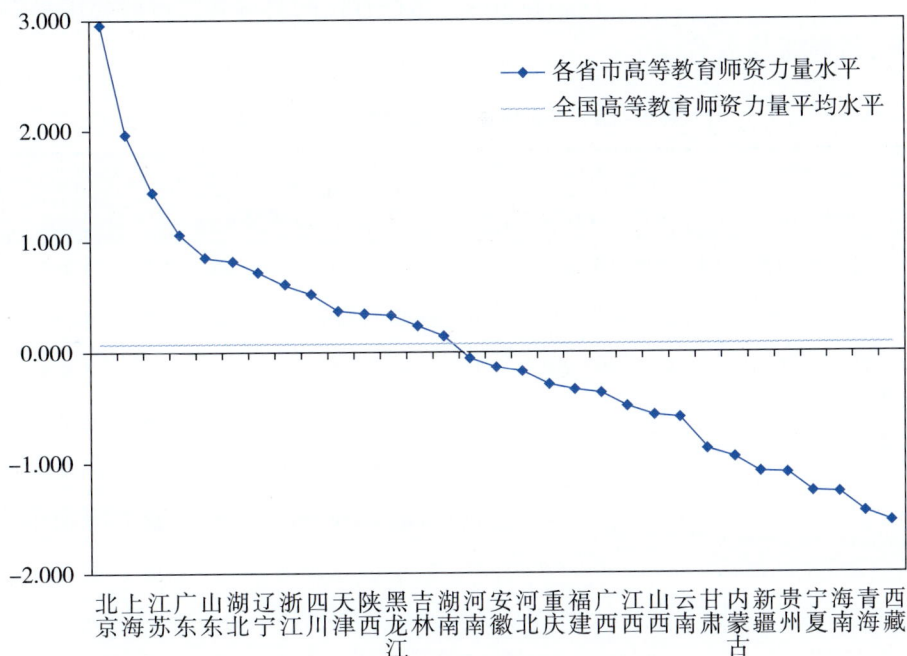

图 2–39　各省份高等教育师资力量水平

3. 京沪黑的高等教育国际化水平遥遥领先，全国近七成省份高等教育国际化程度有待提高

高等教育国际化水平位列全国第 1～10 名的省份为北京、上海、黑龙江、天津、江苏、浙江、吉林、辽宁、云南和新疆。位列第 11～20 名的省份有山东、河南、湖北、青海、广西、广东、内蒙古、福建、重庆和江西。位列第 21～31 名的省份是宁夏、陕西、海南、湖南、河北、甘肃、四川、安徽、贵州、西藏和山西。

按照高等教育国际化水平划分方阵（表 2–23），全国 31 个省份中进入第一方阵的有北京、上海和黑龙江 3 个省份，其高等教育国际化水平远远高于全国其他省份。进入第二方阵的是天津、江苏、浙江、吉林和辽宁

5 个省份，其高等教育国际化水平高于全国高等教育国际化平均水平。进入第三方阵的省份为云南、新疆、山东、河南、湖北、青海、广西、广东、内蒙古、福建、重庆、江西、宁夏、陕西、海南、湖南、河北、甘肃、四川、安徽、贵州、西藏和山西，这些省份的高等教育国际化水平均低于全国平均水平。

表 2 - 23　各省份高等教育国际化水平排序

第一方阵 （得分 > 1）	第二方阵 （0 ≤ 得分 ≤ 1）	第三方阵 （得分 < 0）	
1　北京（3.735）	4　天津（0.584）	9　云南（- 0.039）	21　宁夏（- 0.456）
2　上海（2.858）	5　江苏（0.324）	10　新疆（- 0.051）	22　陕西（- 0.457）
3　黑龙江（2.044）	6　浙江（0.120）	11　山东（- 0.062）	23　海南（- 0.545）
	7　吉林（0.088）	12　河南（- 0.097）	24　湖南（- 0.572）
	8　辽宁（0.038）	13　湖北（- 0.200）	25　河北（- 0.605）
		14　青海（- 0.290）	26　甘肃（- 0.609）
		15　广西（- 0.294）	27　四川（- 0.628）
		16　广东（- 0.344）	28　安徽（- 0.689）
		17　内蒙古（- 0.392）	29　贵州（- 0.712）
		18　福建（- 0.396）	30　西藏（- 0.712）
		19　重庆（- 0.432）	31　山西（- 0.730）
		20　江西（- 0.450）	
全国高等教育国际化平均水平得分为 - 0.029			

从图 2 - 40 可以看出，第一方阵和第二方阵共 8 个省份的高等教育国际化水平高于全国平均水平，第三方阵的 23 个省份高等教育国际化水平全部低于全国平均水平。也就是说，我国不同省份高等教育国际化程度悬殊较大，只有少数省份的高等教育国际化程度较高，同时全国有将近七成的省份高等教育国际化程度仍有待进一步提高。

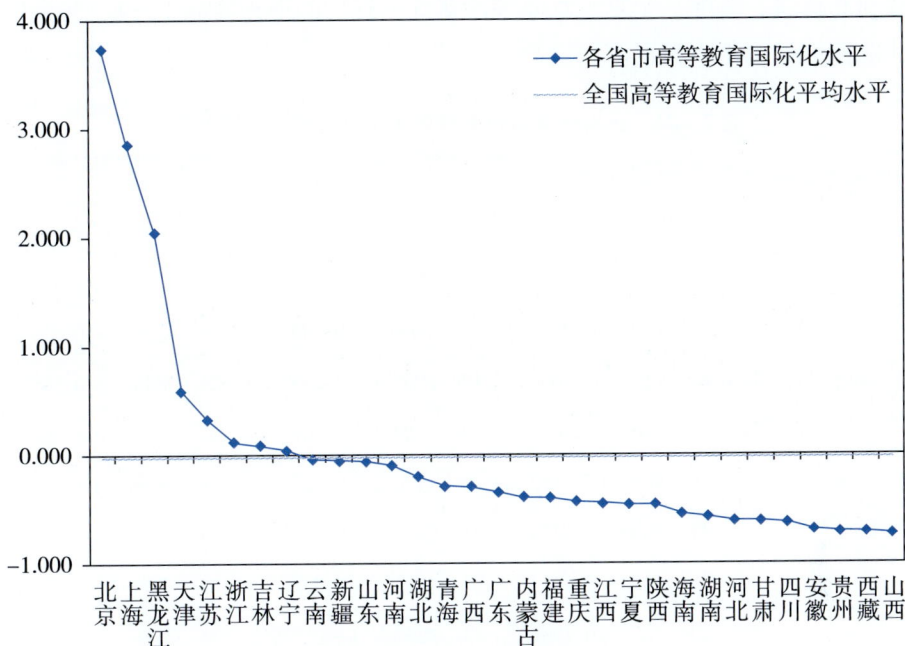

图 2-40 各省份高等教育国际化水平

4. 苏京鄂粤鲁五省份的高等教育信息化程度全国领先

高等教育信息化程度排在全国第 1~10 名的省份是江苏、北京、湖北、广东、山东、浙江、四川、上海、河南和陕西。排在第 11~20 名的省份是湖南、河北、辽宁、江西、福建、黑龙江、天津、广西、安徽和重庆。排在第 21~31 名的省份是吉林、甘肃、内蒙古、山西、云南、贵州、新疆、海南、宁夏、青海和西藏。

按照高等教育信息化水平得分划分方阵（表 2-24），全国 31 个省份中进入第一方阵的有江苏、北京、湖北、广东和山东 5 个省份，其高等教育信息化水平远高于全国其他省份。进入第二方阵的是浙江、四川、上海、河南、陕西、湖南、河北、辽宁、江西和福建，其高等教育信息化水平高于全国平均水平。处于第三方阵的省份为黑龙江、天津、广西、安徽、重庆、吉林、甘肃、内蒙古、山西、云南、贵州、新疆、海南、宁夏、青海和西藏，这些省份的高等教育信息化水平均低于全国平均水平，特别是新疆、海南、宁夏、青海和西藏5个省份的得分均低于 −1，与全国其他省份相比差距较大。

表 2 − 24　各省份高等教育信息化水平排序及方阵划分

第一方阵 （得分 >1）	第二方阵 （0 ≤ 得分 ≤ 1）	第三方阵 （得分 < 0）	
1　江苏（3.028）	6　浙江（0.946）	16　黑龙江（−0.135）	24　山西（−0.810）
2　北京（1.982）	7　四川（0.637）	17　天津（−0.140）	25　云南（−0.859）
3　湖北（1.470）	8　上海（0.376）	18　广西（−0.235）	26　贵州（−0.885）
4　广东（1.445）	9　河南（0.296）	19　安徽（−0.308）	27　新疆（−1.064）
5　山东（1.241）	10　陕西（0.156）	20　重庆（−0.428）	28　海南（−1.151）
	11　湖南（0.143）	21　吉林（−0.719）	29　宁夏（−1.164）
	12　河北（0.132）	22　甘肃（−0.762）	30　青海（−1.311）
	13　辽宁（0.108）	23　内蒙古（−0.779）	31　西藏（−1.311）
	14　江西（0.087）		
	15　福建（0.014）		
全国高等教育信息化平均水平得分为0.000			

从图 2 − 41 可以看出，第一方阵和第二方阵的 15 个省份的高等教育信息化程度要高于全国高等教育信息化平均水平；而第三方阵的 16 个省份的高等教育信息化程度均低于全国平均水平。

5. 北京市高等教育社会服务水平领先全国

高等教育社会服务水平排在全国第 1 ~ 10 名的省份包括北京、广东、上海、浙江、江苏、湖北、河南、四川、山东和重庆。排在第 11 ~ 20 名的省份包括天津、湖南、辽宁、安徽、福建、陕西、河北、广西、吉林和江西。排在全国第 21 ~ 31 名的省份为云南、黑龙江、内蒙古、贵州、新疆、山西、宁夏、甘肃、青海、海南和西藏。

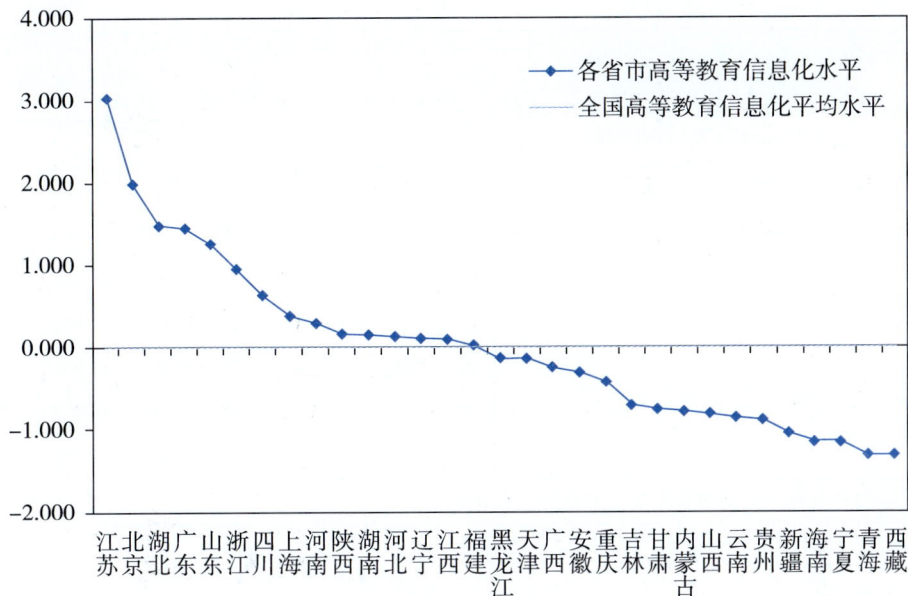

图 2-41 各省份高等教育信息化水平

按照高等教育社会服务水平得分划分方阵（表 2-25），全国 31 个省份中进入第一方阵的有北京、广东、上海、浙江、江苏和湖北 6 个省份，其高等教育社会服务水平远高于全国其他省份。进入第二方阵的省份是河南、四川、山东、重庆和天津，其高等教育社会服务水平高于全国平均水平。处于第三方阵的省份为湖南、辽宁、安徽、福建、陕西、河北、广西、吉林、江西、云南、黑龙江、内蒙古、贵州、新疆、山西、宁夏、甘肃、青海、海南和西藏，这些省份的高等教育社会服务水平均低于全国平均水平。

表 2-25　各省份高等教育社会服务排序及方阵划分

第一方阵 （得分 >1）		第二方阵 （0≤得分≤1）		第三方阵 （得分 <0）			
1	北京（3.359）	7	河南（0.560）	12	湖南（－0.120）	22	黑龙江（－0.707）
2	广东（1.602）	8	四川（0.299）	13	辽宁（－0.193）	23	内蒙古（－0.714）

续表

第一方阵 （得分＞1）	第二方阵 （0≤得分≤1）	第三方阵 （得分＜0）	
3　上海（1.567）	9　　山东（0.159）	14　安徽（−0.214）	24　贵州（−0.751）
4　浙江（1.528）	10　重庆（0.109）	15　福建（−0.318）	25　新疆（−0.756）
5　江苏（1.498）	11　天津（0.032）	16　陕西（−0.362）	26　山西（−0.804）
6　湖北（1.405）		17　河北（−0.368）	27　宁夏（−0.807）
		18　广西（−0.440）	28　甘肃（−0.848）
		19　吉林（−0.534）	29　青海（−0.931）
		20　江西（−0.637）	30　海南（−0.950）
		21　云南（−0.688）	31　西藏（−0.976）
全国高等教育社会服务平均水平得分为0.000			

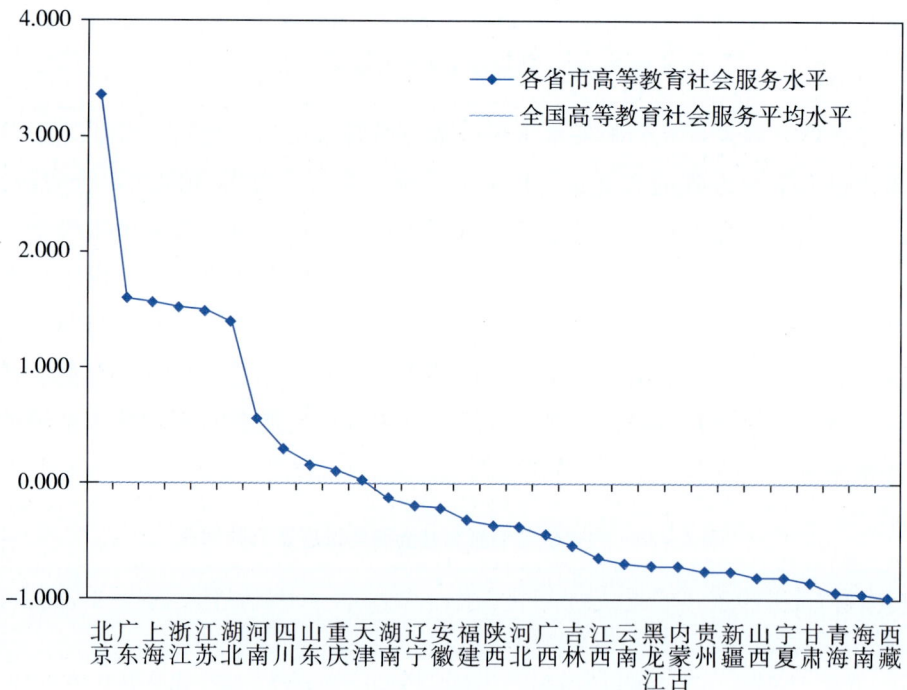

图 2－42　各省份高等教育社会服务水平

从图 2-42 可以看出，第一方阵和第二方阵共 11 个省份高等教育社会服务水平要高于全国平均水平，其中北京市高等教育社会服务水平远远高于全国其他省份，广东、上海、浙江、江苏和湖北 5 个省份高等教育社会服务水平得分也较高且基本相当；而第三方阵中 20 个省份的高等教育社会服务水平均低于全国平均水平，有待于进一步提高。

6. 京沪藏新粤的经费投入力度较大，国家财政性经费投入向西部倾斜，同时呈现"中部凹陷"状态

高等教育经费投入排在全国第 1~10 名的省份有北京、上海、西藏、新疆、广东、天津、江苏、宁夏、浙江和青海。排在全国 11~20 名的省份有吉林、内蒙古、陕西、湖北、重庆、贵州、黑龙江、海南、四川和云南。位列全国第 21~31 名的省份包括福建、甘肃、辽宁、山东、广西、山西、江西、湖南、安徽、河北和河南。

表 2-26　各省份高等教育经费投入排序及方阵划分

第一方阵 （得分 >1）	第二方阵 （0≤得分≤1）	第三方阵 （得分 <0）	
1　北京（3.794）	5　广东（0.614）	13　陕西（-0.187）	23　辽宁（-0.563）
2　上海（2.198）	6　天津（0.530）	14　湖北（-0.204）	24　山东（-0.640）
3　西藏（1.751）	7　江苏（0.363）	15　重庆（-0.240）	25　广西（-0.713）
4　新疆（0.674）	8　宁夏（0.356）	16　贵州（-0.243）	26　山西（-0.782）
	9　浙江（0.344）	17　黑龙江（-0.244）	27　江西（-0.862）
	10　青海（0.216）	18　海南（-0.273）	28　湖南（-0.889）
	11　吉林（0.083）	19　四川（-0.354）	29　安徽（-0.913）
	12　内蒙古（0.066）	20　云南（-0.412）	30　河北（-1.041）
		21　福建（-0.521）	31　河南（-1.296）
		22　甘肃（-0.532）	
全国高等教育经费投入平均水平得分为 -0.080			

按照高等教育经费投入水平得分划分方阵（表 2-26），全国 31 个省份中进入第一方阵的有北京、上海、西藏和新疆 4 个省份，其高等教育经费投入水平远高于全国其他省份。进入第二方阵的省份是广东、天津、江

苏、宁夏、浙江、青海、吉林和内蒙古，这些省份高等教育经费投入水平高于全国平均水平。处于第三方阵的省份为陕西、湖北、重庆、贵州、黑龙江、海南、四川、云南、福建、甘肃、辽宁、山东、广西、山西、江西、湖南、安徽、河北和河南，这些省份的高等教育经费投入水平均低于全国平均水平，特别是河北和河南的高等教育经费投入水平得分低于 –1，仍与全国其他省份存在较大差距。

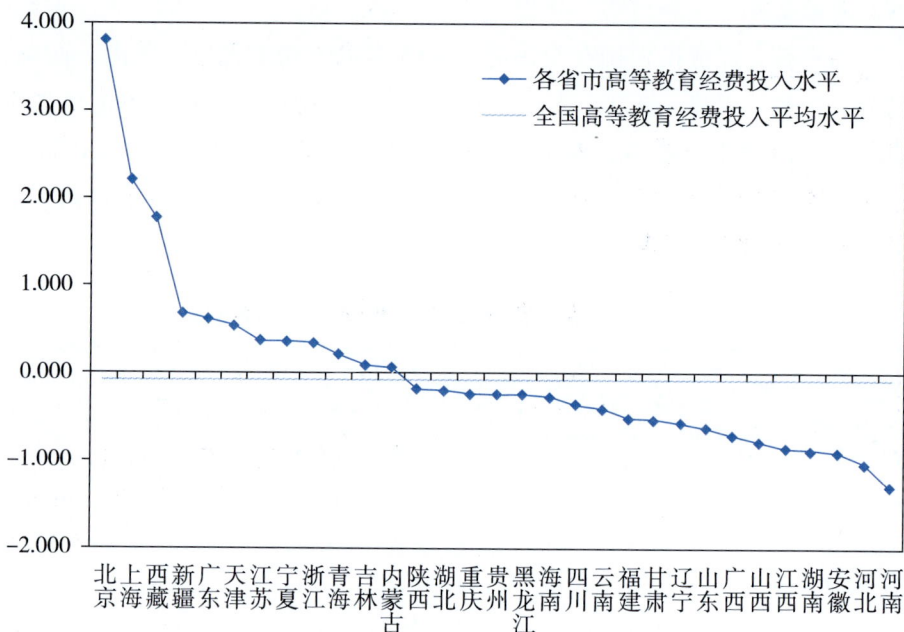

图 2 –43 　各省份高等教育经费投入水平

从图 2 –43 可以看出，第一方阵和第二方阵共 12 个省份的高等教育经费投入水平要高于全国高等教育经费投入平均水平，其中有 6 个东部省份、1 个中部省份和 5 个西部省份；而第三方阵 19 个省份的高等教育经费投入水平均低于全国平均水平，其中有 5 个东部省份、7 个中部省份和 7 个西部省份。可以看到，我国高等教育财政经费投入向西部地区倾斜的同时，呈现出 "中部凹陷" 的现象。在西部 12 个省份中，西藏、新疆、宁夏、青海和内蒙古 5 个省份处于第一方阵和第二方阵，也就是说，有近一半的西部省份高等教育经费投入水平高于全国平均水平；其他 7 个省份中，除甘肃省高等教育经费投入水平略低之外，其余各省份的高等教育国家财政经费投入水平均与全国平均水平较为接近。而中部 8 个省份中只有吉林进入第二方阵，其余 7 个省份的国家财政经费投入水平均列居第三方阵之中且多数省份位次较为落后。

7. 琼闽渝粤鄂等省份的社会力量多元参与高等教育办学较为活跃

高等教育多元参与水平位列全国第 1～10 名的省份包括海南、福建、重庆、广东、湖北、浙江、河南、陕西、江西和江苏。位列全国第 11～20 名的省份包括辽宁、四川、河北、上海、云南、山东、吉林、广西、安徽和宁夏。位列全国第 21～31 名的省份包括湖南、贵州、内蒙古、天津、黑龙江、新疆、山西、北京、甘肃、青海和西藏。

按各省份高等教育多元参与水平得分划分方阵（表 2－27），全国 31 个省份中进入第一方阵的是海南、福建、重庆、广东和湖北 5 个省份，其高等教育多元参与水平远高于全国其他省份。进入第二方阵的省份是浙江、河南、陕西、江西、江苏、辽宁、四川、河北、上海、云南、山东、吉林、广西和安徽，除安徽之外，其余省份高等教育多元参与水平高于全国平均水平。处于第三方阵的省份为宁夏、湖南、贵州、内蒙古、天津、黑龙江、新疆、山西、北京、甘肃、青海、西藏，这些省份的高等教育多元参与水平均低于全国平均水平，特别是北京、甘肃、青海和西藏的高等教育多元参与水平得分低于 －1，与全国其他省份存在较大差距。

表 2－27　各省份高等教育多元参与排序及方阵划分

第一方阵（得分 >1）	第二方阵（0≤得分≤1）		第三方阵（得分 <0）
1　海南（1.652）	6　浙江（0.867）	18　广西（0.128）	20　宁夏（－0.268）
2　福建（1.500）	7　河南（0.586）	19　安徽（0.022）	21　湖南（－0.317）
3　重庆（1.307）	8　陕西（0.578）		22　贵州（－0.455）
4　广东（1.157）	9　江西（0.577）		23　内蒙古（－0.534）
5　湖北（1.111）	10　江苏（0.543）		24　天津（－0.647）
	11　辽宁（0.518）		25　黑龙江（－0.721）

第一方阵 （得分＞1）	第二方阵 （0≤得分≤1）		第三方阵 （得分＜0）	
	12　四川 (0.322)		26　新疆 （-0.734）	
	13　河北 (0.320)		27　山西 （-0.790）	
	14　上海 (0.277)		28　北京 （-1.074）	
	15　云南 (0.218)		29　甘肃 （-1.459）	
	16　山东 (0.162)		30　青海 （-1.904）	
	17　吉林 (0.158)		31　西藏 （-3.214）	
全国高等教育多元参与平均水平得分为 0.115				

从图 2－44 可以看出，第一方阵的 5 个省份和第二方阵中除安徽之外的 13 个省份的高等教育多元参与水平要高于全国平均水平；而第二方阵中的安徽以及第三方阵的 10 个省份的高等教育多元参与水平均低于全国平均水平。

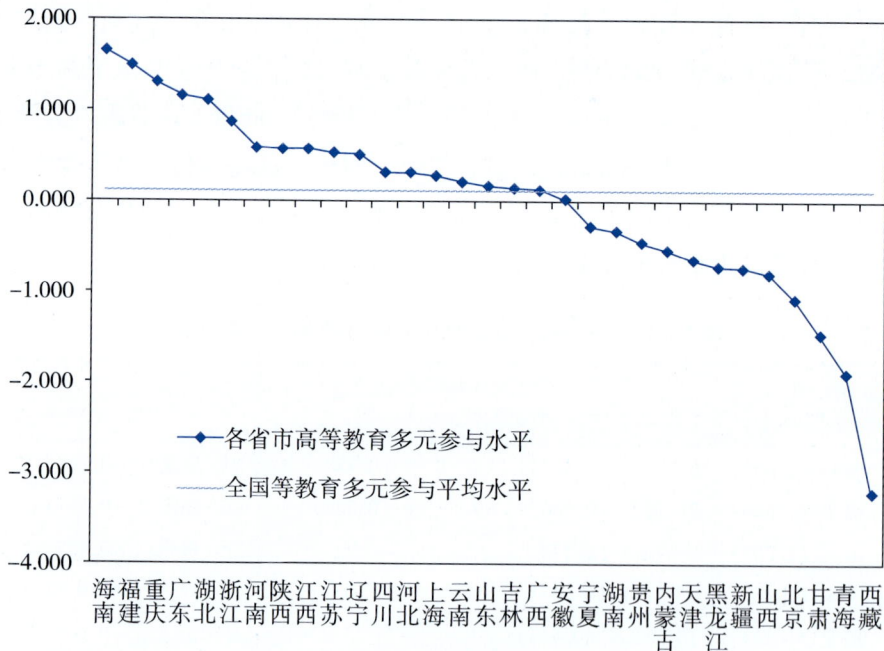

图 2－44　各省份高等教育多元参与水平

（四）东、中、西部地区高等教育发展的特征明显不同

由于我国经济发展的地区差异很大，各地区高等教育综合发展水平也存在区域差异。按照三大经济地带的划分，本报告将全国31个省份划分为东部、中部和西部三个区域加以分析。

1. 东部地区高等教育综合发展较好，其中京沪苏粤实力最强，冀闽琼相对较弱

我国东部地区共有11个省份，其中有8个省份跻身全国高等教育综合发展水平前十的行列，如表2-28所示。从高等教育发展的7个维度来看，东部地区省份在各个方面都具有较强的实力，具有整体规模大、师资力量雄厚、国际化和信息化程度高、社会服务能力强、经费投入充足并且多元参与水平高的特点。

表 2-28　东部地区各省份高等教育综合发展及分项排名

区域	省份	综合水平	高等教育发展的7个维度						
			整体规模	师资力量	国际化	信息化	社会服务	经费投入	多元参与
东部	北京	1	1	1	1	2	1	1	28
	天津	7	2	10	4	17	11	6	24
	河北	18	20	17	25	12	17	30	13
	辽宁	9	4	7	8	13	13	23	11
	上海	2	3	2	2	8	3	2	14
	江苏	3	6	3	5	1	5	7	10
	浙江	6	5	8	6	6	4	9	6
	福建	17	16	19	18	15	15	21	2
	山东	8	12	5	11	5	9	24	16
	广东	4	14	4	16	4	2	5	4
	海南	28	19	29	23	28	30	18	1

续表

区域	省份	综合水平	高等教育发展的7个维度						
			整体规模	师资力量	国际化	信息化	社会服务	经费投入	多元参与
小计	进入全国前十的省份数	8个	6个	8个	6个	6个	6个	6个	5个

在整体规模上，北京、天津、辽宁、上海、江苏和浙江这6个省份进入了全国前十，同时它们的高等教育国际化水平也位居全国前十。在师资力量方面，东部地区除河北、福建和海南之外，其他8个省份均进入全国前十。在信息化水平上，北京、上海、江苏、浙江、山东和广东这6个省份跻身全国前十，同时它们的高等教育社会服务水平也进入全国前十的行列。在财政经费投入方面，北京、天津、上海、江苏、浙江和广东进入了全国前十，而在社会力量多元参与高等教育办学方面，则是江苏、浙江、福建、广东和海南进入了全国前十。特别是江苏、浙江和广东这3个省份，不仅其财政经费投入充足而且社会力量多元参与办学的程度也很高，为当地高等教育的健康发展奠定了良好的基础。

总体而言，东部地区11个省份中，北京、上海、江苏和广东的高等教育综合发展水平更高，这些省份在师资力量、国际化程度、政府投入、服务社会等多个方面的发展水平都在全国遥遥领先。相比之下，河北、福建和海南的高等教育发展水平在东部地区的省份中相对较低。

2. 中部地区高等教育整体规模较大、多元参与程度好是其优势，但师资力量薄弱、经费投入力度较低是其劣势

中部地区共有8个省份，其中只有湖北进入全国高等教育综合发展水平前十名，如表2-29所示。从高等教育发展的7个维度来看，中部地区的省份在各方面都逊色于东部地区。相对而言，高等教育整体规模大、社会力量多元参与办学活跃是中部地区高等教育发展的优势，同时师资力量相对薄弱、财政经费投入力度较低是东部地区高等教育发展的劣势。

表 2 - 29　　中部地区各省份高等教育综合发展及分项排名

区域	省份	综合水平	高等教育发展的 7 个维度						
			整体规模	师资力量	国际化	信息化	社会服务	经费投入	多元参与
中部	山西	24	13	22	31	24	26	26	27
	吉林	14	8	13	7	21	19	11	17
	黑龙江	11	10	12	3	16	22	17	25
	安徽	20	25	16	28	19	14	29	19
	江西	19	15	21	20	14	20	27	9
	河南	13	23	15	12	9	7	31	7
	湖北	5	9	6	13	3	6	14	5
	湖南	16	17	14	24	11	12	28	21
小计	进入全国前十的省份数	1 个	3 个	1 个	2 个	2 个	2 个	无	3 个

　　具体而言，在整体规模上，中部 8 个省份中有 3 个进入了全国前十，分别是吉林、黑龙江和湖北。在师资力量上，只有湖北进入了全国前十。在国际化水平上吉林和黑龙江进入了全国前十。在信息化水平上，则是河南和湖北跻身于全国前十，同时这 2 个省份的高等教育社会服务水平也居全国前十的行列。在财政经费投入方面，中部地区不仅没有一个省份进入了全国前十的行列，而且除了吉林、黑龙江和湖北之外，其余 5 个中部省份的经费投入水平只排在全国第 26～31 名。虽然在国家财政经费投入方面呈现劣势，但是在社会力量多元参与高等教育办学方面，中部地区有 3 个省份进入了全国前十，分别为江西、河南和湖北。值得关注的是，山西和湖南这 2 个省份的经费投入水平和多元参与水平均不高，在某种程度上制约了当地高等教育的发展。

　　在中部地区的省份中，湖北、吉林和黑龙江的高等教育综合发展水平更高，其中湖北属于高等教育各方面发展都在全国较为领先的省份，吉林和黑龙江这2个省份，地处东北，其高等教育发展具有规模大、国际化程度高的共同特征。相比之下，山西、安徽和江西的高等教育发展水平在中部地区8个省份中相对较低。

3. 西部地区高等教育财政经费投入力度大是其优势条件，但整体规模较小、师资力量薄弱是其发展劣势

西部地区共有12个省份，其中只有四川进入全国高等教育综合发展水平前十名，如表2－30所示。从高等教育发展的7个维度来看，西部地区的省份在各方面都逊色于东部和中部地区，多数省份的高等教育综合发展水平在全国范围内相对落后。相对而言，高等教育经费投入力度较大是西部地区高等教育发展的优势，同时高等教育规模较小、师资力量相对薄弱则是东部地区高等教育发展最为突出的劣势。

表2－30　西部地区各省份高等教育综合发展及分项排名

区域	省份	综合水平	高等教育发展的7个维度						
			整体规模	师资力量	国际化	信息化	社会服务	经费投入	多元参与
西部	内蒙古	23	18	25	17	23	23	12	23
	广西	21	29	20	15	18	18	25	18
	重庆	15	11	18	19	20	10	15	3
	四川	10	22	9	27	7	8	19	12
	贵州	29	31	27	29	26	24	16	22
	云南	22	30	23	9	25	21	20	15
	西藏	31	28	31	30	31	31	3	31
	陕西	12	7	11	22	10	16	13	8
	甘肃	26	24	24	26	22	28	22	29
	青海	30	27	30	14	30	29	10	30
	宁夏	27	21	28	21	29	27	8	20
	新疆	25	26	26	10	27	25	4	26

续表

区域	省份	综合水平	高等教育发展的 7 个维度						
			整体规模	师资力量	国际化	信息化	社会服务	经费投入	多元参与
小计	进入全国前十的省份数	1 个	1 个	1 个	2 个	2 个	2 个	4 个	2 个

具体而言,在整体规模上,西部只有陕西进入了全国前十。在师资力量上,四川进入了全国前十。在国际化水平上云南和新疆进入了全国前十。在信息化水平上,则是四川和陕西跻身于全国前十。在社会服务方面,四川和重庆居全国前十的行列。在财政经费投入方面,西部地区有 4 个省份进入了全国前十的行列,分别是西藏、新疆、宁夏和青海。在社会力量多元参与高等教育办学方面,西部地区也有 2 个省份进入了全国前十,分别为重庆和陕西。

在西部地区 12 个省份中,四川、陕西和重庆的高等教育综合发展水平相对较高,跻身于全国前 15 名,特别是陕西和四川在各个维度上的排名都相对更加靠前。除此之外,西部其余各省份的高等教育综合发展水平均排在全国 20~31 名之间。

(五)31 省份可划分五种高等教育发展类型

1. 依据高等教育发展特征,31 省份可分为 5 种类型

根据各省份在高等教育综合发展水平 7 个维度上的得分情况,使用 IBM SPSS 18.0 对其进行系统聚类(Hierarchical Cluster Analysis)分析,可以将我国 31 个省份按高等教育发展特征分为 5 种类型(表 2-31)。

表 2 – 31　各省份高等教育发展特征的类型划分

类型	省　　份
类型 1	北京、上海
类型 2	江苏、浙江、湖北、广东
类型 3	天津、辽宁、吉林、黑龙江、陕西
类型 4	河北、安徽、福建、江西、山东、河南、湖南、广西、海南、重庆、四川
类型 5	山西、内蒙古、贵州、云南、西藏、甘肃、青海、宁夏、新疆

5 种类型在高等教育发展水平 7 个维度上的得分如表 2 – 32 所示。一方面，这些不同类型的省份在高等教育综合发展水平上逐渐递减，但另一方面从该表相应的折线图（图 2 – 45）可以清晰地看到，不同类型的省份在高等教育发展的 7 个维度上各自具有其独特的特征。

表 2 – 32　不同类型省份在高等教育综合发展水平各维度上的得分均值

维度	类型 1	类型 2	类型 3	类型 4	类型 5
综合水平	2.672	1.179	0.205	– 0.236	– 0.921
整体规模	2.559	0.419	0.949	– 0.409	– 0.644
师资力量	2.466	0.990	0.408	– 0.145	– 1.046
信息化	3.297	– 0.025	0.459	– 0.434	– 0.443
国际化	1.179	1.722	– 0.146	0.039	– 0.994
社会服务	2.463	1.508	– 0.353	– 0.175	– 0.808
政府投入	2.996	0.279	– 0.076	– 0.704	0.122

类型 1 包括北京和上海两个直辖市。这一类型在高等教育综合发展水平以及高等教育发展 7 个维度上的得分都比较高，这些省份的高等教育师资力量好、国际化程度高、政府投入力度大，在社会服务方面也作出较大贡献。由于北京和上海作为我国北方和南方两个重要的政治、经济和文化中心，本身经济实力雄厚，加之聚集了大量的教育部直属高校，因此与财政性投入相比，这 2 个省份社会力量多元参与高等教育办学的水平则相对较低。

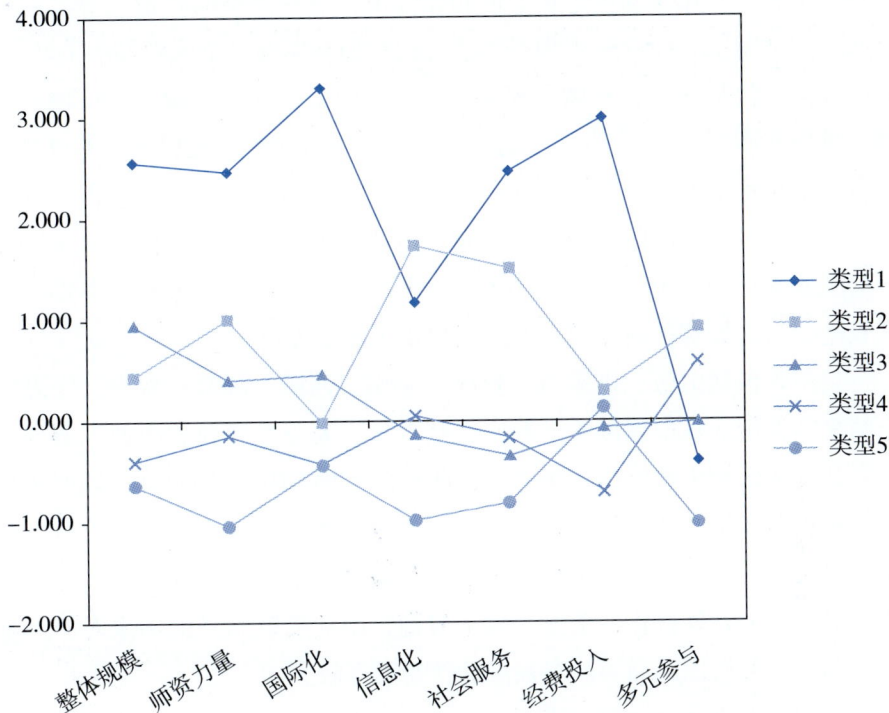

图 2-45　不同类型省份在高等教育发展各维度上的特征

类型 2 包括江苏、浙江、湖北和广东 4 个省份。总体而言，类型 2 在高等教育综合发展水平以及高等教育发展各个维度上的得分略低于类型 1，但在全国范围内，这类省份的高等教育发展状况仍然处于中上水平。从地理位置来看，这些省份主要分布在长三角和珠三角"经济圈"，其高等教育规模较大、师资力量较好、信息化程度较高，同时社会服务的水平也较高。由于这些省份地方经济发展较为活跃，同时在文化上具有重视教育的良好传统，因此虽然这些地区政府对高等教育的投入力度不像北京和上海那样高，但其社会力量多元参与办学的水平则是四种类型中最高的，成为政府财政性投入的有益补充。不过和类型 1 相比，类型 2 的不足在于其高等教育国际化程度略低。

类型 3 包括天津、辽宁、吉林、黑龙江和陕西 5 个省份。这个类型在高等教育综合发展水平处于全国平均水平上下。但是其高等教育规模大，师资力量和国际化程度也较好。但相比之下，这一类型的省份高等教育社会服务程度略低，经费投入和多元参与程度都基本处于全国中等水平。

类型 4 包括河北、安徽、福建、江西、山东、河南、湖南、广西、海南、重庆和四川这 11 个省份。这个类型在高等教育综合发展水平上也是处于全国平均水平上下。与类型 3 相比，这一类型高等教育规模较低、师资力量、经费投入和国际化程度也不高，但这类省份高等教育信息化水平和社会服务水平要好于类型 3，同时多元化社会力量投入高等教育办学的程度较高，为这类省份高等教育的发展提供了重要支撑。

类型 5 包括山西、内蒙古、贵州、云南、西藏、甘肃、青海、宁夏和新疆 9 个省份。从地理位置上看，这些省份主要分布在我国中西部等经济欠发达的地区和少数民族聚集区，这些地区人均 GDP 水平不高，同时人口数量也相对较小。从高等教育发展特征来看，类型 5 在高等教育综合发展水平以及高等教育发展各个维度上的得分较低。值得注意的是，这一类型的省份财政性高等教育经费投入水平较高，由此反映出当前国家对中西部地区和少数民族地区高等教育发展的扶持力度较大。

2. 东部省份高等教育发展的类型更加多样化

从不同高等教育发展类型的省份的区域分布来看（表 2-33），类型 1 的省份都集中在东部地区；类型 2 的省份，除湖北之外，主要也是集中在东部地区；类型 3 的省份除陕西之外，都集中在东部和中部地区；类型 4 在东、中、西地区的分布较为平衡；类型 5 的省份，除海南和山西之外，主要集中在西部地区。

在我国东部地区 11 个省份中，5 种高等教育发展特征类型均有分布，并且不同类型的省份数量较为平均，也就是说我国东部地区各省份在高等教育发展形态上呈现出较为多样化的特点。在中部地区的 8 个省份中，有一半都属于类型 4，另有 1 个省份属于类型 2、2 个省份属于类型 3 以及 1 个省份属于类型 5，也就是说中部地区各省份的高等教育发展形态比东部地区的省份同质性更强。在西部地区的 12 个省份中，有一多半省份属于类型 5，另有 4 个省份属于类型 4，1 个省份属于类型 3，这反映出我国西部地区各省份高等教育发展形态较之中部地区同质化程度更高。

表 2－33　不同高等教育发展特征类型的省份在东中西部的分布情况

区域＼类型	类型 1	类型 2	类型 3	类型 4	类型 5
东部	北京、上海	江苏、浙江、广东	天津、辽宁	河北、福建、山东	海南
中部		湖北	吉林、黑龙江	安徽、江西、河南、湖南	山西
西部			陕西	广西、海南、重庆、四川	内蒙古、贵州、云南、西藏、甘肃、青海、宁夏、新疆

第三章

高等教育的国际比较

20 世纪 90 年代后期至今，经过连续十余年的大规模扩张，我国高等教育入学率显著提高，迅速迈入了高等教育大众化阶段，规模也已跃居世界前列，成为高等教育大国。目前，我国高等教育的发展重心已开始从规模扩张转向内涵式发展和提高质量，正致力于从高等教育大国迈向高等教育强国。

那么中国距离世界高等教育强国究竟有多远？与发达国家或地区以及发展中国家或地区相比，我国高等教育发展表现出哪些优势与不足？本章旨在通过国际比较，勾勒出中国高等教育在世界高等教育格局中的位置。

一、数据来源、国家分类及样本选择

本报告试图通过中国与发达国家或地区平均水平、发展中国家或地区平均水平以及世界平均水平的比较来呈现中国高等教育在世界格局中所处的位置，与此同时，为增强针对性，本报告还将从发达国家或地区和发展中国家或地区中分别选取一定数量的样本，就各指标与中国进行具体比较。因此，这里首先对本章的数据来源、分类依据以及样本选择情况进行简要说明。

（一）数据主要来源于国际国内官方组织数据库，数据取舍兼顾"新"与"全"

本章对经济发达国家或地区与发展中国家或地区的分类依据是国际货币基金组织《世界经济展望》中的分类标准，分析所用的数据主要来源于国际货币基金组织、联合国教科文组织、中国国家统计局等机构的相关数据库，以及几个公认的世界大学排行榜。

本章力图使用最新数据，但考虑到数据的可得性和完整性，部分指标仍使用 2009 年或 2008 年的统计数据，因为相对于其他年份，2008 年和 2009 年各国的相关数据缺失最少。此外，个别情况下还会使用其他年份的数据替代 2008 年或 2009 年的缺失数据，文中相应处有进一步说明。

（二）国家分类依据国际货币基金组织（IMF）的标准

本章采用国际货币基金组织（International Monetary Fund，简称 IMF）对 184 个经济体的分类，即根据经济发展程度，将世界各国或地区分为发达经济体（Advanced economies）和新兴发展中经济体（Emerging and developing economies）两大类。其中，发达经济体共包括 34 个国家或地区，分别是卢森堡、挪威、瑞士、澳大利亚、丹麦、瑞典、加拿大、荷兰、奥地利、芬兰、新加坡、美国、爱尔兰、比利时、日本、法国、德国、冰岛、英国、新西兰、意大利、中国香港、西班牙、以色列、塞浦路斯、希腊、斯洛文尼亚、韩国、葡萄牙、马耳他、捷克、中国台湾、斯洛伐克、爱沙尼亚。其余 150 个国家或地区均被列为新兴发展中经济体。本章所说的发达国家或地区都在这 34 个国家或地区的范围之内，其余均属于发展中国家或地区。（本报告涉及世界比较时，"中国"和"我国"特指"中国大陆"。）

人均 GDP 是用于划分各国经济发展水平的常用指标。表 3 - 1 显示的是 34 个经济发达国家或地区 2011 年的人均 GDP 和人口数量。从表 3 - 1 可以看出，2011 年，34 个经济发达国家或地区平均人口数量为 3014.7 万人，人均 GDP 平均值为 43416 美元。相比之下，2011 年，中国人口数量为

13. 48 亿人，人口之多居世界首位，GDP 总量居世界第二，已成为全球第二大经济体，但中国人均 GDP 仅为 5413. 57 美元，远远低于发达国家或地区的平均水平，在 150 个经济发展中国家或地区里排在第 55 位，在全世界184 个经济体中排在第 89 位。[①]

表 3 –1　**2011 年经济发达国家或地区的人口及人均 GDP**（单位：万人；美元）

国家或地区	人口	人均 GDP
平均	3014. 7	43416
卢森堡	51. 4	113533
挪威	497. 3	97255
瑞士	783. 7	81161
澳大利亚	2272. 9	65477
丹麦	556. 1	59928
瑞典	945. 0	56956
加拿大	3443. 7	50436
荷兰	1669. 0	50355
奥地利	841. 7	49809
芬兰	540. 1	49350
新加坡	527. 4	49271
美国	31194. 6	48387
爱尔兰	458. 1	47513
比利时	1095. 2	46878
日本	12781. 9	45920
法国	6308. 7	44008
德国	8177. 7	43742
冰岛	32. 6	43088
英国	6264. 4	38592

---

① 数据来源：国际货币基金组织. 世界经济展望数据库 ［DB/OL］, 2012 年 4 月. http：//www. imf. org/external/pubs/ft/weo/2012/01/weodata/index. aspx. 2012 – 10 – 04.

续表

国家或地区	人口	人均 GDP
新西兰	441.6	36648
意大利	6062.6	36267
中国香港	714.6	34049
西班牙	4615.3	32360
以色列	759.4	31986
塞浦路斯	81.6	30571
希腊	1119.4	27073
斯洛文尼亚	202.1	24533
韩国	4900.6	22778
葡萄牙	1065.8	22413
马耳他	42.3	21028
捷克	1053.0	20444
中国台湾	2322.5	20101
斯洛伐克	544.6	17644
爱沙尼亚	134.0	16583

【数据来源】国际货币基金组织. 世界经济展望数据库［DB/OL］，2012 年 4 月 . http://
www. imf. org/external/pubs/ft/weo/2012/01/weodata/index. aspx. 2012 – 10 – 04.

（三）样本的选取兼顾发达国家或地区与发展中国家或地区

本报告除了将中国高等教育发展状况与世界平均水平、发达国家或地区平均水平、发展中国家或地区平均水平相比，还将从发达国家或地区和发展中国家或地区里各选择几个国家，进行更为具体的比较，以突出中国高等教育在世界格局中的位置，以及与具体某个发达国家和发展中国家相比之下的优势与不足。

根据国际货币基金组织《世界经济展望》中的分类，我们从发达经济体和新兴发展中经济体中各选择了 8 个国家，作为比较对象。考虑到人口因素，选取的 16 个国家的人口总量都在千万以上。根据上述标准和原则，最终选取澳大利亚、加拿大、美国、日本、德国、法国、英国和韩国作为经济发达国家或地区的代表；选取俄罗斯、巴西、墨西哥、马来西亚、南非、印度、伊朗、中国作为经济发展中国家或地区的代表（表 3 - 2）。在发达国家或地区样本中，既有老牌主要经济发达国家，如"G7"中的英国、美国、德国、法国、加拿大、日本，其他经济发达国家，如澳大利亚，还有新兴经济发达国家，如"亚洲四小龙"中的韩国。在发展中国家或地区样本中，既有"金砖五国"，如巴西、俄罗斯、印度、中国、南非，也包括墨西哥、马来西亚、伊朗等国家。

表 3 - 2　2011 年各国人口数量和人均 GDP（单位：万人；美元）

经济发展水平	国家	人口数量	人均 GDP
发达国家	澳大利亚	2272.9	65477
	加拿大	3443.7	50436
	美国	31194.6	48387
	日本	12781.9	45920
	法国	6308.7	44008
	德国	8177.7	43742
	英国	6264.4	38592
	韩国	4900.6	22778
发展中国家	俄罗斯	14241.1	12993
	巴西	19493.3	12789
	墨西哥	11373.5	10153
	马来西亚	2873.1	9700
	南非	5059.1	8066
	伊朗	7585.9	6360
	中国	134812.1	5414
	印度	120691.7	1389

【数据来源】国际货币基金组织，世界经济展望数据库［DB/OL］. http：//www. imf. org/external/pubs/ft/weo/2012/01/weodata/index. aspx. 2012 - 10 - 04.

从图 3 - 1 可以看出，本章样本中发达国家或地区的经济发展与人口数量的特点是人均 GDP 较高，但人口总量相对较低。相比之下，发展中国家或地区的人口总量相对较多，人均 GDP 也相对低得多。

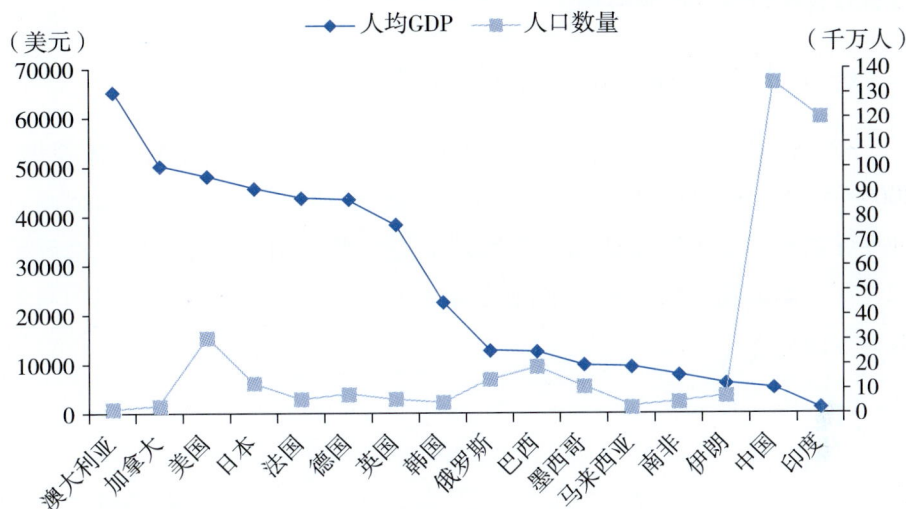

图 3 - 1　2011 年各国人均 GDP 和人口数量

【数据来源】国际货币基金组织，世界经济展望数据库 ［DB/OL］．http：//www. imf. org/external/pubs/ft/weo/2012/01/weodata/index. aspx. 2012 - 10 - 04.

虽然近些年中国的国内生产总值（GDP）已经超越日本成为世界第二大经济体，但同时，由于中国也是世界上人口最多的国家，因此人均 GDP 较低，国家人均经济发展水平和生产力水平仍然不高。中国高等教育正是在这样的基本背景下发展起来的。

二、中国高等教育规模世界第一，
毛入学率还可提高

高等教育的人才培养规模是衡量一个国家高等教育发展水平的基本量化分析指标。而就高等教育规模而言，不仅应当考察绝对规模，如在校生数量等，同时也应当考察相对规模，如单位人口中高等教育在校生数等。本报告将从高等教育在校生数、高等教育毛入学率以及每十万人口中高等教育在校生数三方面，对选取的 16 个主要经济发达国家及发展中国家的高等教育规模进行比较和分析。

（一）中国高等教育在校生规模世界第一

高等教育在校生数通常用来表征一个国家高等教育的总体规模。2009 年，中国高等教育在校生规模已经超过 2929.58 万人①，远远超过世界各国平均水平和发达国家或地区平均水平（图 3-2），位居世界第一，并且远远超过位于第二名的美国（图 3-3），成为名副其实的高等教育大国。

（万人）

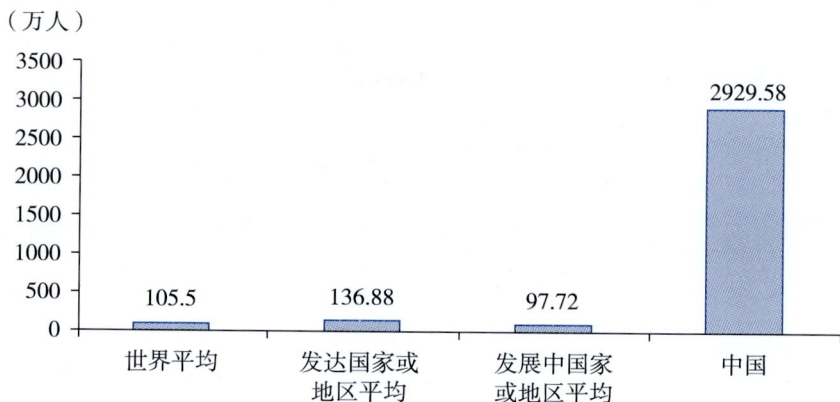

图 3-2　2009 年高等教育在校生规模

【数据来源】联合国教科文组织统计机构（UIS）在线数据库，高等教育在校生人数（含公立和私立院校、全日制和非全日制学生）［DB/OL］，http：//stats. uis. unesco. org/unesco/TableViewer/tableView. aspx？ ReportId＝3563&IF_Language＝eng.

根据联合国教科文组织（UNESCO）的统计数据，在本报告选取的样本中，2009 年，多数经济发达国家高等教育在校生规模均低于 400 万人，

---

①　根据联合国教科文组织的统计数据，中国 2009 年高等教育在校生数为 2929.58 万人。为便于国与国之间的比较，本章采用联合国教科文组织的数据，特此说明。

唯有美国的高等教育在校生数达到 1910.28 万人，规模远远高于其他经济发达国家。同年，发展中国家伊朗、墨西哥和马来西亚的高等教育在校生数低于 400 万人，而中国、印度、俄罗斯、巴西这四个"金砖"国家的高等教育在校生数均高于 600 万人。中国作为人口大国，其高等教育在校生规模也相当可观，2009 年达到 2929.58 万人，位居世界首位，比紧随其后的美国高出 1000 余万人（图 3 – 3）。

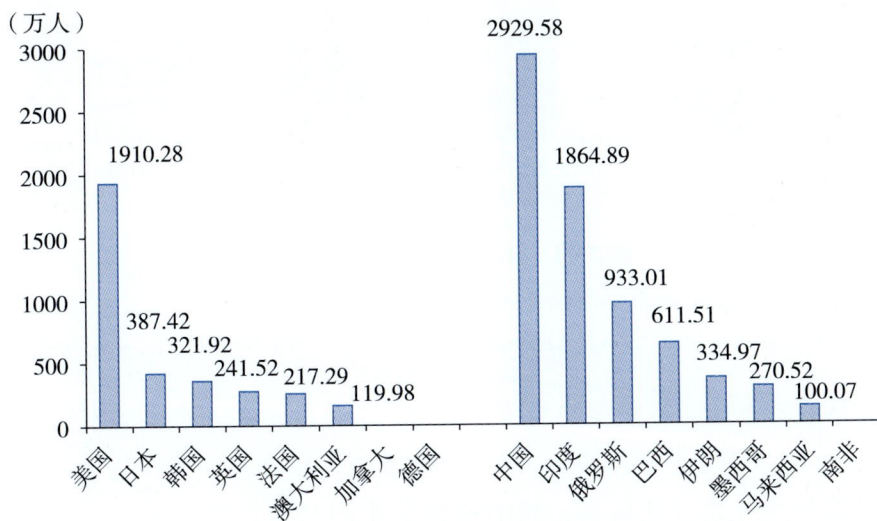

图 3 – 3　2009 年各国高等教育在校生数

【数据来源】联合国教科文组织统计机构（UIS）在线数据库，高等教育在校生数（含公立和私立院校、全日制和非全日制学生）［DB/OL］，http://stats. uis. unesco. org/unesco/TableViewer/tableView. aspx?ReportId = 3563&IF_Language = eng. 说明：其中加拿大、德国、南非数据缺失.

（二）高等教育毛入学率接近发展中国家或地区平均水平

2002 年，我国高等教育毛入学率首次超过 15%，标志着中国高等教育进入了大众化阶段。此后，我国高等教育毛入学率继续提高，2009 年达到 24.35% ,① 已接近发展中国家或地区平均水平（28.56%），但仍明显低于世界平均水平（36.06%），远远低于发达国家或地区平均水平（65.26%）（图 3 - 4）。

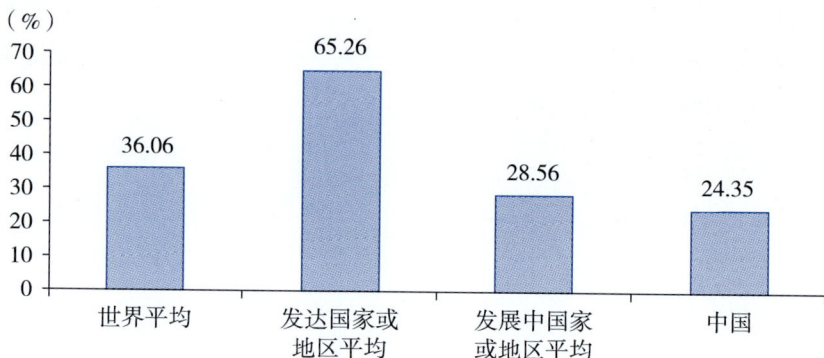

图 3 - 4　2009 年高等教育毛入学率

【数据来源】联合国教科文组织统计机构（UIS）在线数据库，高等教育毛入学率［DB/OL］. http：//stats. uis. unesco. org/unesco/TableViewer/tableView. aspx？ReportId = 167.

根据联合国教科文组织的统计数据，本报告中的 6 个经济发达国家（注：其他 2 个国家数据缺失）的高等教育毛入学率都在 50% 以上，已经进入高等教育普及化阶段，其中韩国和美国的毛入学率最高，分别为 103.87% 和 89.08%（图 3 - 5）。同年，在本报告中的 6 个发展中国家（注：其他 2 个国家数据缺失）中，除俄罗斯的高等教育毛入学率达到 75.89%，已进入高等教育普及化阶段外，其他几个国家的毛入学率均大于 15%，但低于 50%，仍处于高等教育大众化阶段。可以说，世界高等教育整体上处于从大众化阶段向普及化阶段过渡的过程中。

---

　　① 　根据中国教育部颁发的《2009 年全国教育事业发展统计公报》，高等教育毛入学率达到 24.2%，参见教育部网站 http：//www. moe. gov. cn/publicfiles/business/htmlfiles/moe/moe_ 1485/ 201008/xxgk_ 93763. html. 本部分采用联合国教科文组织统计数据，中国 2009 年高等教育毛入学率为 24.35%，详见 http：//stats. uis. unesco. org/unesco/TableViewer/tableView. aspx？ReportId = 167.

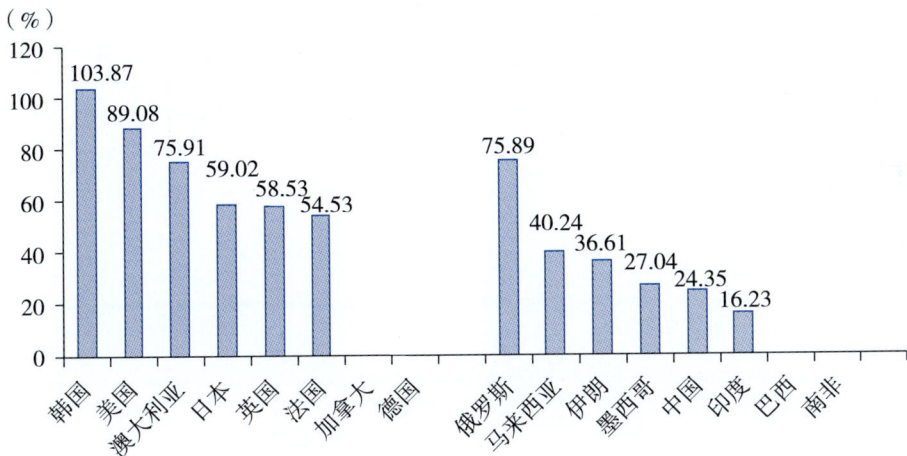

图 3 - 5 **2009 年各国高等教育毛入学率**

【数据来源】联合国教科文组织统计机构（UIS）在线数据库，高等教育毛入学率［DB/OL］，http://stats. uis. unesco. org/unesco/TableViewer/tableView. aspx？ReportId = 167. 说明：其中加拿大、德国、巴西、南非数据缺失.

  从图 3 - 6 可以清楚地看到，我国高等教育毛入学率虽然已经达到 24.35%，但与发达国家或地区相比，差距还十分明显；与发展中国家或地区相比，也处于中等偏下的位置。根据联合国教科文组织的统计数据，在 29 个发达国家或地区中，除了卢森堡（10.53%）以外，其他国家或地区的高等教育毛入学率均明显高于我国。① 在 113 个发展中国家或地区中，有 70 个国家或地区的高等教育毛入学率已经超过 15%，约占 62%，而我国高等教育毛入学率排名在第 52 位，这说明我国高等教育入学机会和提供高等教育的能力仍有较大提升空间。

  应当说，高等教育规模绝对数值大但毛入学率不高——这一特点与我国人口总数大和经济发展水平尚不发达的基本国情有关，反映出"穷国办大教育"的基本特点。

---

  ① 发达国家或地区中，加拿大、希腊、德国、中国台湾数据缺失；卢森堡 2009 年数据缺失，故用 2008 年数据替代。

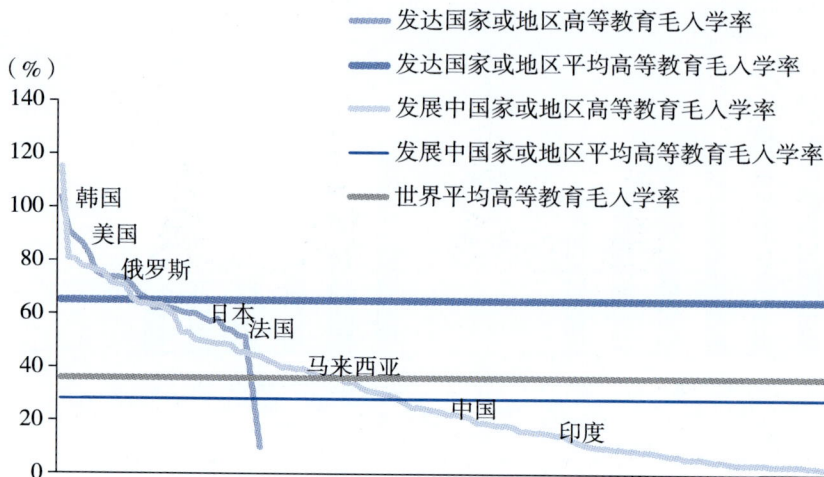

图 3 – 6　**2009 年世界各国高等教育毛入学率**

【数据来源】联合国教科文组织统计机构（UIS）在线数据库，高等教育毛入学率［DB/OL］，http：//stats. uis. unesco. org/unesco/TableViewer/tableView. aspx?ReportId = 167.

（三）每十万人口中高等教育在校生数仍低于发展中国家或地区平均水平

　　每十万人口中高等教育在校生数通常用来表征一个国家或地区单位人口中接受高等教育的学生规模。从每十万人口中高等教育在校生数来看，我国还明显低于发达国家或地区的平均水平和世界平均水平，也低于发展中国家或地区的平均水平。如图 3 – 7 所示，2009 年，28 个发达国家或地区每十万人口中的高等教育在校生数的均值为 4315 人，109 个发展中国家或地区这一指标的均值为 2600 人，中国仅为 2222 人，在全世界 137 个国家或地区中排在第 79 位。[①]

---

　　① 根据《中国统计年鉴 2010》，中国 2009 年每十万人口中高等学校在校生数为 2128 人，参见中国国家统计局网站 http：//www. stats. gov. cn/tjsj/ndsj/2010/indexch. htm。为便于和其他国家比较，本章采用的是联合国教科文组织统计的数据，即，中国 2009 年每十万人口中高等教育在校生数为 2222 人。另外，《中国统计年鉴》中使用的"每十万人口中高等学校平均在校生数"与本章使用的"每十万人口中高等教育在校生数"是对"Number of students in tertiary education per 1000000 inhabitants"的不同译法。本报告第一、二章的数据因来源于《中国统计年鉴》，故沿用了前一种译法。本章采用后一种译法。

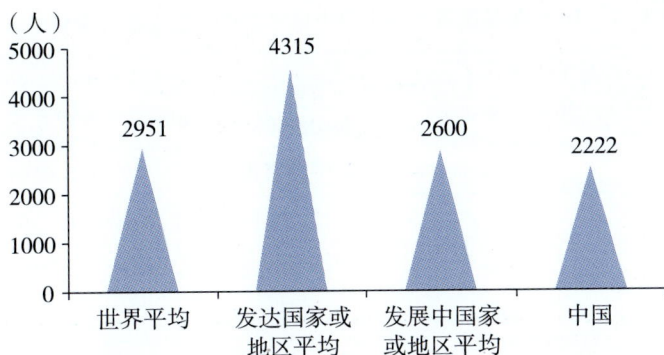

图 3 - 7　2009 年每十万人口中高等教育在校生数

【数据来源】联合国教科文组织统计机构（UIS）在线数据库，每十万人口中高等教育在校生数［DB/OL］，http://stats. uis. unesco. org/unesco/TableViewer/tableView. aspx?ReportId = 167.

　　根据联合国教科文组织的统计数据，2009 年，在本报告选取的样本国家里，经济发达国家每十万人口中高等教育在校生数均在 3000 人以上，其中以韩国和美国最高，分别为 6787 人和 6296 人。同年，发展中国家除俄罗斯和伊朗每十万人口中高等教育在校生数超过 4000 人以外，其他几个国家的人数均低于 4000 人，印度这一指标则不足 2000 人（图 3 - 8 和表 3 - 3）。

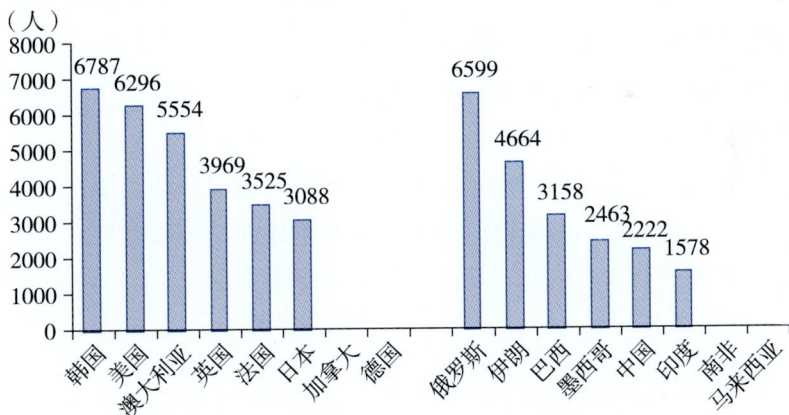

图 3 - 8　2009 年各国每十万人口中高等教育在校生数

【数据来源】联合国教科文组织统计机构（UIS）在线数据库，每十万人口中高等教育在校生数［DB/OL］，http://stats. uis. unesco. org/unesco/TableViewer/tableView. aspx?ReportId = 167. 说明：其中巴西用的是 2008 年的数据，加拿大、德国、南非和马来西亚的数据缺失。

表3-3　2009年各国每十万人口中高等教育在校生数（单位：人）

发达国家	每十万人口中高等教育在校生数	发展中国家	每十万人口中高等教育在校生数
澳大利亚	5554	俄罗斯	6599
加拿大	—	巴西	3158（注：2008年数据）
美国	6296	墨西哥	2463
日本	3088	马来西亚	—
德国	—	南非	—
法国	3525	中国	2222
英国	3969	印度	1578
韩国	6787	伊朗	4664

【数据来源】联合国教科文组织统计机构（UIS）在线数据库，每十万人口中高等教育在校生数［DB/OL］，http：//stats.uis.unesco.org/unesco/TableViewer/tableView.aspx？ReportId＝167.

2009年，中国每十万人口中高等教育在校生数为2222人，在109个发展中国家或地区中排在第51位，位列俄罗斯、伊朗、巴西、墨西哥之后（图3-9）。与28个发达国家或地区相比，除卢森堡之外，其他国家或地区每十万人口中高等教育在校生数均远远高于我国。[①] 这表明目前中国高等教育虽然在校生总量较大，但在总人口中高等教育学生的规模仍与世界平均水平有较大差距。

尽管经过十几年的规模扩张，中国高等教育规模发展迅速，接受高等教育的人数大幅增加，但是由于中国人口数量庞大，高等教育发展底子薄弱，要在短时期内高质量地实现高等教育普及化发展，还有一定的困难。

---

① 在34个发达国家或地区里，加拿大、德国、希腊、新加坡、中国香港和中国台湾数据缺失。

（人）

10000
9000
8000
7000
6000
5000
4000
3000
2000
1000
0

发达国家或地区每十万人口中高等教育在校生数
发达国家或地区平均每十万人口中高等教育在校生数
发展中国家或地区每十万人口中高等教育在校生数
发展中国家或地区平均每十万人口中高等教育在校生数
世界平均每十万人口中高等教育在校生数

韩国
澳大利亚
伊朗
英国
巴西
墨西哥
中国
印度

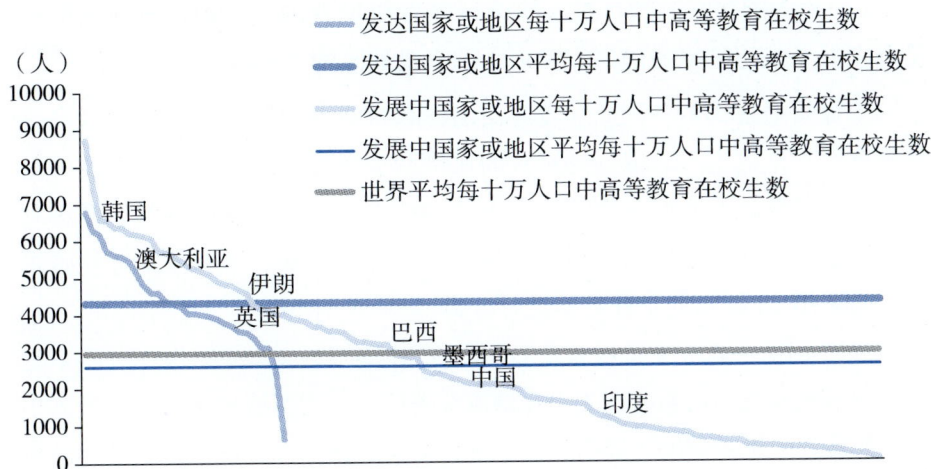

图 3 - 9　2009 年世界各国每十万人口中高等教育在校生数

【数据来源】联合国教科文组织统计机构（UIS）在线数据库，每十万人口中高等教育在校生
数［DB/OL］，http：//stats. uis. unesco. org/unesco/TableViewer/tableView. aspx？ReportId＝167.

三、中国高等教育受重视程度较高，
投入力度仍可加大

　　高等教育经费和师资力量是保障高等教育质量的基本条件，反映了一个国家对高等教育投入的财力和人力水平。本报告将从高等教育财政经费和高等教育师资力量两个方面对我国及其他国家高等教育投入保障情况进行分析。①

————————

　　①　根据《中国统计年鉴 2010》，国家财政性教育经费包括国家财政预算内教育经费，各级政府征收用于教育的税费，企业办学校教育经费，校办产业、勤工俭学和社会服务收入用于教育的经费。财政预算内教育经费指中央、地方各级财政或上级主管部门在年度内安排，并计划拨到教育部门和其他部门主办的各级各类学校、教育事业单位，列入国家预算支出科目的教育经费，包括教育事业拨款、科研经费拨款、基建拨款和其他经费拨款。我国的财政性高等教育支出，相当于国际上的公共高等教育支出。

（一）中国对高等教育投入的重视程度居世界前列，但财政投入的充足程度低于发达国家或地区和发展中国家或地区的平均水平

本报告通过比较各国高等教育支出占教育总支出的比例及财政性高等教育支出占国内生产总值（GDP）的比例两项指标，来考察我国对高等教育的重视程度以及政府对高等教育事业的投入力度。需说明的是，考虑到各国数据的可获得性以及数据缺失最少的年份等因素，这部分如无特殊说明，均采用 2008 年的统计数据进行分析。

1. 中国高等教育支出占教育总支出的比例高于发达国家或地区平均水平

高等教育支出占教育总支出比例通常表征一个国家或地区在教育投入中对高等教育的重视程度。根据联合国教科文组织的统计数据，2008 年，就高等教育支出占教育总支出的比例这一指标来看，31 个发达国家或地区的平均值为 23.91%，[①] 92 个发展中国家或地区的平均值为 17.95%，[②] 根据现有的 123 个国家或地区的数据，计算出世界各国及地区高等教育支出占教育总支出比例的平均值为 19.45%。中国高等教育支出占教育总支出的比例为 29.03%，[③] 分别高于发达国家或地区平均值、发展中国家或地区平均值以及世界平均值（图 3 – 10）。

从本报告选取的 16 个样本国家来看，2008 年，加拿大、德国都超过 25.00%，高于经济发达国家或地区高等教育支出占教育总支出比例的平均值（23.91%），而美国、澳大利亚、法国、日本、英国和韩国则低于发达国家或地区平均值。同年，发展中国家或地区高等教育支出占教育总支出比例的平均值为 17.95%，只有巴西和南非低于平均值（图 3 – 11）。总体来看，本报告样本中的发展中国家对高等教育的重视程度与发达国家不相上下。

---

① 发达国家或地区里的希腊、卢森堡和中国台湾数据缺失。

② 少数发展中国家或地区 2009 年的数据缺失，借用的是 2010 年数据。

③ 根据《中国统计年鉴 2010》，中国 2008 年教育总经费（含国家财政性教育经费、民办学校中教育举办者投入、社会捐赠经费、事业收入和其他教育经费）为 145007374 万元，普通高等学校教育经费（含国家财政性教育经费、民办学校中教育举办者投入、社会捐赠经费、事业收入和其他教育经费）为 42102369 万元，计算得出 2008 年中国高等教育经费占教育总经费的百分比为 29.03%。其中普通高校财政性教育经费占财政性教育经费的百分比为 19.17%，数据来源于 ht-tp：//www.stats.gov.cn/tjsj/ndsj/2010/indexch.htm。其他国家数据来源于联合国教科文组织网站。

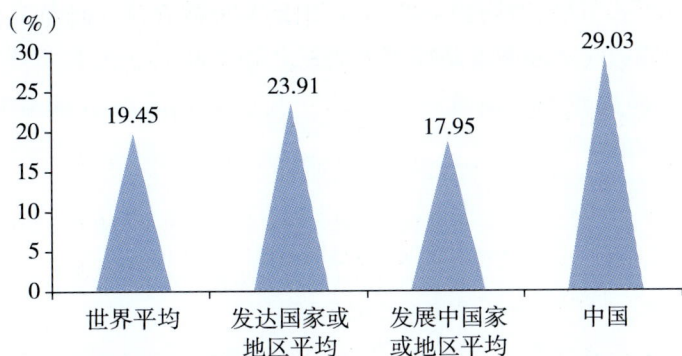

图 3 - 10　2008 年高等教育支出占教育总支出的比例

【数据来源】联合国教科文组织统计机构（UIS）在线数据库，"Educational expenditure in terti-ary as % of total educational expenditure" in Table 19 Finance Indicators by ISCED level ［DB/OL］. ht-tp：//stats. uis. unesco. org/unesco/ReportFolders/ReportFolders. aspx.

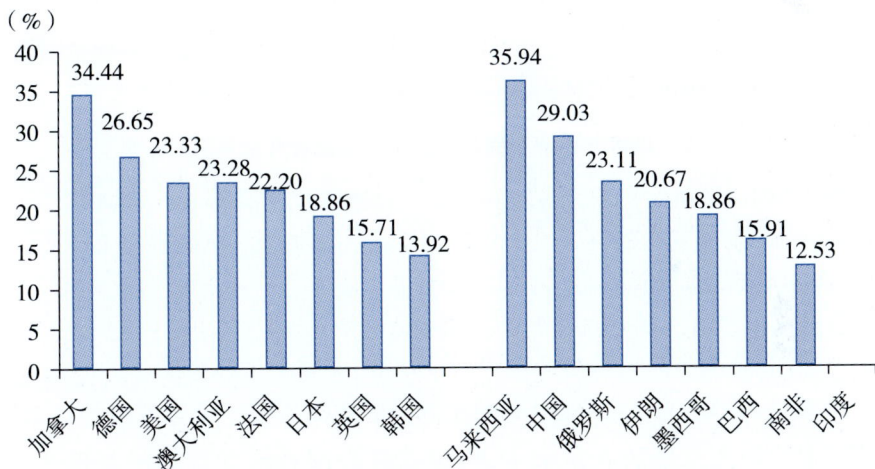

图 3 - 11　2008 年各国高等教育支出占教育总支出的比例

【数据来源】联合国教科文组织统计机构（UIS）在线数据库，"Educational expenditure in terti-ary as % of total educational expenditure" in Table 19 Finance Indicators by ISCED level［DB/OL］. http://stats. uis. unesco. org/unesco/ReportFolders/ReportFolders. aspx；说明：其中南非和马来西亚 2008 年数据缺失，因此使用该国 2009 年的数据代替；印度数据缺失；中国的数据来源于《中国统计年鉴 2010》。

从图 3 – 12 可以十分清晰地看到，中国高等教育支出占教育支出的比例，无论是相对于大多数发达国家或地区，还是相对于绝大多数发展中国家或地区，都比较高。由此可以看出，我国对高等教育的重视程度十分高。

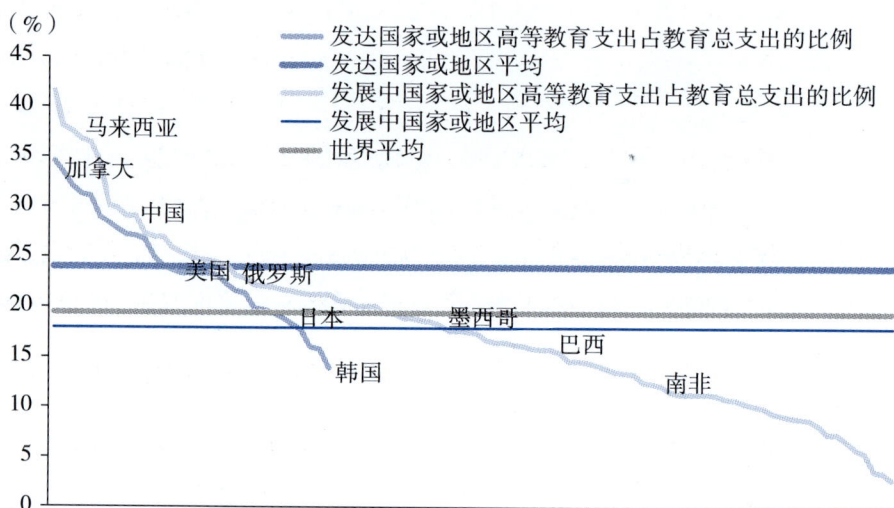

（％）

- 发达国家或地区高等教育支出占教育总支出的比例
- 发达国家或地区平均
- 发展中国家或地区高等教育支出占教育总支出的比例
- 发展中国家或地区平均
- 世界平均

马来西亚
加拿大
中国
美国 俄罗斯
日本 墨西哥
巴西
韩国 南非

图 3 – 12　2008 年世界各国高等教育支出占教育总支出的比例

【数据来源】联合国教科文组织统计机构（UIS）在线数据库，"Educational expenditure in tertiary as % of total educational expenditure" in Table 19 Finance Indicators by ISCED Level［DB/OL］. http://www. uis. unesco. org/Education/Pages/tertiary-education. aspx.

2. 财政性高等教育支出占 GDP 的比例低于世界平均水平

财政性高等教育支出占 GDP 的比例通常用来表征一个国家或地区政府对高等教育投入总量的充足水平。[①] 根据联合国教科文组织的数据统计，2008 年，31 个发达国家或地区的财政性高等教育支出占 GDP 的比例平均值为 1.27%，[②] 91 个发展中国家或地区的财政性高等教育支出占 GDP 的

---

① 中国的"财政性高等教育支出"相当于国际上的"公共高等教育支出"，本报告使用"财政性高等教育支出"这一概念。

② 在发达国家或地区中，希腊、卢森堡和中国台湾的数据缺失。少数发展中国家或地区使用的是 2009 年数据。

比例平均值为 0.87%，这 122 个国家或地区在该指标上的平均值为 0.97%，中国财政性高等教育支出占 GDP 的比例为 0.64%，① 远远低于发达国家或地区平均值，明显低于世界平均值和发展中国家或地区平均值（图3 – 13）。

（%）

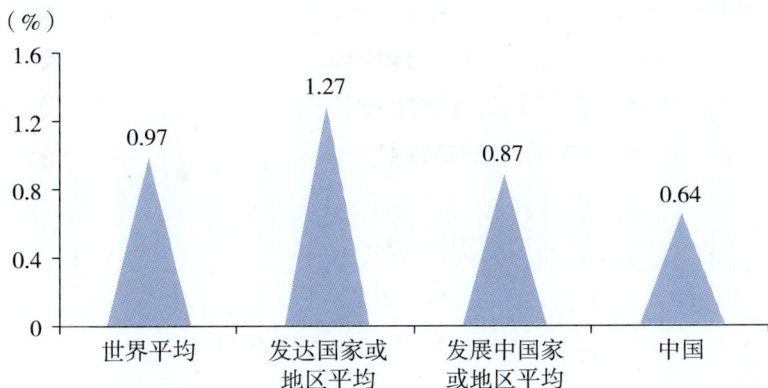

图 3 – 13　2008 年财政性高等教育支出占 GDP 的比例

【数据来源】联合国教科文组织统计机构（UIS）在线数据库，Public expenditure on education as % of GDP：Tertiary education ［DB/OL］. http：//stats. uis. unesco. org/unesco/TableViewer/table-View. aspx？ ReportId = 3560&IF_Language = eng.

在本报告选取的 16 个样本国家里，如图 3 – 14 所示，2008 年，发达国家中加拿大的财政性高等教育支出占 GDP 的比例最高，为 1.64%，其次是美国，为 1.28%，而英国、韩国、日本则低于世界平均水平（0.97%）。同年，在发展中国家中，只有马来西亚和伊朗的财政性高等教育支出占 GDP 的比例超过世界平均水平，中国的财政性高等教育支出占 GDP 的比例在所选样本国家中最低，但与发达国家中的韩国和日本较为接近。而韩国和日本的毛入学率都相对较高，2009 年分别是 103.87%

---

①　根据《中国统计年鉴 2010》，中国 2008 年普通高等学校财政性教育经费为 20035116 万元人民币，中国 2008 年国内生产总值（GDP）为 314045. 4 亿元人民币，计算可得 2008 年我国普通高等学校财政性经费占 GDP 的百分比为 0.64%，数据来源于中国国家统计局网站，ht-tp：//www. stats. gov. cn/tjsj/ndsj/2010/indexch. htm。其他国家数据来源于联合国教科文组织在线数据库。

和 59.02%。

（%）

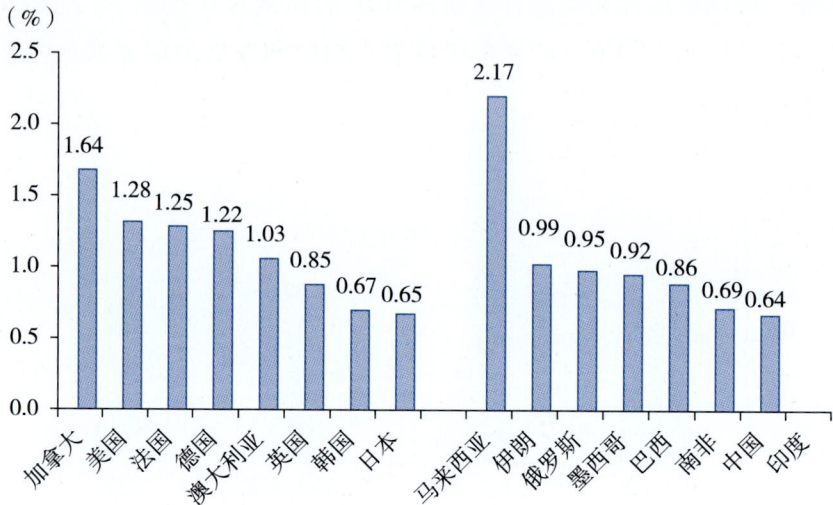

图 3-14　2008 年各国财政性高等教育支出占 GDP 的比例

【数据来源】联合国教科文组织统计机构（UIS）在线数据库，Public expenditure on education as % of GDP：Tertiary education［DB/OL］．http://stats. uis. unesco. org/unesco/TableViewer/tableView. aspx?ReportId = 3560&IF_Language = en；说明：其中南非和马来西亚 2008 年数据缺失，因此使用该国 2009 年的数据代替；印度数据缺失；中国的数据根据《中国教育经费统计年鉴 2009》和《中国统计年鉴 2010》中 2008 年的财政性高等教育支出及 GDP 数值计算。

图 3-15 显示，2008 年，中国财政性高等教育支出占 GDP 的比例低于世界平均水平，在 91 个发展中国家或地区中排在第 49 位，在全世界 122 个国家或地区中排在第 80 位，说明我国对高等教育的投入力度还可进一步加大。

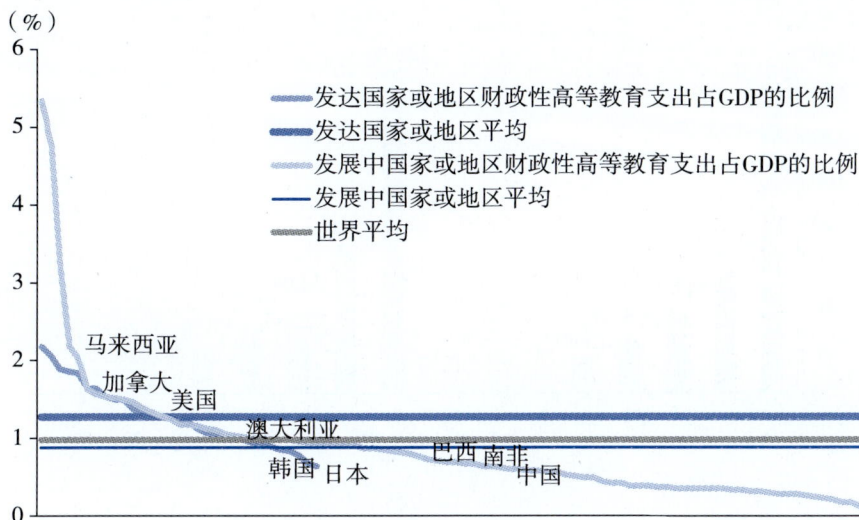

（%）

图 3 – 15　2008 年世界各国财政性高等教育支出占 GDP 的比例

【数据来源】联合国教科文组织统计机构（UIS）在线数据库，Public expenditure on education as ％ of GDP：Tertiary education［DB/OL］. http：//stats. uis. unesco. org/unesco/TableViewer/tableView. aspx？ReportId = 3560&IF_Language = eng.

（二）中国高校教师数量居世界第一，女性教师所占比例也相对较高

1. 中国高校教师数量居世界第一

师资力量是高等教育质量的重要保障。2009 年，中国高校教师数逾 149 万人，数量居世界第一，美国高校教师数约为 141 万人，数量居世界第二。但相对于庞大的高校在校生规模而言，中国高校教师的力量还亟需加强。中国高校在校生数比美国大约多 1000 万人，而高校教师数仅比美国多 8 万人左右，由此亦可见中国与发达国家在高等教育师资力量上的差距。

根据联合国教科文组织 2009 年的统计数据，本报告选取的 16 个国家高校教师数的平均值为 51. 46 万。其中，经济发达国家高校教师数平均 52. 46 万人，美国最高（140. 53 万人），英国最低（13. 80 万人）；而经济发展中国家高校教师数平均值为 50. 62 万，其中中国最高，达到 149. 39 万人，马来西亚最低，为 6. 75 万人（图 3 – 16）。

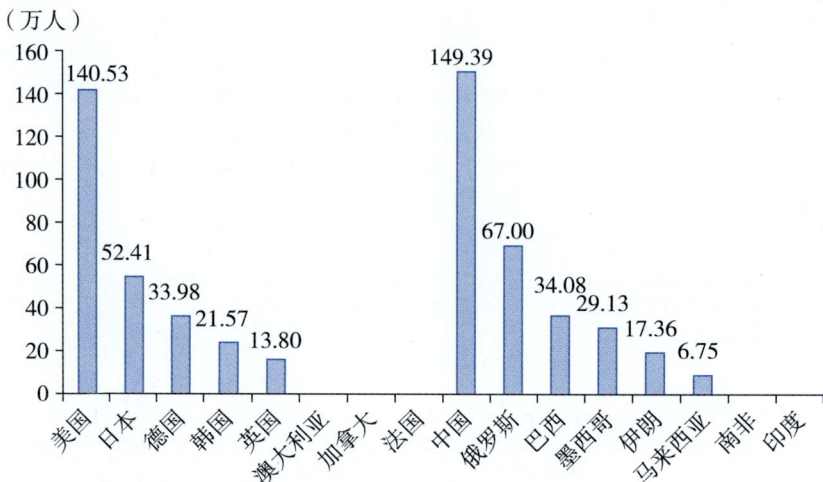

（万人）

图 3－16   2009 年各国高校教师总数

【数据来源】联合国教科文组织统计机构（UIS）在线数据库，Teaching staff in total tertiary. Public and private. Full and part-time. All programmes. Total［DB/OL］，http://stats. uis. unesco. org/unesco/TableViewer/tableView. aspx?ReportId＝181；说明：伊朗2009 年的数据缺失，因此使用2010 年数据代替。澳大利亚、加拿大、法国、南非和印度数据缺失。

虽然我国高校教师数在发展中国家位居第一，并且几乎与美国不相上下，但是我国 2009 年高等教育在校生数已经达到 2929.58 万，而美国为 1910.28 万。因此，我国高校教师数在相对水平上并不是最多的，教师队伍仍有待于进一步扩充和提高。

2. 中国女性教师所占比例高于发达国家或地区和发展中国家或地区平均值

2009 年，中国高校女性教师所占比例为44.42%，明显高于21 个发达国家或地区的平均值40.18%，也高于91 个发展中国家或地区的平均值36.29%（图 3－17）。这表明越来越多的女性进入高校工作，女性已成为中国高等教育领域里的重要力量，从一个侧面也反映出中国在社会公平特别是性别平等问题上有很大进展。

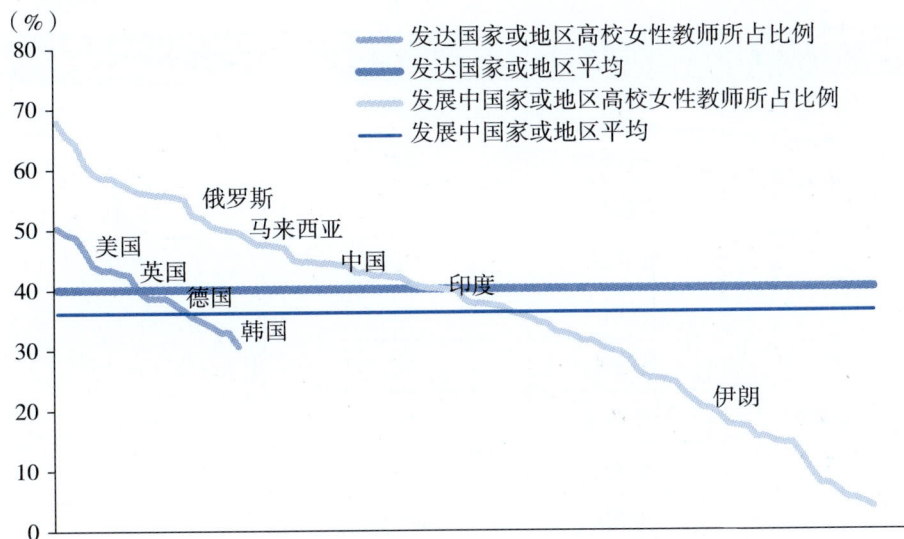

图 3 - 17　2009 年世界各国高校女性教师所占比例

【数据来源】联合国教科文组织统计机构（UIS）在线数据库，Teaching staff in total tertiary, public and private, full and part time, all programmes, total. Female［DB/OL］. http://stats. uis. unesco. org/unesco/TableViewer/tableView. aspx?ReportId=181.

　　从高校教师队伍的性别结构来看，2009 年，在本报告选取的 16 个样本国家中，中国高等学校女性教师所占比例为 44.42%，高于部分发达国家，如德国、英国和韩国，但比俄罗斯、马来西亚等发展中国家要低（表 3 - 4）。

表 3 - 4　2009 年各国高校教师数及女性教师所占比例（单位：万人;%）

经济发展水平	国家	高校教师总数	高校女性教师所占比例
发达国家	澳大利亚	—	—
	加拿大	—	—
	美国	140.53	46.46
	日本	52.41	—
	德国	33.98	38.69

续表

经济发展水平	国家	高校教师总数	高校女性教师所占比例
发达国家	法国	—	—
	英国	13.80	42.57
	韩国	21.57	33.04
发展中国家	俄罗斯	67.00	55.91
	巴西	34.08	44.83
	墨西哥	29.13	—
	马来西亚	6.75	49.90
	南非	—	—
	中国	149.39	44.42
	印度	—	—
	伊朗	17.36	21.58

【数据来源】联合国教科文组织统计机构（UIS）在线数据库，含公立和私立院校，全职和兼职，所有高等教育项目，Teaching staff in total tertiary，public and private，full and part time，all programmes，total［EB/OL］. http：//stats. uis. unesco. org/unesco/TableViewer/tableView. aspx？ ReportId ＝181；其中伊朗使用的是 2010 年统计数据。

四、中国人才培养结构重心偏低，留学人数"出"大于"入"

高等教育肩负着培养高水平人才的责任，对一个国家社会、经济、文化及科技的发展以及综合国力的增强起着重要作用。本报告从各级高等教育在校生数、出国留学生数和国际留学生数三个方面，对我国和发达国家或地区、发展中国家或地区的人才培养结构进行比较分析。

（一）在各级高等教育在校生中，中国专科层次学生所占比例偏大

各级高等教育注册学生数反映了一个国家各级高等教育的规模，同时通过其各自所占的比例，还可以反映高等教育的层次结构特征。本报告根据联合国教科文组织提出的国际教育标准分类法（ISCED，1997），5级和6级为高等教育阶段，其中5B级教育相当于高等教育中的专科层次教育，5A级教育相当于高等教育中的本科层次教育，6级相当于高等教育中的研究生层次教育。从联合国教科文组织2009年的统计数据来看，中国专科在校生数为1303.94万，规模位居世界之首；本科在校生数为1454.07万，规模仅次于印度；研究生在校生数为171.57万，规模也居于世界前列。[①]

根据联合国教科文组织统计数据，2009年我国本科生、专科生和研究生数所占比例分别为49.63%、44.51%、5.86%（表3-5），发达国家或地区对应的平均值分别是79.24%、20.72%、3.47%，发展中国家或地区对应的平均值分别是77.73%、25.20%、1.81%，世界各国或地区对应的平均值分别是78.08%、24.21%、2.38%。可见与发达国家或地区和发展中国家或地区相比，我国高等教育结构中的专科生比例明显较高，研究生所占比例略高，本科生所占比例相对较低（图3-18）。

从本报告选取的16个样本国家来看，也体现出了上述特征。表3-5和图3-19显示了8个发达国家和8个发展中国家专科生、本科生和研究生所占的比例情况，由此能够较为清晰地看到各国高等教育内部的层次结构特征。

---

① 数据来源于联合国教科文组织网站．"Enrolment in 5A, 5B, 6 tertiary. Public and private. Full and part time. Total" in Table 3B, Enrolment by ISCED level ［DB/OL］. http：//stats. uis. unesco. org/unesco/TableViewer/tableView. aspx？ ReportId = 175.

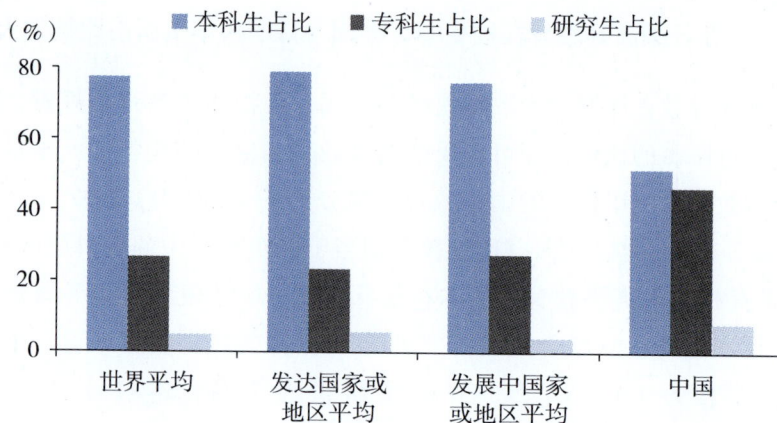

图 3－18　**2009 年各级高等教育在校生人数占比**

【数据来源】联合国教科文组织统计机构（UIS）在线数据库，Distribution of students（%）. ISCED Level 5A,5B,6［DB/OL］. http://stats. uis. unesco. org/unesco/TableViewer/tableView. aspx?ReportId＝167.

表 3－5　**2009 年各国各级高等教育在校生所占比例（单位:%）**

经济发展水平	国家	本科生所占比例	专科生所占比例	研究生所占比例
发达国家	澳大利亚	79.68	16.63	3.69
	日本	77.35	20.73	1.92
	美国	75.48	22.13	2.39
	英国	74.81	21.81	3.38
	韩国	74.79	23.64	1.57
	法国	71.28	25.42	3.30
	加拿大	—	—	—
	德国	—	—	—
发展中国家	墨西哥	95.93	3.38	0.68
	印度	93.69	5.89	—
	巴西	87.92	11.13	0.95

续表

经济发展水平	国家	本科生所占比例	专科生所占比例	研究生所占比例
发展中国家	俄罗斯	80.53	17.85	1.63
	伊朗	76.18	22.88	0.94
	马来西亚	54.52	43.79	1.69
	中国	49.63	44.51	5.86
	南非	—	—	—

【数据来源】联合国教科文组织统计机构（UIS）在线数据库，Distribution of students（%）. ISCED Level 5A,5B,6［DB/OL］. http://stats. uis. unesco. org/unesco/TableViewer/tableView. aspx?ReportId=167. 加拿大、德国和南非 2009 年的数据缺失，并且前后年份无可替代的数据.

首先，从本科层次高等教育的情况来看，30 个发达国家或地区的本科生所占比例的平均值为 79.24%，100 个发展中国家或地区的本科生所占比例的平均值为 77.73%，上述 130 个国家或地区的本科生所占比例的平均值为 78.08%（图 3－18）。

在本报告选取的样本国家中，经济发达国家的本科层次高等教育在校生占高等教育在校生总数的比例相差不大，其中澳大利亚最高，为 79.68%；法国最低，为 71.28%。相比之下，在发展中国家，各国本科在校生所占比例差异较大。其中，墨西哥和印度的本科生比例都很高，超过其高等教育在校生的 90%，远远高于世界平均值、发展中国家或地区平均值以及发达国家或地区平均值；俄罗斯、伊朗和巴西的本科生比例在 70%~90% 之间；而中国和马来西亚的本科在校生所占比例相对较低，分别为 49.63% 和 54.52%，低于世界平均值、发展中国家或地区平均值以及发达国家或地区平均值（表 3－5）。

其次，从专科层次的高等教育情况来看，25 个发达国家或地区的专科生所占比例平均值为 20.72%，88 个发展中国家或地区的专科生所占比例平均值为 25.20%，上述 113 个国家或地区的专科生所占比例平均值为 24.21%（图 3－18）。

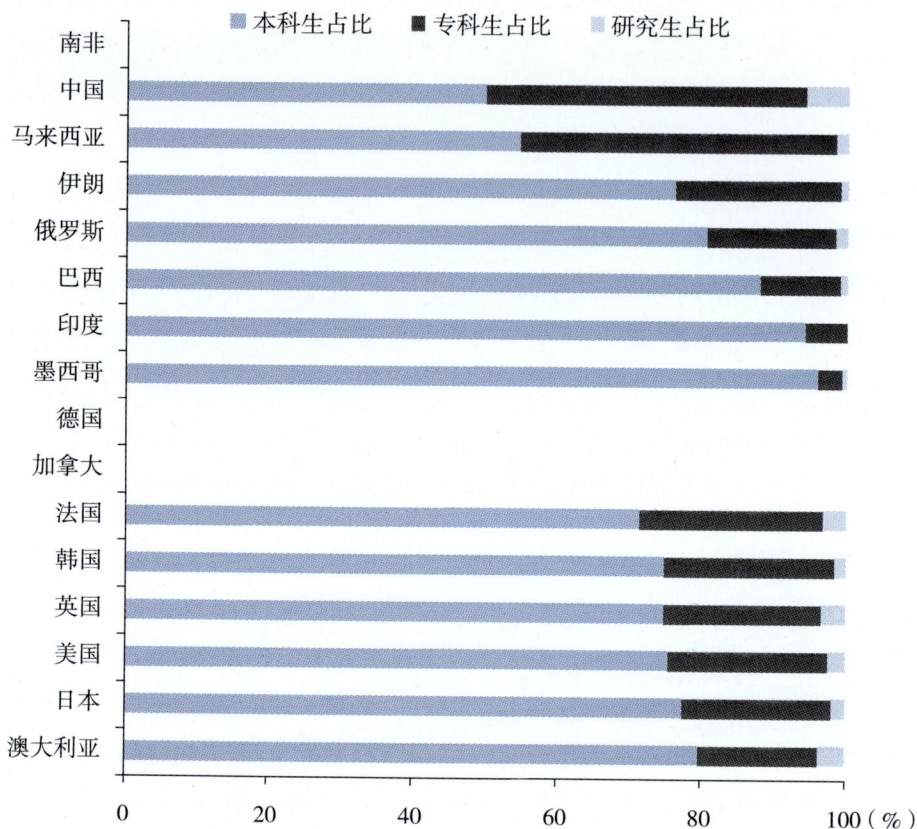

图 3－19　2009 年各级高等教育在校生数占比

【数据来源】联合国教科文组织统计机构（UIS）在线数据库，Distribution of students（%）.
ISCED Level 5A,5B,6［DB/OL］. http://stats. uis. unesco. org/unesco/TableViewer/tableView. aspx?ReportId＝167；说明：其中加拿大、德国和南非的数据缺失。

　　在本报告选取的样本中，经济发达国家的专科层次高等教育在校生占高等教育在校生总数的比例相差不大，其中澳大利亚最低，为 16.63%；其他国家均高于 20%，法国最高，为 25.42%。相比之下，在发展中国家，专科在校生所占比例的差异较大。其中，中国和马来西亚的专科生都超过了高等教育在校生总数的 40%，远远高于世界平均值、发展中国家或地区平均值以及发达国家或地区平均值；而在印度和墨西哥，专科在校生所占比例则不足 10%，分别是 5.89% 和 3.38%（表 3－5）。

最后，从研究生层次的高等教育情况来看，30 个发达国家或地区的研究生所占比例平均值为 3.47%，57 个发展中国家或地区的研究生所占比例平均值为 1.81%，这 87 个国家或地区的研究生所占比例平均值为 2.38%（图 3－18）。

在本报告选取的样本中，经济发达国家的研究生层次高等教育在校生占高等教育在校生总数的比例相差不大。其中，日本和韩国较低，分别为 1.92% 和 1.57%，而澳大利亚最高，为 3.69%，其他国家均高于 2%。相比之下，在发展中国家，各国研究生在校生所占比例的差异较大。其中，中国研究生在校生占高等教育在校生的 5.86%，不仅高于世界平均值、发展中国家平均值以及发达国家平均值，而且位居世界前列；俄罗斯和马来西亚研究生在校生比例分别为 1.63% 和 1.69%；而在巴西、墨西哥和伊朗，研究生在校生所占比例则不足 1%，均低于世界平均值（表 3－5）。

总体而言，经济发达国家或地区在高等教育的层次结构上呈现出相同特征，即专科、本科和研究生在校生规模所占比例都相差不大。与之相反，发展中国家或地区在高等教育的层次结构上则呈现出更为多样化的特征：印度、巴西、墨西哥的高等教育中以本科层次为主体，本科在校生比例超过 87%；俄罗斯和伊朗与发达国家的情况基本相似，其本科和专科教育的比例都接近世界平均值；而中国和马来西亚专科层次的高等教育所占比例较重，但相比之下，中国的研究生阶段在校生所占比例明显较高，居于世界前列。

（二）中国是高等教育阶段出国留学生数最多的国家，但来华留学生占全球高等教育阶段留学生总数的比例相对较低[①]

出国留学生和国际留学生的数量在一定程度上反映出一个国家高等教育的开放程度及国际化水平。

根据联合国教科文组织统计数据，2009 年，全世界 208 个国家或地区

---

① 本部分如无特别说明，"留学生"均指高等教育阶段的留学生。由于数据来源不同，本章涉及的留学生数与第一章、第二章略有不同。为便于进行国与国之间的比较，本章采用了联合国教科文组织发布的数据。

高等教育留学生数达到 3369242 人，其中，中国的出国留学生数最多，达到 510314 人，占全世界留学生数的 15%，居世界第一（图 3 - 20）；与此同时，来华留学生数为 61211 人，占全世界留学生数的 1.8%，在 109 个国家或地区中，中国接收的留学生数排在第十位，在发展中国家或地区里仅位于俄罗斯之后，排在第二（图 3 - 20）。[①]

（万人）

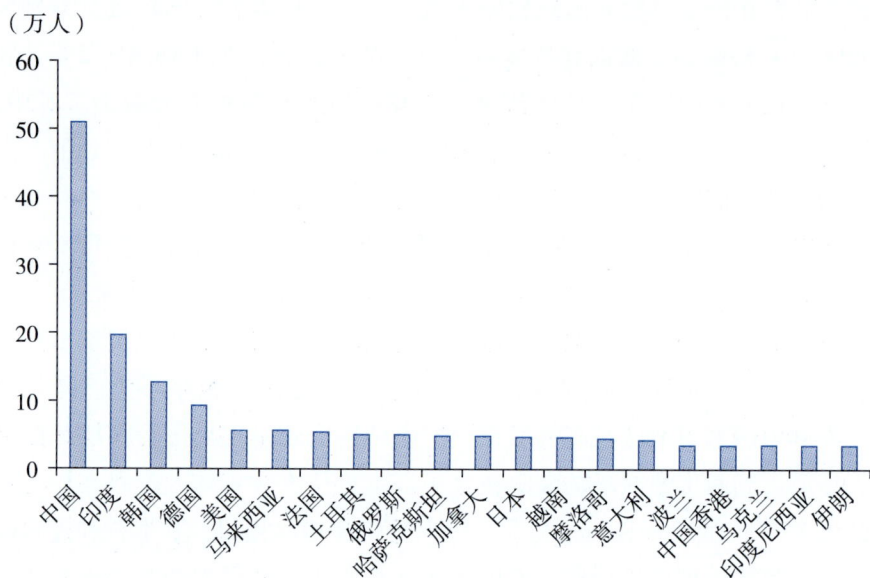

图 3 - 20　2009 年高等教育阶段出国（境）留学生数最多的 20 个国家或地区

【数据来源】联合国教科文组织统计机构（UIS）在线数据库，Top destinations for mobile students and outbound mobility ratio ［DB/OL］. http://www. uis. unesco. org/Education/Pages/tertiary - education. aspx.

　　如图 3 - 20 所示，2009 年高等教育阶段出国（境）留学人数最多的前 20 个国家或地区依次是中国、印度、韩国、德国、美国、马来西亚、法国、土耳其、俄罗斯、哈萨克斯坦、加拿大、日本、越南、摩洛哥、意大利、波兰、中国香港、乌克兰、印度尼西亚、伊朗。如图 3 - 21 所示，

---

　　① 209 个国家或地区有出国（境）留学生的数据，仅有 109 个国家或地区有入境留学生的数据。数据来源于联合国教科文组织网站。http：//www. uis. unesco. org/Education/Pages/tertiary-education. aspx。

2009 年接收高等教育留学生人数最多的前 20 个国家或地区依次为美国、英国、澳大利亚、法国、德国、俄罗斯、日本、加拿大、意大利、中国、南非、奥地利、韩国、西班牙、马来西亚、新加坡、新西兰、乌克兰、埃及、瑞士，其中70%都属于发达国家。

　　其中，中国、德国、俄罗斯、法国、美国既是接收高等教育阶段留学生的大国，又是派出留学生规模较大的国家，在一定程度上表明这些国家的高等教育国际化程度相对较高。

（万人）

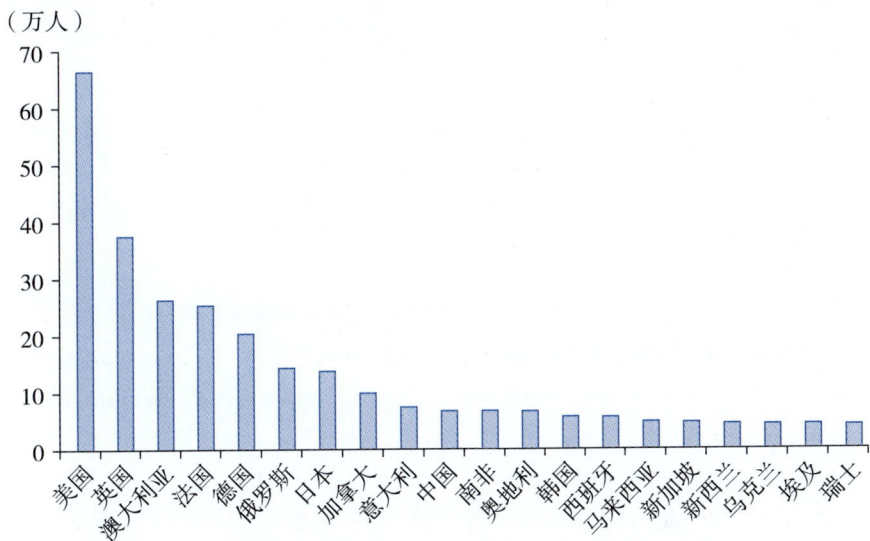

图 3 - 21　2009 年高等教育阶段留学生数最多的 20 个国家或地区

【数据来源】联合国教科文组织统计机构（UIS）在线数据库，Top destinations for mobile students and outbound mobility ratio [DB/OL]. http://www.uis.unesco.org/Education/Pages/tertiary - education.aspx.

　　就本报告选取的 16 个样本国家而言，首先从各个国家出国留学生的数量来看，根据联合国教科文组织的统计数据，2009 年经济发达国家中，多数国家高等教育阶段出国留学生规模均小于 6 万人，唯有韩国和德国的出国留学生数较多，分别为 12.52 万和 9.19 万。同年，发展中国家马来西亚、俄罗斯、伊朗、巴西、墨西哥和南非的出国留学生数均低于 6 万，印度的出国留学生数为 19.51 万，而中国出国留学生规模最大，达到 51.03 万人，位居世界首位（图 3－22）。

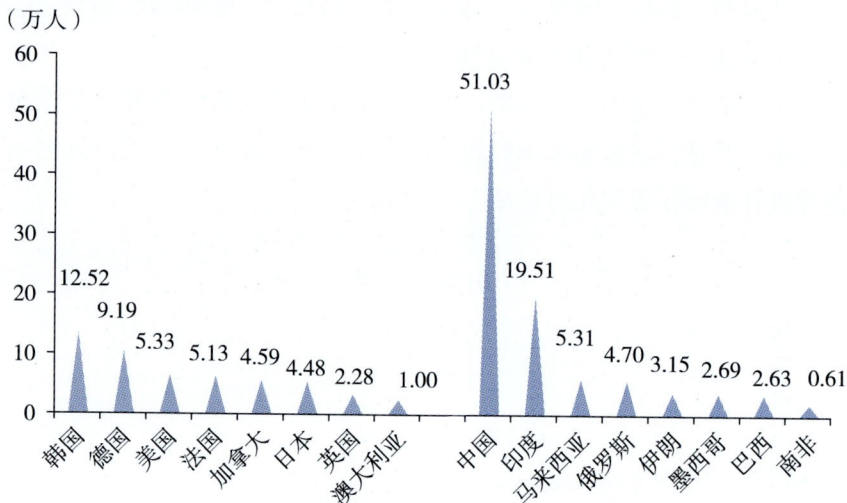

图 3－22　2009 年各国高等教育阶段出国留学生数

【数据来源】联合国教科文组织统计机构（UIS）在线数据库，Top destinations for mobile students and outbound mobility ratio［DB/OL］. http://www.uis.unesco.org/Education/Pages/tertiary-education.aspx.

　　其次，从到各国学习的国际留学生的数量来看，根据联合国教科文组织的统计数据，2009 年美国和英国是发达国家中最大的高等教育留学目标国，其高等教育阶段的国际留学生规模分别达到 66.06 万人和 36.90 万人，而其他多数国家高等教育阶段的国际留学生规模均在 10 万~30 万人之间，但是加拿大和韩国的国际留学生数不足 10 万，分别为 9.29 万和 5.00 万。同年，在发展中国家样本中，俄罗斯、中国和南非的国际留学生数均高于 5 万，其中，中国的国际留学生数达到 6.12 万，其规模位居发展中国家第二位，并且超过发达国家中的亚洲近邻国韩国（图 3－23）。

（万人）

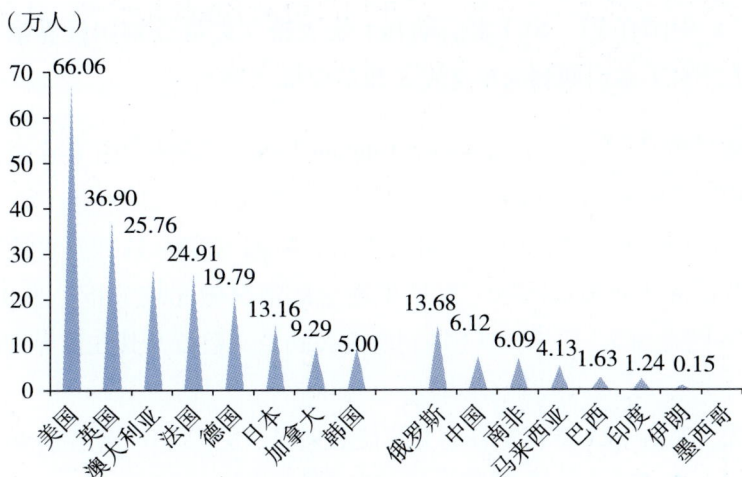

图 3 – 23　**2009 年各国高等教育阶段留学生数**

【数据来源】联合国教科文组织统计机构（UIS）在线数据库，Top destinations for mobile students and outbound mobility ratio［DB/OL］. http://www. uis. unesco. org/Education/Pages/tertiary - education. aspx，其中印度为 2006 年数据.

　　总体而言，经济发达国家或地区高等教育的国际化水平和开放程度要比发展中国家或地区更高，它们是高等教育阶段留学生的主要输入国。相比之下，发展中国家或地区的国际学生流动则以输出为主，是高等教育留学生的主要输出国。尽管中国在发展中国家或地区中是高等教育留学生的主要输入国，但同时也是世界上最大的高等教育阶段留学生输出国，出国留学生数约是来华留学生数的 10 倍。

五、中国高校科研成果已具数量优势，
国际影响力逐渐提升

　　基于数据的可获得性及可比较性，本章主要通过高校在高水平期刊上发表的论文数量和入围世界一流大学排行榜中的数量这两大指标来分析我国高等教育在国际上的表现。

（一）中国在 EI、SCI 索引期刊上发表论文数量分别居世界第一和第二，但在 SSCI 索引期刊的论文发表数量仅排名第八

本章选取各国在 SCI（Science Citation Index，即科学引文索引，简称 SCI）、EI（Engineering Index，即工程索引，简称 EI）和 SSCI（Social Science Citation Index，即社会科学引文索引，简称 SSCI）期刊发表论文的数量，对我国和主要发达国家、发展中国家的情况做比较分析。表 3 – 6 为 2011 年各国在 SCI、EI 和 SSCI 期刊所发表的论文数量及其在世界上的排名情况。

首先，从在 SCI 期刊发表论文的情况来看，美国 2011 年在科学领域的重要期刊发表论文 39.12 万篇，位居世界首位；而中国发表 16.05 万篇，数量仅次于美国，位居世界第二。其次，从在 EI 期刊发表论文的情况来看，中国 2011 年在工程领域的重要期刊发表论文 23.16 万篇，远远高出其他国家的发表数量，位居世界第一；而美国同年发表 11.21 万篇，位居世界第二。最后，从在 SSCI 期刊发表论文的情况来看，美国在社会科学领域的重要期刊上发表论文 8.87 万篇，位居世界第一，其次是英国和加拿大，分别位列第二位和第三位；同年，中国发表 5901 篇，位列发展中国家之首及世界第八。

表 3 – 6　**2011 年各国 SCI、EI 和 SSCI 索引论文发表数（单位：篇）**

经济发展水平	国家	SCI		EI		SSCI	
		论文发表数	世界排名	论文发表数	世界排名	论文发表数	世界排名
发达国家	澳大利亚	45581	12	11420	15	12382	4
	加拿大	60141	8	18617	10	12627	3
	美国	391225	1	112109	2	88734	1
	日本	82966	5	38672	3	2858	16
	德国	104383	4	32037	4	10430	5
	法国	72145	6	23552	7	5103	9

续表

经济发展水平	国家	SCI		EI		SSCI	
		论文发表数	世界排名	论文发表数	世界排名	论文发表数	世界排名
发达国家	英国	107384	3	24707	6	27005	2
	韩国	47066	11	23320	8	2281	18
发展中国家	俄罗斯	28290	15	12486	14	—	—
	巴西	35540	13	8939	16	3640	12
	墨西哥	10158	30	—	—	—	—
	马来西亚	—	—	6677	20	—	—
	南非	—	—	—	—	—	—
	中国	160466	2	231608	1	5901	8
	印度	47207	10	27034	5	1527	25
	伊朗	22377	19	12830	13	—	—

【数据来源】SCI 索引数据来自 SciSearch（R）Cited Ref Sci_1990－2012/Feb W1（中国台湾国研院科技政策中心整理）；SSCI 索引数据来自 Social SciSearch（R）_1972－2012/Feb W1（中国台湾国研院科技政策中心整理）；EI 索引数据来自 Ei Compendex（R）_1884－2012/Feb W1（中国台湾国研院科技政策中心整理）〔EB/OL〕. http：//www. edu. tw/statistics/content. aspx? site_content_sn＝8956.

从总体上看，发达国家或地区在科学领域、工程领域以及社会科学领域的重要期刊上发表论文的数量要多于发展中国家或地区。我国在科学领域和工程领域重要期刊上的论文发表数量都在世界上名列前茅，但在社会科学领域重要期刊上的论文发表数量仍与发达国家或地区有一定的差距。

图 3－24 为各国发表 SCI、EI 和 SSCI 论文数量的累积图，可以看到中国在这三个索引的重要刊物上发表论文数量仅次于美国，并且大大高于其他国家。进一步从各国在 SCI、EI 和 SSCI 期刊发表论文的比例来看，本报告样本中的发达国家在上述三大索引发表的论文中，SCI 期刊论文占的比例都比较高，基本上在 65％以上；EI 期刊论文所占比例不等，在亚洲国家——韩国和日本占到 30％以上，但欧美发达国家 EI 期刊论文所占比例

为 15% ~ 25%；相应地，SSCI 期刊论文所占比例差异也较大，在非英语国家——韩国、日本、法国和德国所占比例不足 10%，但在美国、英国、加拿大和澳大利亚等英语国家，SSCI 期刊论文所占比例在 13% 以上。相比之下，发展中国家在上述三大索引期刊发表的论文中，在巴西、俄罗斯、伊朗、印度和墨西哥等国，SCI 期刊论文所占比例较高，而中国和马来西亚等国 EI 期刊论文所占比例更高；在发展中国家里，巴西、中国和印度均有论文发表在 SSCI 期刊上，但比例都很小，均不足各自在三大索引期刊上发表论文总数的 10%（表 3 - 6）。由此可见，我国在国际上科学、工程和社会科学领域重要期刊上发表的学术论文，以工程领域和科学领域的论文为主，而社会科学领域发表的数量和比例都相对较小。

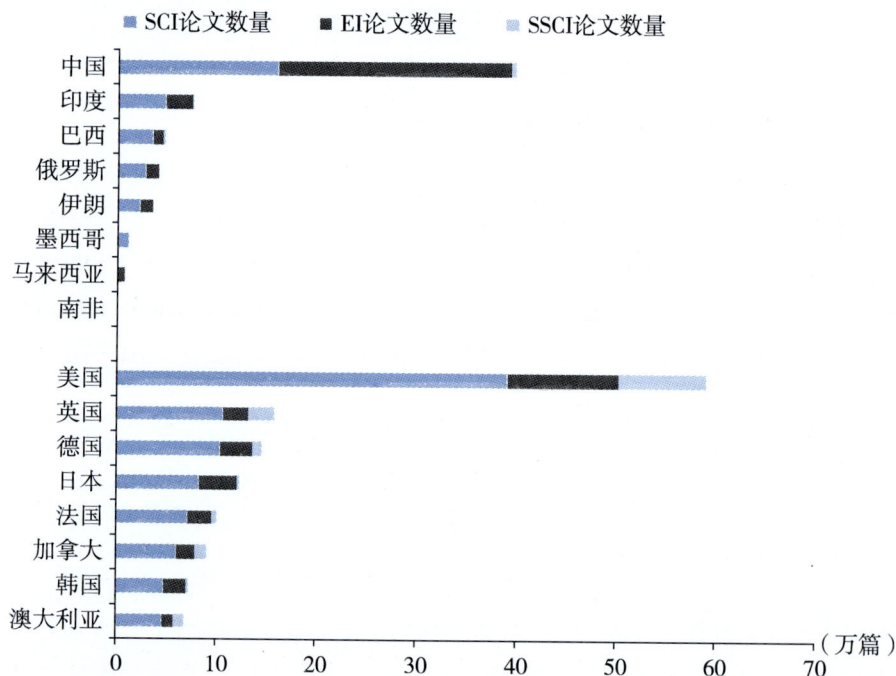

图 3 - 24　**2011 年各国发表 SCI、EI、SSCI 索引期刊论文数量累积图**

【**数据来源**】SCI 索引数据来自 SciSearch（R）Cited Ref Sci_1990 - 2012/Feb W1（中国台湾国研院科技政策中心整理）；SSCI 索引数据来自 Social SciSearch（R）_1972 - 2012/Feb W1（中国台湾国研院科技政策中心整理）；EI 索引数据来自 Ei Compendex（R）_1884 - 2012/Feb W1（中国台湾国研院科技政策中心整理）[EB/OL]. http://www.edu.tw/statistics/content.aspx?site_content_sn = 8956.

（二）中国高校的国际声誉在发展中国家处于领先地位，但与发达国家相比还有较大差距

高等教育的国际声誉及影响力能够反映一个国家高等教育的综合发展水平。各国在知名全球性大学排行榜前列的高校数量是用来表征一个国家高等教育国际影响力的常用指标，本报告将以此指标来比较并反映我国和主要发达国家或地区、发展中国家或地区高等教育的国际评价和影响力情况。

21 世纪初，全球性大学排行榜逐渐进入公众视野，并开始成为评价大学的一种不可忽视的声音。大学国际化程度的提高、机构模式和准则的共同性为跨国排名与国际比较提供了可能。[①] 虽然大学排行备受各种争议，同时我们也不能期望任何一个全球性大学排行能够反映出各国大学的整体面貌，但是排名指标的多样化和科学化为人们进一步认识和评价大学提供了重要参考。

在诸多全球性大学排行榜中，QS（Quacquarelli Symonds）世界大学排行（World University Rankings）、英国《泰晤士报高等教育专刊》（Times Higher Education，简称 THE）的"世界大学排行"（THE World University Rankings，本报告简称"《泰晤士报》世界大学排行"）以及中国上海交通大学高等教育研究院的"世界大学学术排名"（Academic Ranking of World Universities，本报告简称"上海交大世界大学学术排名"）的影响力更大并且影响范围更广。因此，本报告选用上述三个全球性排行在 2011 年的排名结果作为分析数据的来源。

总体来看，在三大排行榜中位列前 100 名的高校，除了中国的两所高校外，其他都来自发达国家或地区。在三大排行榜中位列前 200 名的高校，绝大多数来自发达国家或地区，这一结论在本报告选取的 16 个样本国家中同样可以体现出来（图 3 - 25）。本报告选取的 16 个国家在这三个全球性

---

① 孙海涛，高炜红，吴剑平. 全球性大学排行榜中的世界一流大学［J］. 清华大学教育研究，2007（2）：16 - 23.

大学排行中位列前 100 名和前 200 名的高校数量如表3－7 所示。

表 3－7 **2011 年各国进入主要高等教育排行榜前列的高校数量（单位：所）**

经济发展水平	国家	QS 世界大学排行		《泰晤士报》世界大学排行		上海交大世界大学学术排名	
		进入前100名的高校数量	进入前200名的高校数量	进入前100名的高校数量	进入前200名的高校数量	进入前100名的高校数量	进入前200名的高校数量
发达国家	澳大利亚	8	8	4	7	4	7
	加拿大	4	9	5	9	4	8
	美国	31	54	51	75	53	89
	日本	6	11	2	5	5	9
	德国	4	12	4	12	5	14
	法国	2	4	3	5	3	8
	英国	19	30	12	32	10	19
	韩国	3	5	2	3	0	1
发展中国家	俄罗斯	0	1	0	0	1	1
	巴西	0	1	0	1	0	1
	墨西哥	0	1	0	0	0	1
	马来西亚	0	1	0	0	0	0
	南非	0	1	0	1	0	0
	中国	3	7	2	3	0	1
	印度	0	0	0	0	0	0
	伊朗	0	0	0	0	0	0

【数据来源】QS 世界大学排行［EB/OL］，http://www.topuniversities.com/university-rankings/world-university-rankings/2011；《泰晤士报》世界大学排行［EB/OL］，http://www.timeshighereducation.co.uk/world-university-rankings/2011-2012/top-400.html；上海交大世界大学学术排行［EB/OL］，http://www.shanghairanking.cn/ARWU2011.html.

数据表明，随着我国高校"985 工程"的不断推进，我国目前已有一定数量的大学在国际上具有良好的认可度，在高校综合排名中的表现渐佳。2011 年，中国在 QS 世界大学排行、《泰晤士报》世界大学排行以及上海交大世界大学学术排名等全球性大学排行榜中进入前 200 名的高校数量分别是 7、3、1，这一表现在发展中国家或地区中处于领先地位，甚至超过个别经济发达国家或地区，与少数发达国家的差距在缩小，如韩国在这三大排行榜中进入前 200 名的高校数量分别是 5、3、1，日本是 11、5、9，法国是 4、5、8（图 3 − 25）。

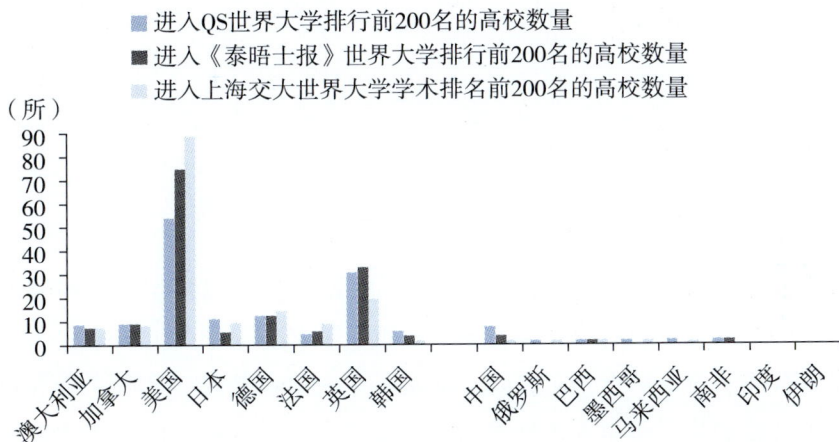

■ 进入QS世界大学排行前200名的高校数量
■ 进入《泰晤士报》世界大学排行前200名的高校数量
■ 进入上海交大世界大学学术排名前200名的高校数量

图 3 − 25　2011 年各国进入三大世界大学排行榜前 200 名的高校数量

【数据来源】QS 世界大学排行［EB/OL］，http://www. topuniversities. com/university-rankings/world-university-rankings/2011；《泰晤士报》高等教育专刊世界大学排行［EB/OL］，http://www. timeshighereducation. co. uk/world-university-rankings/2011 − 2012/top − 400. html；上海交大世界大学学术排名［EB/OL］，http://www. shanghairanking. cn/ARWU2011. html.

　　但总体而言，我国高校与美国、英国、德国、加拿大、澳大利亚等发达国家相比仍有较大差距，例如，美国在这三大排行榜中进入前 200 名的高校数量分别是 54、75、89，英国分别是 30、32、19，德国分别是 12、12、14。上海交大世界大学学术排行中，我国进入世界排名前 200 名的院校只有 1 所，数量远远低于主要经济发达国家或地区。这表明我国高校还需进一步提高质量，力求在国际舞台上有更好的表现。

[第四章]

高等教育的改革实践

2012 年，是《教育规划纲要》颁布第三年，也是"十二五"规划实施第二年。自 2010 年 7 月《教育规划纲要》出台以来，国家相继出台了一系列推进高等教育改革与发展的政策文件和重大举措。2010 年 12 月，国家教育体制改革试点全面启动，提出了十大试点任务。其中，高等教育有三项，分别是"改革人才培养模式、改革高等学校办学模式和建设现代大学制度"。2011 年 3 月，出台《关于落实〈教育规划纲要〉组织实施重大项目的指导意见》，提出了十大重点项目和十大改革试点。其中，高等教育领域有"提升高等教育质量、拔尖创新人才培养改革试点、考试招生制度改革试点以及现代大学制度改革试点"等。2012 年 3 月，为了提升高等教育质量，创新高校机制体制，教育部先后出台了《关于全面提高高等教育质量的若干意见》（简称《高教 30 条》）并决定实施《高等学校创新能力提升计划》（简称"2011 计划"），改革任务进一步明确，思路进一步清晰。基于以上项目、计划和意见，全国各地因地制宜，围绕考试招生制度改革、高等学校管理方式、现代大学制度建设以及人才培养模式创新等方面开展了一系列有益的实践探索。

一、高校考试招生制度关注公平与质量

随着经济社会的发展，人们对高考招生制度提出了许多新的期望和要求。在此背景下，《教育规划纲要》明确提出：以考试招生制度改革为突破口，克服一考定终身的弊端，推进素质教育实施和创新人才培养。2012年，高校考试招生制度在推进公平、多元、自主等方面进行了有益的探索。

（一）推动高校本科考试招生公平

公平是考试招生制度最基本的价值取向。为促进高校本科考试招生制度公平改革，2012年高校或地方推出了如下几项举措：一是自主招生名校向"贫寒学子"倾斜，二是加大中西部学生的录取比例，三是积极推进异地高考改革。

1. 自主招生向"贫寒学子"倾斜

实证研究显示，城市子女在高考招生制度中获得的入学机会是农村子女的 1.1 倍，在艺术院校招生与独立学院招生中分别为 3.3 倍和 3.4 倍，在高考加分制度和自主招生制度中分别为 7.3 倍和 8.2 倍，在保送招生中则为 17.2 倍[①]。以上数据可以看出，农村子女在接受优质高等教育方面处于不利地位。

基于此，许多高校结合自主招生，出台相关政策，向"贫寒学子"倾斜。比如，2011 年 10 月，清华大学出台了"自强计划"，面向长期学习和生活在农村地区、边远贫困地区或民族地区，招收自强不息、德才兼备的高中毕业生。新的招生政策覆盖全国 592 个国家级贫困县。入选"自强计划"的学生享受 30 分至 60 分的高考加分投档优惠政策。同月，中国人民

---

① 罗立足. 高等教育考试制度对城乡子女高等教育入学机会差异的影响 [J]. 高等教育研究，2011（1）.

大学出台了"圆梦计划"。该计划要求被推荐的考生平时成绩排名为所在中学的前10%，且家庭中三代之内无大学生的农村户籍学生。最终在全国确定50所左右县及县以下中学，挑选50名左右的学生入选"圆梦计划"。

2. 加大中西部学生录取比例

《教育规划纲要》明确规定，要"合理配置教育资源，向农村地区、边远贫困地区和民族地区倾斜"。据相关统计，2011年全国考生一本平均录取率为8.5%，而680个贫困县为5.7%，远远低于全国平均水平。[①] 在此背景下，国家通过采取多项举措，加大对中西部学生的录取比例。

一是实行定向就业招生。为了支持农林水、地矿油等行业重点建设，促进西藏、新疆等边远民族地区经济社会发展，相继实施了免费师范生、免费医学定向生等培养项目。二是实施"支援中西部地区招生协作计划"。北京等15个省份面向中西部8省份扩大招生15万人，使8省份高考录取率较2009年提高了9个百分点。三是教育部直属高校调整生源计划。5年来，在属地招生比例平均降低了7个百分点，调出计划主要投向中西部省份。四是实行"国家扶贫定向招生专项计划"。从2012年开始，"十二五"期间，国家每年安排1万名一本招生计划，面向集中连片特殊困难地区，实施定向招生。

3. 积极推进异地高考改革

据第六次全国人口普查结果显示，全国共有流动人口2.6亿。按照我国目前的高考招生政策，流动人口的孩子必须在户籍所在地参加高考。但是，进城务工人员为城市发展作出了贡献，他们的子女应得到公平对待。因此，教育主管部门和各地政府积极探索异地高考方案。

2012年3月，教育部部长袁贵仁在列席全国政协十一届五次会议开幕式接受媒体采访时表示，关于异地高考问题，教育部正鼓励各地尽快推进。2012年8月，国务院办公厅转发教育部等部门《关于做好进城务工人员随迁子女接受义务教育后在当地参加升学考试工作的意见》（以下简称

[①] 人民网：媒体称高校录取农村籍学生比例10年上升13%〔EB/OL〕. http://edu. people. com. cn/GB/1053/18143876. html.

《意见》），规定各地有关随迁子女升学考试的方案原则上应于 2012 年年底前出台，同时要求京沪等流动人口集中的地区防止"高考移民"。为了落实《意见》精神，山东、福建等省份已相继出台异地高考试点方案。

（二）提高高校研究生招生质量

2012 年，我国共有在校研究生 160 多万人，其中硕士生 141 万余人，博士生 19 万余人。从规模上看，我国已进入了研究生教育大国前列。但是，从总体上看，研究生教育的质量还不能适应经济社会发展和人民群众接受高层次教育的需求。为提升研究生教育质量各地对考试招生制度进行了改革。

1. 创新研究生考试招生体制机制

2011 年 8 月，教育部发布了《关于做好 2012 年招收攻读硕士学位研究生工作的通知》（以下简称《通知》），通知指出：研究生招生制度改革要树立以提高质量为核心，走内涵式发展道路的教育发展观，把促进人的全面发展和适应社会需要作为衡量人才选拔培养水平的根本标准。按照"提高质量、突出创新、优化结构、理顺体制"的总体目标，推进研究生考试招生体制机制、方法手段和内容体系等方面的改革。

《通知》提出要加快评价方式改革，把对考生综合能力和素质的考查作为改革的重点。招生单位要进一步优化考试内容，提高选拔的有效性，使优秀拔尖创新人才脱颖而出。同时，结合专业学位研究生教育特点和各个专业特色，加强对专业学位研究生招生考试方式方法和内容体系的研究，积极探索和不断完善与生源特点和培养要求相适应的评价体系。此外，2012 年管理类专业学位研究生招生实行综合能力考试的试点扩大至 7 个相关专业学位，部分高校进行经济类专业学位综合能力考试的改革试点。

2. 优化研究生教育招生结构

大力发展专业学位研究生教育是提升研究生适应经济社会发展能力和就业能力的重要举措。根据《通知》要求：招生单位要按照"以增量促存量"的原则，做好学术型和专业学位研究生招生计划安排的结构调整。

2012 年硕士生招生计划的增量主要用于专业学位，存量部分要将学术型的计划按不少于 5% 的比例调减，用于增加专业学位计划。

据统计，2011 年，全国共招收学术型硕士研究生 34.7 万人，比上年减少 1.4 万人，减幅 3.9%；专业学位硕士研究生 14.8 万人，比上年增加 3.7 万人，增幅 33.3%。① 不仅一般地方性院校招收专业学位硕士研究生，重点大学也开始招收专业学位硕士研究生。比如，2011 年，浙江大学硕士研究生招生录取 4713 名硕士研究生，其中全日制专业学位硕士研究生录取 1400 人，占总招生计划 30% 左右。②

3. 强化研究生考试安全责任

按照《通知》规定，各级考试管理部门和招生单位要深入分析研究高科技团伙舞弊的技术特征、组织方式和活动规律，按照"人防技防结合，防范打击并重，教育法制齐抓，联席会议部门共管"的思路，有针对性地构筑防范和打击高科技团伙舞弊的体系。同时，招生单位结合本地区实际，研究制定考务工作人员行为规范和责任追究办法。此外，加强对考生的诚信教育，营造诚信考试的舆论环境。加强考试法规建设，加大对作弊考生处罚力度。2012 年 1 月，教育部出台了《关于修改〈国家教育考试违规处理办法〉的决定》。其中很重要的内容就是对研究生入学考试的从严把关，确保公平和质量。

4. 改进研究生录取办法

为了进一步加强宏观管理，扩大复试比例，促进生源合理流动以及发挥招生单位在人才选拔中的主导作用。2012 年起国家对全国统考考生进入复试的初试成绩基本要求的划线区域进行调整，除原三区（主要是西部）不变外，原一、二区（主要是东、中部）的 21 个省份合并做统一要求。各招生单位可以在国家确定的考生复试基本要求的基础上，自主确定本单位的招生录取标准，并向社会公布。博士生招生改革进行"申请制"

① 周立奇. 2011 年全国共招收 49.5 万研究生，考录比为 3：1 ［N］. 北京考试报，2011 – 05 – 25.

② 中国教育在线：浙江大学 2012 专业硕士招生比例提升至 35% 左右 ［EB/OL］. http：// kaoyan. eol. cn/yuan_ xiao_ xin_ xi_ 3988/20110616/t20110616_ 635404. shtml.

试点。

（三）采取多样化考试招生方法

长期以来，对于我国高等学校招生制度中批评最多的就在于"一考定终身"，《教育规划纲要》明确规定：逐步形成分类考试、综合评价、多元录取的高校招生制度，进一步落实高校在招生工作中的自主权。2012 年，不同类别和层次的高校在考试招生制度上做了相应的探索。

1. 高职院校探索"注册入学"

"注册入学"就是指在学生及家长自愿的前提下，不参加高考，不填报志愿，高校通过注册直接录取学生。2012 年，江苏率先探索在省内部分高职院校实行注册入学。实施这一方案的院校主要是省内办学行为规范、人才培养质量较高、社会认可度较高的民办高职院校和少量原来专二批次录取的省内公办高职专科学校。通过自愿提出参加试点自主录取的申请，经过批准后参加注册入学试点。2012 年，江苏省实施注册入学的院校由2010 年的 26 所增加到 37 所，其中公办学院 14 所、民办院校 23 所。此外，福建省教育厅探索选择部分民办高职院校，面向国家级重点中职学校和中职学校中省级重点专业，开展注册入学试点。

2. 地方高校建立综合多元评价体系

建立综合评价体系，主要是针对高考以往仅凭成绩录取的方式，转变为全方位的考查学生，选拔综合素质全面发展的人才。在招生考试制度改革中，探索"分类测试、分批选拔、综合评价、全面考核、择优录取"的选拔模式，逐步建立学业水平测试、综合素质评价和统一选拔考试（高考）"三位一体"的多元化招生考试评价体系。

2011 年，浙江省首次确定由浙江工业大学、杭州师范大学和中国美术学院作为试点院校，推进综合评价招生制度改革。试点按会考成绩、综合素质测试和高考成绩 2：3：5 的比例合成综合成绩，择优录取。2012 年，浙江省扩大试点范围，将试点学校扩大到 14 所本科高校，约占省本科高校总数的 42%，并将 3 所高职学院纳入试点范围。此外，云南省也进行了改革试点颁布了《云南省 2012 年新课改普通高等学校招生考试录取工作方案》，探索建立多元化考试招生评价体系。

3. 民办高校开始招收研究生

长期以来，民办高校主要是培养服务于一线生产的应用性本科或专科层次人才。2012 年，作为国务院学位委员会"开展服务国家特殊需求人才培养项目"试点单位，北京城市学院等 5 所高校成为可以培养硕士专业学位研究生的民办高校，并于 2012 年 9 月正式招生。这是我国民办高校首次获得研究生教育资格，标志着民办高校学历培养层次的提升，打破了研究生教育一直由公办高校、科研院所垄断的局面。

（四）落实与扩大高校招考自主权

从 2003 年开始，自主招生已经走过了十年的探索和发展之路。2012 年，国家进一步落实和加大高校考试招生自主权，包括自主设置专业、开发课程以及自主招收优质生源等。

1. 扩大专业设置自主权

2012 年 10 月，教育部发布了新修订的《普通高等学校本科专业目录（2012 年）》（以下简称《专业目录》）和《普通高等学校本科专业设置管理规定》（以下简称《新规》）。根据《新规》，今后只有设置国家控制布点专业及尚未列入《专业目录》的新专业，才需经教育部审批。在《专业目录》内设置非国家控制布点的专业时，仅需在专门网站提交材料公示，经高校主管部门审核相关材料及公示意见和反馈后，报教育部备案即可。专业设置自主权的扩大，为高校招生考试选拔人才提供了更多的选择空间。

2. 规范高校自主招生行为

以清华大学为首的"华约"、以北京大学为首的"北约"以及以北京理工大学为首的"卓越联盟"三大高校自主招生联盟自成立以来，为国家选拔了许多优秀人才。然而，三大联盟自主招生也引发了生源无序竞争的情况。教育部颁布的《关于做好 2012 年高等学校自主选拔录取工作试点工作的通知》中，进一步强调，高校自主招生工作要规范有序，确保拔尖创新人才选拔的公平公正。

3. 扩大博士招生自主权

《教育部 2012 年工作要点》明确提出："要探索博士生招生计划分类管理、分类指导办法。组织实施专业学位研究生教育综合改革试点工作。调整学位授权体系结构布局，组织实施服务国家特殊需求人才培养项目。"基于此，一些重点高校着手进行博士招生自主权探索。如清华大学、北京大学部分院系 2012 年对博士生招生进行改革。初试环节由评委审核考生递交的硕士毕业论文及专家推荐信等有关申请材料后，合格者即可进入复试，考生无须再参加学校统一组织的笔试。2012 年，北京师范大学教育学部也表示，自 2013 年开始起试行"申请—审核"选拔博士生制度，目的在于深化博士生招生制度改革，更好地选拔有志于从事学术研究并具有创新潜质的人员攻读博士学位。

总之，通过采取上述政策措施，我国高等学校考试招生制度得到进一步完善，教育公平得到进一步落实，多元化招生格局逐渐形成，自主招生制度得到进一步加强和规范。

二、高校教师队伍建设重视引进与培养

高水平的师资队伍是高等学校发展最重要的资源，是提升教育质量的关键，决定着一所大学的核心竞争力。无论是国家层面，还是高校本身，都非常重视师资队伍建设工作。2012 年，高校重视了引进与培养的结合，在师资队伍的聘用和培养、激励和评价、保障和退出等方面做出了许多有益的探索。

（一）创新聘用制度，重视青年教师的成长

高校师资队伍建设，关键在于聘用和培养制度的建设。高校主要采取了三项举措：一是实施高层次人才引进计划；二是加强青年教师队伍培养；三是创新人事制度，破格提拔青年人才。

1. 实施高层次人才引进计划

高层次人才在高等教育创新发展中具有"高地"作用，许多高校纷纷开辟绿色通道，吸引海外拔尖人才归国。2012 年开始，上海交通大学推出"特别副研究员"计划，对 35 岁以下、世界一流大学的博士生进行资助；并邀请世界名校原校长担任特别顾问，设立高层次人才聘任委员会，专门负责高层次引进人才的审核、评价和聘任。与此同时，还建立海外人才信息库，存储人才数达七千人。成都电子科技大学每年拿出数千万元，重点投入杰出人才引进和学科平台建设。2011 年年底，国家首批"青年千人计划"入选者中，成都电子科技大学入选 5 人，入选人数位居信息科学组全国第一。苏州大学近 5 年来引进高层次人才经费达 5 亿多元，在 2012 年获批的国家自然科学基金项目中，近 5 年引进人员的贡献超过了 55%。

2. 加强青年教师队伍培养

2012 年，各地高校从人事改革、教师培养、政策配套等角度，有针对性地推出了一系列有益于青年教师成长与发展的措施。比如，北京交通大学始于 2009 年的"红果园双百人才培育计划"，到 2012 年已投入近 2000 万元，重点培养近 200 名优秀青年教师，在增加学术积累、搭建发展平台、组建科研团队等方面给予优先支持。南京大学组建青年学者联谊会，由学校主要领导与人力资源处领导担任顾问，定期举办各类学术与联谊活动。上海交通大学为 35 岁左右的青年教师推出多个奖励资助计划。与此同时，学校为新进青年教师提供科研启动费和安家费，支持和帮助他们尽快启动和开展科研工作。华中师范大学实施青年教师国际拓展计划，对 200 余位优秀青年教师脱产进行一个学期的外语培训，并选派受训教师赴国外一流大学、师从一流教师开展研修工作。

3. 破格提拔青年人才

论资排辈、职称难评、待遇不高、有名无实，这些曾经困扰广大高校青年教师的现实问题，正在逐步得到解决。比如，清华大学组织成立工作小组，对青年教师的成长环境、评价激励机制、专业技术职务聘任以及流动机制等进行调研，还单独设正高级择优岗位，为特殊青年人才预留渠道。华中师范大学不拘一格选拔人才，鼓励青年教师冒尖。近年来，有 30

余位教学成绩突出的青年教师被破格聘任到教授岗位，年龄最小的还不到30岁。中南大学为青年人才开辟绿色通道。2012年3月，年仅22岁的大三学生刘路因破解困扰全球数学界20多年的数学难题"西塔潘猜想"，破例聘为教授级研究员，并获得100万元人民币的奖励资助其学术发展。

（二）完善薪酬分配机制，发挥激励导向作用

高校师资队伍建设，分配激励制度是关键。通过提升薪酬待遇，不仅有利于改善教师的科研待遇和生活水平，为教师提供一个良好的工作平台和舒适的生活环境，同时也有利于进一步发挥分配制度的激励导向作用。

1. 探索绩效引导的薪酬制度

在薪酬制度上，高校进一步加强了绩效引导，探索了年薪制，加强了专项资助。比如，中国科学技术大学实行"基础薪酬＋岗位薪酬＋激效薪酬"的三元结构薪酬制度，加大了以岗位和绩效为重点的薪酬制度改革力度；南京大学鼓励学科组、科研平台根据需要以年薪制聘用研究人员；中国科学技术大学为适应学校国际化发展的需要，增强薪酬的竞争力和对人才的吸引力，在"轨道制"人员、特任教授、聘期制科研人员岗位试行年薪制；中国地质大学（武汉）实施"腾飞计划"，对入选者提供经费资助，资助标准为理工科类25万~50万元，人文社科类10万~25万元。南京大学等高校对引进的在国内外有重要影响的知名专家和学科带头人，每年发放10万元至20万元的岗位津贴，为杰出优秀人才提供50万元至100万元的购房补贴。

2. 构建重质多元的教师评价机制

在教师评价机制上，高校进一步弱化量化考评，重视教学，开展综合多元评价。比如，中国人民大学修订出台新的《教师科研工作考核办法》，改革教师科研评价制度，弱化量化功能，强化质量和创新导向；中南大学规定教授、副教授必须走进本科生的课堂，教师薪酬待遇向"既承担教学又有科研任务的教师"倾斜；北京交通大学在强调成果数量的同时，更加注重成果质量导向，同时注重合理平衡教学与科研的关系，评价内容除教师立足本职岗位完成的工作业绩之外，还包括教师在专业建设、学科建

设、提升学校影响力等方面的突出贡献。

3. 教师队伍注重师德师风建设

2011 年 12 月 23 日，教育部、中国教科文卫体工会颁布了《高等学校教师职业道德规范》，并就贯彻落实《规范》有关工作发出通知。这是继 2008 年教育部、中国教科文卫体工会重新修订和印发《中小学教师职业道德规范》之后，首次制定印发《高等学校教师职业道德规范》。各地高校按照规范要求，积极推进师德师风建设。2012 年 2 月，山东省委高校工委、山东省教育厅联合下发《关于在全省高校开展师德建设大讨论活动的意见》，133 所高校近 10 万名教师参加了师德建设大讨论活动。天津大学把师德作为学校的发展之本，以师德文化加强青年教师队伍建设，对新入职的青年教师制定了 120 个学时的系统培训课程，以提高青年教师的责任意识和发展能力。

（三）健全权益保障制度，建立流转退出机制

权益保障制度是确保高校教师安于教学和研究的重要保证。只有提供相应的权益保障，教师才能够在工作岗位上安心工作并作出更大的贡献。

1. 健全教师权益保障制度

确保职称评定、薪资报酬、人事调动等权益。如北京交通大学在学校层面成立了教师专业技术职务评聘委员会、人才工作委员会等相关机构。在各院系成立了学科评议小组、岗位评聘小组等相关机构。完善了职务晋升程序、年度和聘期考核程序，增加了接受个人申诉陈述环节。同时还健全了学校人事劳动争议处理委员会制度、建立学术争议处理委员会，在校内设立法律援助、心理咨询等公益性质机构，及时为教师提供法律、心理等方面救助。

2. 建立流转退出机制

建立流转退出机制，试行末位淘汰制。如成都中医药大学 2012 年教学工作会上把"建立并实施教师退出机制"提上日程，提出"教学效果差、学生反映不好的不能胜任教学任务的教师，不再聘任其承担教学工作"。北京交通大学对于新进人才采取两项措施，一是采取多样化的试聘用形

式。从 2010 年起，对教师岗位拟接收的应届博士毕业生，原则上以师资博士后身份进站考察两年，再正式聘用；对于非教师系列的岗位采取非事业编制的形式聘用，通过 3～5 年的考察之后，表现优秀的人员转为事业编制；专职科研系列则通过博士后、非事业编等形式聘用；同时加强不同聘用形式的合同管理，为建立流转退出机制奠定基础。二是加强合同管理，严格考核评价。学校对新聘人员实行二级人事代理，并约定了不同的试用期。其他新补充教师首个聘期四年，合同中明确试用期半年，各单位严格进行试用期考核。从 2012 年开始，新聘用人员在试用期和首个聘期期满之前均要接受所在院系和学校的考核，试行末位淘汰制。

　　总之，就聘用培养、激励评价、保障退出机制等方面，高校师资队伍建设取得了巨大的成绩。高校教师队伍建设是高校一个常抓不懈的主题，也是一项长期艰巨的任务，还需要社会大环境、学校、政府等各方面的共同努力，形成一个良好的爱才、惜才氛围，形成在生活上关心人、学科上凝聚人、事业上培养人、改革中造就人的新机制。

三、现代大学制度建设注重内部治理与章程制定

　　高等学校内部治理结构的改革，是建立中国特色现代大学制度的必然诉求。《教育规划纲要》明确提出：公办高等学校要坚持和完善党委领导下的校长负责制；完善大学校长选拔任用办法；充分发挥学术委员会在学科建设、学术评价、学术发展中的重要作用；探索教授治学的有效途径，充分发挥教授在教学、学术研究和学校管理中的作用；加强教职工代表大会、学生代表大会建设，发挥群众团体的作用；同时，加强章程建设，各类高校应依法制定章程，依照章程规定管理学校。2012 年，各地各校在大学内部治理上进行了许多实践探索，并取得了一定的成效。概括起来，主要包括大学校长公选、校院两级管理制度改革、师生参与学校管理以及制定大学章程等几个方面。

（一）探索公选校长，突出大学校长职业性

为了贯彻落实《教育规划纲要》精神，完善大学校长选拔任用制度，实现教育家办学，教育部党组经过认真研究，确定在东北师范大学和西南财经大学开展公开选拔校长试点工作，为完善大学校长选拔任用制度积累经验。2011 年 12 月，教育部首次面向海内外公开选拔 2 所直属高校校长。

1. 公选校长的素质要求

公选校长的素质要求有如下三个方面：一是坚持德才兼备、以德为先的用人标准。明确要求报名人员要全面贯彻党的教育方针，坚持社会主义办学方向，积极拥护并认真贯彻执行党委领导下的校长负责制。二是体现校长岗位要求。大学校长应当熟悉高等教育规律和高校教学、科研工作，要有较高的学术水平；应具有较丰富的办学治校经验和一定的高校领导工作经历。三是体现职位所在高校特色。报名条件中明确要求，东北师范大学校长应熟悉高水平研究型大学和师范教育办学特点和规律，西南财经大学校长应熟悉高水平研究型大学和财经教育办学特点和规律。

2. 公选校长的程序

公选校长包括如下五个步骤：一是公开报名。通过登录教育部公开选拔直属高校校长报名系统进行报名，2 个职位可兼报，教育部公开选拔直属高校校长工作办公室负责资格审查。二是职业素养综合评估。遴选委员会主任、副主任对报名人员履行岗位职责应具备的素质能力进行综合评估，每个职位视情况遴选出 3~5 名面试人选。三是面试。面试采用竞职演讲、考官提问和民意测验的方式进行。面试设在职位所在高校，学校干部师生代表全程旁听并进行民意测验，以投票方式推荐 2~3 名心目中合适的校长人选。面试结束后，遴选委员会主任、副主任集体与每位面试者进行面谈。四是差额考察。每个职位由遴选委员会主任、副主任按 1：2 的比例集体研究提出考察人选，实行差额考察。由公选办公室组成考察组，深入到考察对象所在高校广泛听取意见，全面了解考察对象的德能勤绩廉等方面的情况。五是决定任职人选。教育部党组讨论决定拟任人选，并通过教育部门户网站和职位所在高校校园网进行公示，公示结束后履行任职

程序。

3. 大学校长逐步从"职务"到"职业"

2012 年 7 月，北京师范大学新任校长在就职演讲中承诺：在担任校长期间，做到"四个不"，即不申报新科研课题，不招新的研究生，不申报任何教学科研奖，个人不申报院士。同年 8 月，北京外国语大学新任校长向全校师生承诺"三不"：担任校长期间，不再做自己的专业（外国哲学）学术研究，不再申请自己原有学科专业的研究课题，不再谋求与教学有关的个人荣誉。我国许多高校已经开始大学校长职业化、专业化的探索。

（二）开展试点学院改革，探索校院两级管理体制

为了落实《教育规划纲要》精神，截至 2011 年 11 月，教育部已在全国 17 所高校设立试点学院，开展创新人才培养实验。同时，各地高校也主动开展院校两级管理的探索。

1. 管理重心向学院下移

院校两级管理制度改革，核心在于增强学院层面的权力。如复旦大学逐步推进预决算从以条线为主向以块为主转变，赋予院系更多的资源调配权和经费支配权，促使院系成为学校发展的动力源。华东师范大学通过强化资源的统筹管理和使用，推行资源有偿使用和成本核算，加强资源管理信息化建设，促进各单位之间资源共享，提高存量资源使用效益。东北财经大学也着力探索校院两级管理体制，全面做好教学管理工作。天津大学在选人用人环节为药学院开辟"人才特区"，给予学院充分自主权，使学院在很短时间里就聚集了一支高水平的师资队伍。

2. 创新学院工作体制机制

院校两级管理制度，关键在于创新学院工作体制机制。如北京师范大学教育学部对学校二级教育学科教学科研单位进行了实质性整合，并在管理体制、运行机制、人员聘任等方面进行了系统创新。哈尔滨工业大学开展工科大学多学科协调建设的拓展机制和相互影响机理研究，单独成立数理、经管、人文社会学部并设立各学部发展基金，针对理学、人文、社科等学科的建设和拓展制定了分类指导与管理方案。天津大学在精密仪器与

光电工程学院设立"精仪学术综合改革试验区",实施教学责任教授制,充分发挥教授在教学中的主导作用;实施首席科学家制,构建"大师＋团队"的人才队伍建设模式和科技创新体制;实行资深教授制,授予为学校发展作出重大贡献的教授"资深教授"荣誉称号,适当延长他们的工作期限,暂缓退休。

3. 强化学院的绩效考核与评价

院校两级管理体制,重点在于绩效考核和评价。管理由以前的过程管理逐渐过渡为目标管理,强化学院的绩效考核;同时,通过加强评价监督,提高宏观管理水平。如西南科技大学 2010 年确立了"以构建现代大学体系为目标、以二级管理为主体"的学校综合改革指导思想,二级学院办学活力不断增强,人才培养质量稳步提升。2012 年,西南科技大学材料科学与工程、机械设计制造及其自动化、软件工程 3 个本科专业入选教育部第二批卓越工程师培养计划,土木工程专业通过住建部的专业评估。

(三) 建立教授治学体制机制,师生共同参与学校治理

"治理"与"管理"不同,它意味着"各种公共的或私人的个人和机构管理其共同事务的诸多方式的总和。它是使相互冲突的或不同的利益得以调和并且采取联合行动的持续的过程。"[1] 本质而言,高校去行政化就是要淡化行政主管部门对高校的行政管理,其核心在于建立教授治学的体制机制。

1. 建立和完善学术委员会制度

学术委员会是实现教授治学的基本组织保障,我国许多高校都进一步完善了学术委员会组织和管理。北京大学借鉴世界一流大学学术委员会的先进经验,初步形成新的《北京大学学术委员会章程》,完善学术委员会执行学术权力的体制机制。西北农林科技大学整合现行的学院学术委员会、学位评定分委员会、职称评定委员会、教学委员会等各类学术事务委员会,统一相关职能,构建"四会合一"的院系教授委员会制度。天津大

---

① 俞可平. 治理和善治:一种新的政治分析框架 [J]. 南京社会科学,2001 (9).

学先在各学院和直属科研单位组建了 15 个基层学术委员会，并在此基础上组建了天津大学学术委员会，聘请 5 名院士、著名学者担任校级学术委员会顾问。

2. 发挥教授在学术管理中的作用

教授治学，体现在日常的学术和教学管理过程中。东北大学通过院士亲自领导学术委员会，其工作开展更加直接、顺利，与学校各专家、学者、教授间实现了无障碍交流、沟通，实现了真正意义上的教授治学、学者优先。2012 年，学校实施的岗位聘任及量化条件修订过程，充分体现了学者治学对于学校发展的巨大推动作用。山东财经大学通过成立教授委员会，发挥教授在治学中的核心地位和作用，促进民主管理，逐步实现"专家治校、教授治学、民主管理"的管理模式。此外，2012 年正式成立的南方科技大学，成立伊始就积极推进法人治理结构变革，实行教授治学。

（四）推动《大学章程》的制定，高校进入"立宪"时代

大学章程是大学的"宪法"，是高校依法自主办学、实施民主管理和履行公共职能的基本准则。《教育规划纲要》明确指出：要完善中国特色的现代大学制度，并把大学章程建设列为完善中国特色现代大学制度建设的重要一环。2012 年，许多高校在大学章程建设方面取得了长足进展。

1. 高校进入"立宪"时代

教育部颁布的《高等学校章程制定暂行办法》（以下简称《办法》）从 2012 年 1 月 1 日起正式施行。《办法》总则开宗明义指出，章程是高等学校依法自主办学、实施管理和履行公共职能的基本准则。教育部制定由 26 所高校先行试点，其中包括北京大学、清华大学和北京师范大学等，并且试点范围各有侧重。比如清华大学试点岗位分类管理制，黑龙江大学探索建立高校总会计师制，湖南大学试点改革学科建设绩效评估方式等。《办法》的出台和实施，对推动高等教育体制改革、建设现代大学制度具有里程碑意义。

2. 各校积极制定大学章程

吉林大学是改革开放以来我国第一所制定章程的大学。2006 年就制定

了《吉林大学章程》。2012 年，吉林大学开展大学章程修订和完善工作，依托大学章程出台各类规范性文件 45 份，进一步完善了以学校章程为"基本法"的学校制度体系。中国政法大学也是我国制定章程较早的高校之一，2010 年正式实施了中国政法大学章程。苏州大学按照江苏高等教育综合改革试点工作要求，于 2012 年 3 月形成《苏州大学章程（草案）》（征求意见稿）。除以上三所大学之外，还有许多大学，比如北京大学、北京师范大学和复旦大学等也都启动了章程制定工作。大学"立宪"时代的到来，将进一步加快我国高等学校完善内部治理结构、构建现代大学制度的进程。

总之，2012 年我国教育主管部门和各地院校进一步完善党委领导下的大学校长负责制，推行公选校长；进行校院两级管理体制的试点，加大院级层面的权力；推进教授治学和学生参与，建立完善大学章程，取得了一系列成绩。为完善高校内部治理结构，推动中国特色现代大学制度建设，积累了宝贵经验。

四、高校人才培养模式探索更加多样与深入

提高高等教育质量是建设高等教育强国和人力资源强国的必然要求，最关键的就在于创新人才培养模式。《教育规划纲要》明确提出：适应国家和社会发展需要，遵循教育规律和人才成长规律，深化教育教学改革，创新教育教学方法，探索多种培养方式，形成各类人才辈出、拔尖创新人才不断涌现的局面。2012 年，教育主管部门和各级各类院校加大人才培养模式改革力度，取得了显著成效。

（一）高等职业院校：多方协作，培养高技能人才

据《2011 年全国教育事业发展统计公报》，2011 年全国高职学校达1280 所，占普通高校总数的 53.1%。高等职业教育占据我国高等教育的半壁江山。2012 年，高等职业教育人才培养模式的创新，主要表现在构建现

代职教体系、加强学校、企业和政府的合作等方面。

1. 构建现代职业教育体系

2012 年 7 月，教育部鲁昕副部长提出构建现代职业教育体系"三步走"战略：第一步，2011 年至 2012 年实现人才培养目标、专业结构布局、课程体系和教材、教育教学过程等 10 个衔接。第二步，到 2015 年初步形成现代职业教育体系的基本架构。第三步，在 10 年内形成"适应需求、内部衔接、外部对接、多元立交"的具有中国特色、世界水准的现代职业教育体系。

各地教育主管部门和高职院校积极探索构建现代职业教育体系。2012 年 3 月，贵州省教育厅召开全省职业教育大发展视频动员大会，积极探索建立和完善现代职业教育体系，贯通"中职—高职—本科"升学立交桥。在省教育厅积极组织协调下，贵州交通职业技术学院和铜仁职业技术学院获准与贵州大学联合开办应用型本科学历教育，从 2012 年秋季学期开始招收应用型本科学生。成都纺织高等专科学校在"国家骨干高职院校"建设过程中，明确提出"建立西南纺织服装职业教育联盟，构建现代纺织服装职业教育新体系"的目标任务。

2. 加强校企合作

2012 年，各地教育主管部门和高职院校积极探索"校企"合作新模式。比如，福建省以实施闽台高校"校企"联合培养人才项目为抓手，积极推动闽台高校在教育交流合作规模、内容、层次上取得新突破，形成了鲜明的闽台合作和校企合作特色。广西建立了"校企合作发展理事会制度"，广西建设职业技术学院等 15 所高职院校分别与广西建工集团等 15 家企业签订了合作框架协议。

3. 政校合作，协同创新

2012 年 7 月，重庆市教育委员会及安全生产监督管理局共同支持重庆工程职业技术学院，建立安全科技政产学研用协同创新工作平台。同年 7 月，温州职业技术学院与永嘉县签订共建永嘉学院合作办学协议。政校之间的深层次、实质性合作，是对"地方政府促进高等职业教育发展"的制度创新、运行机制创新和办学模式创新，也是对职业教育人才模式的一次深化改革。

（二）地方本科院校：错位发展，培养应用型人才

据统计，截至 2010 年我国普通高校中有本科院校 1112 所，其中地方本科高校和民办本科高校 1004 所，占本科高校的 90.28%。作为推动地方经济社会发展的重要力量，2012 年地方本科院校进行了错位发展的应用型人才培养模式探索。

1. 创新应用型人才培养模式

地方本科院校积极创新应用型人才模式，为深化人才培养模式改革积累了经验。比如，湖南文理学院对准市场需求，大规模改造专业，围绕就业加强应用性课程教学。同时，始终注重学生创新创业能力培养，先后构筑人才培养"三个课堂"。2012 年 10 月，湖南文理学院确保毕业生 100% 就业的办学经验被《中国教育改革前沿——典型案例（二）》收录。黄河科技学院非常注重人才培养模式创新，形成了"本科学历教育与职业技能教育相结合"的独具特色人才培养模式。2012 年 5 月，"宇通重工班" 64 名学生成为黄河科技学院与宇通公司"订单式"培养的第一批学生。经过两年的理论学习与实践操作，64 名学生顺利毕业并全部被该公司留用，成为名副其实的适应一线岗位、具备良好专业素质的应用型人才。

2. 探索研究性教学方法

除了应用型人才培养定位外，地方本科院校还对研究性教学进行了探索和尝试。浙江万里学院将 2012 年确定为"研究性教学推进年"。该校每周开设相关课程观摩研讨，第一学期就吸引了 2467 人次参加。通过研究性教学，学生的自主学习能力与创新意识得到了明显提升。据该校统计，过去三年浙江万里学院三届毕业生的创业率分别达到 2.39%、3.24% 和 5.41%，远远超过全国大学的平均水平。

（三）部属高校：协同合作，培养拔尖创新型人才

部属高校负有培养拔尖创新型人才的重任，是我国拔尖创新人才培养的主阵地。2012 年许多重点高校切实把培养拔尖创新人才作为学校工作的

重心，不断创新教育教学模式，提高拔尖创新型人才培养质量。

1. 创新体制机制，协同培养拔尖人才

2012 年 3 月，教育部颁布了《全面提高高等教育质量的若干意见》，为提升高等教育质量指明了方向。同月，教育部、财政部联合颁发《关于实施高等学校创新能力提升计划的意见》（以下简称"2011 计划"），旨在通过高校的体制机制改革，推动高校内部与外部创新力量的融合，探索各种协同创新模式，共同推动高等教育质量的整体提高。"2011 计划"以"国家急需、世界一流"为根本出发点，着力培养一流创新型人才。部属高校是这一计划的重要依靠力量。如天津大学和南开大学首先联合创设了第一个协同创新中心"天津化学化工协同创新中心"。

2. 加强与国际接轨，培养国际型人才

许多部属高校积极加强国际交流与合作，培养国际型人才。比如，2012 年，上海交通大学通过制度设计和结构性调整，将原来两学期制改为"两长一短"制，从"20 周＋20 周"改变为"18 周＋18 周＋4 周"，全年学时总数不变，在校历和学制安排上，实现了国际接轨，为师生提供了更多参加海外交流的机会，也为海外名校师生来交大访学、科研创造了条件。

3. 加强实践教学，搞活第二课堂

部属高校还努力加强实践教学，开发第二课堂。如西安交通大学创新学生实践模式，为学生开设"工程坊"自由实践新平台。2012 年，该校已经完成了机械设计与加工平台、电子设计与制作平台和人文实践活动平台建设。"工程坊"组织的学生科技项目已达到 11 项，每年平均有 300 多名学生常年在"工程坊"活动；有 600 余名学生参加专业工种培训。中国地质大学（武汉）充分发挥学科专业特点，坚持德育为先、寓道于业的"践行悟道"育人模式，以野外实践教学、第二课堂、社会实践等为支点，开展联动创新，推动了大实践观的实施。

4. 实施"本科教学工程"，发布"本科教学质量报告"

2011 年 7 月，教育部、财政部决定在"十二五"期间继续实施"高等学校本科教学质量与教学改革工程"（以下简称"本科教学工程"）。在

2011 年建设项目基础上，2012 年 2 月，教育部发布了"十二五"期间"高等学校本科教学质量与教学改革工程"2012 年建设项目的通知，投入近 8 亿元人民币，支持北大、清华等高校开展专业改革、校外实践和创新创业教育。与此同时，教育部于 2011 年开始试点建立"高等学校质量年度报告发布制度"，并首先在"985 工程"高校范围内施行。2012 年，要求"211 工程"高校编制并发布《本科教学质量报告》。

　　总之，在创新人才培养模式过程中，不同高校根据自身办学定位，探索错位发展。高等职业院校主要培养高技能人才，地方本科院校主要培养应用型人才，重点本科院校主要培养拔尖型人才。通过创新人才培养模式，人才培养质量逐渐提升，得到了社会各界的肯定。

第五章

高等教育的发展展望

2012 年，随着《教育规划纲要》有关高等教育各项改革政策的贯彻落实，在各级政府和全国高校的共同努力下，高等教育投入进一步加大，人才培养模式改革不断深入，管理体制改革扎实推进，高等教育结构进一步优化，高等教育国际化程度进一步提高，各方面工作都取得了许多新进展和新成效。

但是，我们也必须清醒地看到，从国际上看，尽管近几年世界经济不景气，教育和人才的竞争却依然激烈，很多国家仍然十分重视提高高等教育质量，提升高校创新能力和实践能力以及高等教育信息化和国际化水平。从国内来看，高等教育发展还不能充分满足我国加快转变经济发展方式、保持社会和谐稳定和推动社会主义文化大发展、大繁荣等新形势新任务的需要；贯彻落实《教育规划纲要》、深化高等教育改革发展还面临着一些突出的矛盾和问题，如改革动力不足、体制机制障碍、生源危机以及人才培养模式滞后等。总体来看，未来时期我国高等教育既面临着巨大挑战，也存在难得的发展机遇。

一、高等教育结构将进一步优化

2012 年，我国高等教育的类型结构和层次结构都有重大改革和突破性进展，如民办高校首度开始招收硕士研究生、加强现代职业教育体系建设、扩大专业学位研究生招生规模等。这些都为高等教育结构优化提供了基础。未来时期，我国高等职业教育、民办高等教育将实现更大发展，区域结构将进一步优化。

（一）职业教育纳入教育类型的范畴，其体系建设将有重大突破

教育部部长袁贵仁出席在上海召开的第三届国际职业技术教育大会，并作了题为"中国职业教育发展的道路"的主旨发言。他表示，中国职业教育将抓住当前的难得历史机遇，树立战略眼光、先进理念和国际视野，在改革实践中创新发展，努力为推进从人力资源大国向人力资源强国转变提供强有力的保障。

袁贵仁强调，当前中国正处在全面建设小康社会的关键时期和深化改革开放、加快转变经济发展方式的攻坚时期。中国正在按照《教育规划纲要》确定的战略目标和任务要求，将职业教育作为一种独立的教育类型，全力推进职业教育改革发展。一是加快现代职业教育体系建设。编制《现代职业教育体系建设规划（2012—2020 年)》，对未来中国职业教育进行通盘考虑和整体设计，力争到 2020 年建成适应需要、有机衔接、多元立交，具有中国特色、世界水准的现代职业教育体系。二是深入推进人才培养模式改革。大力推进工学结合、校企合作、顶岗实习的人才培养模式，深化课程和专业设置改革，探索职业资格证书与职业教育学分互认和转换制度，发挥行业在人才需求预测、专业建设、人才培养标准制定等方面的作用。三是拓宽技能型人才成长通道。深化高等职业教育招生考试改革，鼓励同一层次普通学校和职业院校课程互换、学分互认，建立继续教育学分积累与转换制度，扩大全民学习、终身学习的机会。四是加快发展面向农村和贫困地区的职业教育。加强涉农专业和农村职业学校建设，广泛开展进城务工人员、农村劳动力转移培训，实施教育扶贫工程，开展劳动力技能培训，逐步将中等职业教育免学费政策覆盖到所有农村学生。五是大力加强"双师型"教师队伍建设。完善符合职业教育特点的教师资格标准和专业技术职务（职称）评聘办法，完善以企业实践为重点的教师继续教育

制度，完善职业院校兼职教师管理办法。可见，未来时期，我国现代职业教育体系建设将有重大突破，高等职业教育将实现更好、更快发展。

（二）完善民间资金政策及内部治理结构，民办高校向高水平有特色发展

2012 年 6 月，教育部颁发了《关于鼓励和引导民间资金进入教育领域，促进民办教育健康发展的实施意见》，指出要充分发挥民间资金推动教育事业发展的作用，完善民办教育相关政策和制度，调动全社会参与教育的积极性；进一步激发民办教育体制机制上的优势和活力，满足人民群众多层次、多样化的教育需求，探索完善民办学校分类管理的制度、机制；鼓励和引导民间资金以多种方式进入教育领域包括学前教育和学历教育领域以及培训和继续教育，并允许境内外资金依法开展中外合作办学。完善民办学校办学许可制度，清理并纠正对民办学校的各类歧视政策，落实民办学校办学自主权及民办学校税费政策，支持高水平有特色民办学校的建设。

根据实施意见，未来时期，将健全民办学校内部治理结构，健全民办学校资产和财务管理制度，建立民办学校风险防范机制，建立民办学校退出机制。与此同时，民办教育将纳入地方经济社会发展和教育发展规划，民办教育管理和服务将提高到一个新的水平。

二、高等教育质量建设将出现新局面

2010 年颁布的《教育规划纲要》，其核心内容之一就是提高教育质量。对高等教育而言，就是坚持走内涵式发展的道路，切实全面提高高等教育质量。2012 年，教育部出台了高校创新能力提升计划，召开了质量提升工作会议，对我国高等教育质量建设将起到巨大的推动作用。

（一）高等教育质量将进入全面提升时期

2012 年 3 月，全面提高高等教育质量工作会议在北京举行。中共中央

政治局委员、国务委员刘延东在全面提高高等教育质量工作会议上强调，要深入贯彻胡锦涛总书记在清华大学百年校庆上重要讲话精神，全面落实《教育规划纲要》，树立科学的高等教育发展观，深化教育体制机制改革创新，坚定不移走以质量提升为核心的内涵式发展道路，推动我国高等教育事业迈上新台阶，实现从高等教育大国向高等教育强国的转变。全面提高高等教育质量工作会议，是全面贯彻落实《教育规划纲要》精神的专题会议，是对《教育规划纲要》提出的全面提高高等教育质量的细化和深化，是《教育规划纲要》精神的具体落实。

全面提高高等教育质量工作会议的召开和《全面提高高等教育质量的若干意见》的颁布实施，为进一步推动高校提高高等教育质量指明了方向，必将进一步推动全国高校高等教育质量的全面提升，同时也意味着全国各高校将进入加快提升高等教育质量的新时期。

（二）对口支援将覆盖更多高校，区域差异将进一步缩小

截至 2011 年年底，19 个省份调整后的援疆教育项目规划投入资金达到 97.63 亿元，比原计划增加了 20.37 亿元。援疆教育资金所占比例，达到援疆总资金的 15.27%。其中，浙江省、安徽省、湖南省教育援疆资金比例超过其总投入资金的 20%。两年来，援疆省份分批选派 871 名教育援疆干部和教师到岗任职、任教。同时，新疆高校对口支援也实现了全覆盖。在新一轮"对口支援西部地区高校计划"中，已确定 41 所内地高校对口支援新疆 11 所本科院校，并将高职高专纳入对口支援计划。

2012 年 6 月 5 日，教育部党组在北京召开会议传达学习第三次全国对口支援新疆工作会议精神，研究部署贯彻落实工作。教育部党组书记、部长袁贵仁强调，要集中力量、加大力度、突出重点，努力推动教育援疆工作再上新台阶，为进一步推进新疆跨越式发展和长治久安作出新贡献。

袁贵仁指出，第三次全国对口援疆工作会议是在新一轮全国对口援疆深入推进、各项工作取得显著成绩之际召开的一次重要会议，对进一步全面推进对口援疆工作、加快新疆经济社会发展具有重大意义。袁贵仁强调，教育援疆工作要紧紧围绕中央确定的目标，着眼于新疆教育科学发

展、可持续发展，着力提高高等教育服务能力。要调整、优化新疆高校学科专业结构，向国家战略性产业发展急需和新疆经济社会发展需要的专业倾斜。

可以预期，未来时期，各项对口支援西部高校计划将进一步落实，西部高校与东部和中部高校的差距将进一步缩小，西部高校为地方经济社会发展的贡献力将进一步增强。

三、高等教育国际交流与合作将有重大进展

高等教育国际化已成为世界高等教育的重大发展趋势。多年来，我国高等教育对外交流与合作不断深入，取得了巨大成就，但与发达国家相比还存在很大差距。未来时期，提升高等教育国际化的任务仍然十分艰巨。

（一）来华留学生将有大的增长

来华留学事业是我国教育事业的重要组成部分。教育部在中央统一部署下，以科学发展观统领来华留学工作，坚持"扩大规模、优化结构、规范管理、保证质量"的工作方针，保障来华留学规模稳步扩大，学生结构不断优化，生源国别日益多元的良好发展态势。未来时期，随着《留学中国计划》的落实，来华留学环境的进一步优化，以及管理进一步规范化，我国将成为亚洲最大的国际学生流动目的地国家。

（二）出国留学与回国工作的政策将形成双向支撑体系

留学人员以多种方式为国服务，为我国经济社会发展、对外合作和人文交流作出了巨大贡献。据 2012 年 3 月召开的 2012 年留学人员回国服务工作联席会议数据显示，截至 2011 年年底，我国各类出国人员总数达 224.51 万，留学回国人员总数已达 81.84 万。国务院有关领导高度重视留学工作，指出要妥善解决留学人员工作中面临的突出问题，为培养人才和留学生的发展，为服务国家大局，发挥更大的作用。

根据教育部国际交流与合作司的工作设想，未来时期，我国将创新一系列工作机制。针对当前留学人员安全问题凸显的情况，建立留学人员行前培训与研究机制。除此之外，将建立海外学生学者团体联席会议机制、留学工作巡回调研和工作交流会议机制等也在筹划之中。完善出国留学工作政策支撑体系，围绕《关于进一步做好在外留学人员工作的意见》（简称"出国留学二十条"），构建涵盖从出国到学成回国全过程，从公派到自费全范围的一套出国留学工作政策支撑体系。建设留学人员服务与管理信息大平台，紧密结合教育部"金教工程"的实施，整合国内外已有信息系统和网络信息资源，努力建设好"出国留学人员管理与服务系统"，提升留学工作的信息化水平。

与此同时，在"千人计划"、"春晖计划"、"长江学者奖励计划"和"留交会"、"海创周"、"春晖杯"等平台基础上，充分发挥"高校引进优秀留学人才岗位需求信息库"的作用，吸引更多更优秀的留学人才回国建业。

（三）合作办学的开放程度更加宽广

截至 2011 年 6 月，高校举办中外合作办学机构 36 所，举办中外合作项目 694 项。同时，实施"走出去"办学战略，2011 年 6 月教育部正式批准同意苏州大学在老挝筹建"老挝苏州大学"。"走出去"办学，是《教育规划纲要》提出的重大发展战略，对提升我国高校的竞争力，提高我国高校的国际化水平具有重大意义。随着《教育规划纲要》的进一步贯彻落实，中外合作办学，尤其是"走出去"办学将取得重大突破性进展，这对于提高我国高等教育国际竞争力将起到巨大的推动作用。

四、高等教育改革将更加深化

自 2010 年《教育规划纲要》颁布以来，国家教育体制改革试点全面展开，一些重点领域改革取得重大进展，增强了我国高等教育发展的生机与活力。未来时期，高等教育改革将进一步深化。

（一）现代大学制度建设继续深入推进

2012年6月，由教育部政策法规司主办、四川大学承办的"建设中国特色现代大学制度试点工作中期总结暨研讨会"在成都举行。会议要求，各试点高校要进一步认清使命，增强信心，开拓进取，推动试点工作取得新突破。要在两年工作的基础上，抓住重点领域和关键环节，重点突破、以点带面，推进现代大学制度建设取得更多实质性进展。由此可见，未来时期，在以往工作的基础上，我国现代大学制度建设将进一步向纵深推进。

（二）各项改革将逐步进入深水区

2012年，各项改革都取得了长足进展。比如，在考试招生制度改革方面，开展普通本科和高等职业教育分类入学考试试点；清理规范高考加分政策，调减加分项目和分值。在促进办学体制改革方面，为支持民办教育发展，对不利于民办教育发展的政策予以清理和纠正，有的省份出台了具体政策措施，破解了制约民办教育发展的政策障碍。与此同时，支持高水平民办高校发展，首次批准5所民办高校开展培养硕士专业学位研究生试点。

但是，随着改革的深入，一些深层次的矛盾和问题逐渐浮出水面。未来时期，高等教育改革将进入攻坚期、步入"深水区"。因此，有两个问题必须引起高度重视：一是如何保护好改革的积极性，把改革引向深入。二是如何取得实质性进展，让人民群众享受到教育改革的成果。

（三）生源危机对高等教育提出新挑战

据统计，2008年参加高考的中学生人数达到历史顶峰的1050万，此后逐年下降，2012年降至915万，4年间下降了12.9%。[1] 根据中国教育

---

[1]　娄辰. 高考人数下降让部分高校遭遇生源危机［EB/OL］. 新华网，2012 – 06 – 22.

在线发布的《2012 年高招调查报告》显示，高考报名人数降幅已经趋缓，但全国高考规模持续缩小的趋势未改。报告称，高校招生统一考试报名人数自 2008 年后出现过山车式下滑，根据 2011 年各地高考报名人数汇总，全国高考报名人数约为 918 万，较 2010 年减少约 33 万。在全国高考报名总数减少的情况下，12 个省份较上年增加，其中一半在西部地区，但因下降地区人数及幅度都高于增长地区，总人数仍呈下降趋势。作为生源大省的河南，高考报名人数自 2008 年后逐年减少，2012 年仅有约 82.5 万考生报名，高考规模 4 年萎缩 16.5%，减少 16 万。上海高考报名人数连年下降，2012 年仅 5.5 万，录取计划为 4.9 万，如果剔除掉部分不填报志愿，最后不参加考试的，"高考落榜"恐怕将在上海成为历史。伴随着生源下降，高校面临着较大的生存挑战。

与此同时，报告显示，生源缺口主要集中在高职（专科）批次，但二、三本批次录取也不乐观。在录取比例居前的几个省份中，即使专科分数线一降再降，还是出现了大面积高职计划未完成的情况。以山东为例，专科二批分数线从 2002 年的 350 分逐渐下滑至 2011 年的 180 分，但其专科招生计划仍无法完成。随着高招录取率不断提高，高职高专失去了吸引力，2011 年，山西 1.2 万计划作废、陕西 7.6 万上线考生放弃填报高职院校。[①]

可见，今后若干年，高校生源短缺将危及高校，加之国外高校抢滩我国高等教育市场，高校之间的生源竞争将日趋激烈。一些高校尤其是以学费为主要经费来源的民办高校有可能将面临倒闭的危机。如何应对高校生源持续下降已迫在眉睫。这既需要政府对此做出相应的改革，也需要高校提高办学质量，增强竞争力。

---

① 张烁. 高考报名人数连续 4 年下降　生源缺口主要集中在高职［N］. 人民日报，2012－06－07.

［后　记］

　　本报告是中国教育科学研究院科研公益基金课题"中国高等教育发展研究"的最终成果。

　　该课题由中国教育科学研究院高等教育研究中心承担。张男星为课题组负责人，参与写作的同志共同讨论本报告的分析思路、写作结构及基本观点，并由张男星总体把握与最后确定。写作分工如下：前言由张男星、卢彩晨、王春春、杜云英、王纾执笔，第一章由杜云英、吕华执笔，第二章由杜云英、王纾执笔，第三章由王春春、王纾执笔，第四章由姜朝晖执笔，第五章由卢彩晨执笔。张小萍参与第一、二章高等教育经费内容的写作，孙继红为报告前期的数据准备做了大量工作。卢彩晨参与统稿，张男星统稿并定稿。

　　感谢教育部高等教育司的支持，同时，向以不同方式为本报告的完成提供支持与帮助的领导和同事们一并致谢！

出 版 人　　所广一

责任编辑　　夏辉映

版式设计　　孙欢欢

责任校对　　贾静芳

责任印制　　曲凤玲

图书在版编目（CIP）数据

中国高等教育发展报告 . 2012／张男星等著 . —北
京：教育科学出版社，2013.1
　　（国情教育研究书系／袁振国主编）
　　ISBN 978 - 7 - 5041 - 7214 - 3

Ⅰ．①中…　Ⅱ．①张…　Ⅲ．①高等教育—发展—研究
报告—中国—2012　Ⅳ．①G649.21

　　中国版本图书馆 CIP 数据核字（2012）第 301088 号

中国高等教育发展报告 2012
ZHONGGUO GAODENG JIAOYU FAZHAN BAOGAO 2012

出版发行　　**教育科学出版社**

社　　址	北京·朝阳区安慧北里安园甲 9 号	市场部电话	010 - 64989009
邮　　编	100101	编辑部电话	010 - 64989363
传　　真	010 - 64891796	网　　址	http://www.esph.com.cn
经　　销	各地新华书店		
制　　作	北京金奥都图文制作中心		
印　　刷	保定市中画美凯印刷有限公司		
开　　本	169 毫米×239 毫米　16 开	版　　次	2013 年 1 月第 1 版
印　　张	14.25	印　　次	2013 年 1 月第 1 次印刷
字　　数	205 千	定　　价	45.00 元